HANSJÖRG OTTO

Die Präklusion · Ein Beitrag zum Prozeßrecht

Schriften zum Prozessrecht

Band 18

Die Präklusion

Ein Beitrag zum Prozeßrecht

Von

Dr. Hansjörg Otto

DUNCKER & HUMBLOT / BERLIN

Gedruckt mit Unterstützung der
Hamburgischen Wissenschaftlichen Stiftung

Alle Rechte vorbehalten
© 1970 Duncker & Humblot, Berlin 41
Gedruckt 1970 bei Buchdruckerei Bruno Luck, Berlin 65
Printed in Germany

Meinem verehrten Lehrer

Prof. Dr. Dr. h. c. Eduard Bötticher

Vorwort

Diese Abhandlung wurde im Oktober 1969 der Rechtswissenschaftlichen Fakultät der Universität Hamburg als Dissertation eingereicht.

Die Veröffentlichung der Arbeit ermöglicht es mir, meinem akademischen Lehrer, Herrn Prof. Dr. Dr. h. c. Bötticher, auch an dieser Stelle für die Jahre zu danken, in denen ich als sein Assistent in engem persönlichen Kontakt habe wirken dürfen. Schon diese Förderung würde die Widmung rechtfertigen. Danken möchte ich jedoch zusätzlich dafür, daß er seinem Schüler das Thema „Präklusion" anvertraut hat, obwohl ihn selbst die prozessualen Präklusionsnormen immer wieder intensiv beschäftigt und zu einer zusammenfassenden Untersuchung verlockt haben.

Hamburg, im Februar 1970   *Hansjörg Otto*

Inhaltsverzeichnis

Vorbemerkung 13

§ 1 Einleitung 15
    I. Zum Begriff „Präklusion" 15
    II. Verbindungslinien und Grundfragen 18

Erster Abschnitt

Die prozessuale Präklusion — Eine kritische Bestandsaufnahme

§ 2 Zur Abgrenzung der prozessualen Präklusion gegen andere Institute 23
    I. Materiellrechtliche Klagefrist und „vorprozessuale" Präklusion .. 24
        1. § 50 Abs. 1 Satz 1 EheG 25
        2. § 3 Satz 1 KSchG (§ 4 Satz 1 KSchG n. F.) 27
    II. Treu und Glauben und Präklusion 31
        1. § 242 BGB auf der Ebene des materiellen Rechts 31
        2. Verwirkung prozessualer Befugnisse 31

§ 3 Innerprozessuale Präklusion 33
    I. Zeitliche Einschnitte 34
        1. Das Verfahren betreffende Präklusionsnormen 34
        2. Verspätetes Vorbringen in der Sache selbst 37
        3. Präklusion neuer Ansprüche 44
        4. Zur Präklusion des Aufrechnungseinwands 45
    II. Inhaltliche Einschnitte 49
        1. Zum Wesen der innerprozessualen Bindung gemäß § 318 ZPO 49
        2. Zur Präklusionswirkung des Teilurteils 51
        3. Zur Präklusionswirkung der Zwischenurteile 52
        4. Zur Präklusionswirkung des aufhebenden und zurückverweisenden Urteils (§ 565 Abs. 2 ZPO) 58

§ 4 Außerprozessuale Präklusion 65
    I. Begriffsbestimmung 65

Inhaltsverzeichnis

II. Rechtskraftfremde Präklusion 66
   1. § 767 Abs. 2 ZPO 67
   2. Der Sonderfall des Versäumnisurteils in § 767 Abs. 2 ZPO 69
   3. § 767 Abs. 3 ZPO 73

III. Rechtskraft-Präklusion 80
   1. Zur Verhinderung des zweiten Prozesses mit identischem Streitgegenstand 81
   2. Zur Präjudizwirkung 85
   3. Zur Unbeachtlichkeit alten, aber nicht vorgetragenen Tatsachenstoffes 88
   4. Zur Beschränkung der Präklusionswirkung des § 322 ZPO auf vorgetragene Tatsachen durch Rosenberg, Schwab und Habscheid 90
   5. Exkurs: Zum Einfluß der Verhandlungs- und Untersuchungsmaxime auf die Präklusion nicht vorgetragener Tatsachen 98
   6. Ergebnis 103

IV. Rechtskraftergänzende Präklusion 104
   1. Der Streitgegenstand als Grundbegriff 104
   2. Der Klageantrag als Grenze der Rechtskraft-Präklusion 107
   3. Zur Präklusionswirkung im Fall der Teilklage 110

V. Die besonderen Präklusionswirkungen des § 323 ZPO 118
   1. „Billigkeits-" und „Bestätigungstheorie" 118
   2. § 323 Abs. 2 ZPO 120
   3. § 323 Abs. 3 ZPO 124
   4. § 323 Abs. 4 ZPO 125

Zweiter Abschnitt

Zur Dogmatik der Präklusionsnormen

§ 5 Zur Struktur der Präklusionsnormen 127

I. Gegenstand der Präklusion 127

II. Prozessuale Verhaltensnormen — Parteipflichten oder Lasten 129

III. Objektive Präklusionsnormen 135

IV. Subjektive Präklusionsnormen 136
   1. Das erwartete Verhalten — Zur Frage einer Nachforschungslast 136
   2. Rücksicht auf Beweisschwierigkeiten 138
   3. Zur Frage des Verschuldens 138

V. Die Aufhebung der Präklusionswirkung 142
   1. Wiedereinsetzung 142
   2. Wiederaufnahme 143
VI. Präklusion und Parteidisposition 144
   1. Berücksichtigung von Amts wegen 144
   2. Nachträglicher Verzicht 147
   3. Disponibles Recht 148
   4. Prüfung von Amts wegen 149

§ 6 Zu den Funktionen der Präklusionsnormen 149

   I. Beschleunigungsfunktion 150
   II. Entlastungsfunktion 150
   III. Schutzfunktion 151
   IV. Gliederungsfunktion 152
   V. Präjudizfunktion 153
   VI. Rechtsfriedensfunktion 153

Dritter Abschnitt

Präklusion und Gerechtigkeit

§ 7 Der Widerstreit 156

   I. Das unrichtige Urteil als Ausnahme 156
   II. Das richtige Urteil als alleiniges Prozeßziel 158
   III. Das Parteiverschulden als Rechtfertigung 160

§ 8 Zwei Konfliktsituationen 163

   I. Zur Präklusion nicht ausgeübter Gestaltungsrechte 163
      1. Aufrechnung 164
      2. Anfechtung 165
   II. Zur Anwendung des § 322 ZPO neben § 616 ZPO 168
      1. Überlegungen zum Gerechtigkeitsgehalt einer erweiterten Präklusionswirkung 169
      2. Dogmatische Gesichtspunkte 174

Literaturverzeichnis 180

Vorbemerkung

Die erste Anregung zu dem Thema dieser Arbeit ging von der Bemerkung *Böttichers* in seiner Besprechung des *Blomeyer*schen Lehrbuchs aus, daß der in der jüngsten Entwicklungsphase der Zivilprozeßwissenschaft so sehr zu Ehren gekommene Begriff einer Präklusionswirkung des Urteils einer besonderen zusammenfassenden Behandlung bedurft hätte[1]. Bötticher dachte hierbei nicht etwa an eine bloße Zusammenstellung der „außerprozessualen"[2] (z. B. §§ 322, 323, 616, 767 ZPO) und „innerprozessualen" (z. B. §§ 279, 529 ZPO) Präklusionsnormen, die sicherlich keine selbständige Untersuchung rechtfertigen könnte. Vielmehr ging es ihm darum, daß die Bedeutung der Präklusion für das prozessuale Geschehen sichtbar gemacht und zugleich das Verhältnis der Präklusion zu anderen Instituten des Prozeßrechts geklärt würde.

Kontrovers ist beispielsweise die Einordnung und Reichweite der Präklusion im *außerprozessualen* Bereich. Dort überrascht, wie schnell sich der Begriff „Präklusion" geradezu als Widerpart der materiellen Rechtskraft emanzipiert hat. Man denke nur an das Wort von der *„rechtskraftfremden Präklusion"*. Eine solche selbständige Präklusionswirkung ist, soweit ersichtlich, zuerst von *Rosenberg* im Jahre 1931 in seinem Lehrbuch angedeutet worden[3]. Rosenberg hat diesen Gedanken dann 1950 in seinem Aufsatz[4] über „Die Präklusionswirkung von Urteilen" näher ausgeführt, indem er an Hand von Beispielen den Unterschied von materieller Rechtskraft und Präklusionswirkung betonte. *Habscheid*[5] und *Schwab*[6] haben fast zur gleichen Zeit unabhängig voneinander den Gedanken aufgegriffen und ihre Auffassung von einer eigenständigen außerprozessualen Präklusion später weiter herausgearbeitet.

---

[1] ZZP 77, 477, 484.

[2] Außerprozessual nicht im Sinne von *nicht*prozessual (= materiellrechtlich), sondern als Gegensatz zu *inner*prozessual. Vgl. unten S. 65.

[3] 3. Aufl., S. 531.

[4] SJZ 1950, 313 ff.

[5] Die Präklusionswirkung des rechtskräftigen Urteils, AcP 152 (1952/53), 169 ff.; Streitgegenstand, S. 282 ff.

[6] Der Streitgegenstand im Eheprozeß, ZZP 65 (1952), 101 ff.; Streitgegenstand, S. 158 ff.

Aber auch der Kurs der *innerprozessualen* Präklusion ist im Steigen begriffen. Dies beruht nicht zuletzt darauf, daß die Überlegungen zur *Reform der Zivilprozeßordnung* allmählich zu konkreten Gesetzesvorschlägen geführt haben. Lag noch bei Inangriffnahme dieser Arbeit nur der „Bericht der Kommission zur Vorbereitung einer Reform der Zivilgerichtsbarkeit" aus dem Jahr 1961 vor, so ist inzwischen der „Entwurf eines Gesetzes zur Änderung der Zivilprozeßordnung" mit dem Stand vom 17. 11. 1967, der von der Kommission für Zivilprozeßrecht erarbeitet worden ist, wenigstens den interessierten Gruppen zugänglich gemacht worden. Allmählich erreicht das Material auf diese Weise jedenfalls bruchstückhaft eine breitere Öffentlichkeit[7]. Gegenstand des Meinungsstreits ist hierbei vor allem, wie man eine *Beschleunigung* des Prozesses durch eine Verschärfung und Ergänzung der §§ 279, 279 a, 283 Abs. 2 und § 529 Abs. 2 und 3 ZPO erreichen kann und ob das *Streben nach dem materiell richtigen Urteil* in stärkerem Umfang eingeschränkt werden darf.

Wenn nun mit dieser Arbeit der Versuch einer zusammenfassenden Behandlung der prozessualen Präklusion unternommen wird, so trägt dies vielleicht auch dazu bei, eine befriedigende Lösung der beispielhaft herausgehobenen Kontroversen zu finden.

Zum Schluß sei zur *Eingrenzung der Aufgabe* folgendes bemerkt: Bei der Darstellung der prozessualen Präklusion steht das Zivilprozeßrecht im Mittelpunkt, ohne daß eine vollständige Sammlung der Präklusionsnormen angestrebt würde. Dieses Vorgehen wird zum einen durch den Formenreichtum der zivilprozessualen Präklusionsnormen, zum anderen dadurch legitimiert, daß jedenfalls das Verwaltungsprozeßrecht, wie schon die einschlägigen Verweisungsnormen beweisen, die Verwandtschaft trotz der Geltung der Untersuchungsmaxime nicht leugnen kann. Nur dort ist auf das Verwaltungs- bzw. Strafprozeßrecht eingegangen worden, wo gerade der Vergleich das Verständnis fördern könnte[8]. Es mußte im Rahmen der gestellten Aufgabe auch davon abgesehen werden, das im Laufe der Untersuchung entstehende Bild der Präklusion, wie es sich aus der geltenden Zivilprozeßordnung und ihrer Entwicklungsgeschichte ergibt, unter rechtshistorischen und rechtsvergleichenden Gesichtspunkten zu würdigen.

---

[7] Vgl. *Deubner*, Über Maßnahmen zur Beschleunigung des Zivilprozesses — eine Stellungnahme zu den einschlägigen Vorschriften des Entwurfs eines Gesetzes zur Änderung der Zivilprozeßordnung, ZZP 82, 257 ff.

[8] Vgl. unten S. 25 f., 36, 60, 85, 98 ff., 143, 158.

§ 1 Einleitung

I. Zum Begriff „Präklusion"

Präklusion heißt *Ausschluß* und bedeutet laut *Creifelds*, daß „nach gesetzlicher Bestimmung ... unter gewissen Voraussetzungen eine Ausschlußwirkung für bestimmte Rechte und Rechtslagen eintreten" kann[1]. Als typische Beispiele nennt er die gesetzlichen Fristen für die Mängelrüge im Kauf- und Werkvertragsrecht sowie die Antrags- und Rechtsmittelfristen. Da diese Arbeit sich mit der *prozessualen* Präklusion befaßt — was einen gelegentlichen Seitenblick auf materiell-rechtliche Präklusionsnormen nicht hindert —, sollte eine auf das Prozeßrecht zugeschnittene, präzisere Begriffsbestimmung möglich sein.

Einen ersten Anhalt gibt § 230 ZPO, dessen Wortlaut auf die überwiegende Zahl der Präklusionsfälle zutrifft[2]: „Die Versäumung einer Prozeßhandlung hat zur allgemeinen Folge, daß die Partei, mit der vorzunehmenden Prozeßhandlung ausgeschlossen wird." Danach bedeutete Präklusion den Ausschluß mit einer Prozeßhandlung infolge Versäumung. Diese Definition bedarf indessen hinsichtlich des Merkmals „Versäumung" der Modifikation.

Von Versäumung kann man nämlich nur sprechen, wenn eine Prozeßhandlung innerhalb des für sie vorgesehenen Zeitraums *unterlassen* worden ist. Dies setzt wiederum zumindest voraus, daß die Vornahme der Prozeßhandlung objektiv vor dem Ablauf des Zeitraums möglich war. Hieran fehlt es beispielsweise, wenn der Beklagte in der Berufungsinstanz mit einem Aufrechnungseinwand wegen mangelnder Sachdienlichkeit ausgeschlossen wird (§ 529 Abs. 5 ZPO), obwohl er die Gegenforderung erst nach Schluß der letzten Verhandlung erster Instanz erworben hatte. Oder man denke daran, daß ein Einwand erst entsteht, während sich der Prozeß bereits in der Revisionsinstanz befindet[3]. Auch hier kann man der Partei keine Säumnis vorwerfen. Gleichwohl ist sie für diesen Prozeß mit dem Einwand ausgeschlossen

---

[1] Rechtswörterbuch, S. 802.

[2] Vgl. *Bülow*, Civilprozessualische Fiktionen und Wahrheiten, AcP 62, 1 ff., 74, der in dieser Norm das Rechtsverwirkungs- oder Rechtsversäumnisprinzip (Contumazialprinzip) vollkommen und ausreichend ausgesprochen fand.

[3] Vgl. *Arwed Blomeyer*, Zivilprozeßrecht, § 23 I 3 b, S. 99.

(§ 561 ZPO), es sei denn, es käme zu einer Zurückverweisung. Will man diese Fälle der Ausschlußwirkung mit dem Begriff Präklusion erfassen, so muß man auf das Merkmal „Versäumung" verzichten[4]. Wesentlich ist allein, daß die Prozeßhandlung *von einem Zeitpunkt an* nicht mehr vorgenommen werden kann[5]. Nur deshalb ist es auch möglich, den Begriff Präklusion dort zu verwenden, wo die Prozeßhandlung (z. B. Klage oder Tatsachenbehauptung) zwar nicht versäumt worden ist, aber keinen Erfolg hatte[6]. Die Präklusionsnormen (z. B. §§ 318, 322, 767 Abs. 2 ZPO) schließen erst recht eine prozessual beachtliche Neuvornahme aus.

Ist die Säumnis also kein für die Präklusion notwendiges Merkmal und liegt die Betonung auf der Einschränkung prozessualer Befugnisse im Hinblick auf die ausstehende Entscheidung (innerprozessual für das weitere Verfahren — außerprozessual für den nächsten Prozeß), dann wird verständlich, daß man unter dem Stichwort Präklusion nicht mehr auf das *Versäumnisverfahren* verwiesen wird[7], das in dieser Arbeit ebenfalls ausgeklammert bleibt. Während im gemeinen Recht von einer „poena praeclusi"[8] gerade auch im Zusammenhang mit der *Totalversäumnis* gesprochen worden war[9], bemerkte schon *Richard Schmidt* zu dem Versäumnisverfahren der ZPO, es sei zwar in letzter Linie auch auf das Präklusionsprinzip zurückzuführen, aber in einem besonderen Sinne, und welches deshalb ... die normalen Grundsätze der Stoffsammlung und Prüfung des Gerichts verlasse[10]. Dies gilt besonders für das Versäumnisurteil gegen den Beklagten, weil die Geständnisfiktion des § 331 Abs. 1 ZPO die Nichtbeachtung des bisherigen Vorbringens überwiegt, zumal ja sehr häufig nicht einmal eine schriftliche Klageerwiderung vorliegt. Vor allem widerspricht dem Präklusionsprinzip indessen, daß die säumige

---

[4] Auf dieses Merkmal verzichtet auch *Arwed Blomeyer*; denn für ihn bedeutet Präklusion, daß „die Parteien Prozeßhandlungen, die in einen Abschnitt gehören, nicht mehr im folgenden nachschieben können" (Zivilprozeßrecht, § 23 I 3, S. 99).

[5] Vgl. *Rosenberg*, Die Präklusionswirkung von Urteilen, SJZ 1950, 313: Präklusion „bedeutet, daß die Partei im Zivilprozeß mit dem Vorbringen neuer Behauptungen, Beweismittel und Beweiseinreden *von einem bestimmten Zeitpunkt an* präkludiert (= ausgeschlossen) ist" (Hervorhebungen vom Verfasser).

[6] Vgl. z. B. unten S. 50, 83 ff., 89 f., insbes. S. 127.

[7] Vgl. z. B. *Arwed Blomeyer*, Zivilprozeßrecht, und *Lent-Jauernig*, Zivilprozeßrecht.

[8] Zur Bezeichnung der Präklusionswirkung als Strafe vgl. unten S. 140.

[9] Vgl. *Wetzell*, System des ordentlichen Civilprocesses, S. 605 ff., insbes. S. 626 ff.

[10] Zivilprozeßrecht, S. 553.

I. Zum Begriff „Präklusion"

Partei den status quo ante mit Hilfe des Einspruchs ohne weiteres wiederherstellen kann (§ 338, 342 ZPO)[11].

Präklusion bedeutet demnach, daß eine Partei von einem Zeitpunkt an mit einer Prozeßhandlung ausgeschlossen ist.

Diese Definition wird im Laufe der Untersuchung mit Leben zu füllen sein, da sie sich nicht konkreter fassen läßt. So kommt als *Gegenstand* der Präklusion nicht nur eine einzelne Gruppe von Prozeßhandlungen wie die Behauptungen, Beweismittel und Beweiseinreden in Betracht[12]. Auch der „*Zeitpunkt*" läßt sich nicht durch einen spezielleren Ausdruck ersetzen. Manchmal wird der Zeitpunkt durch das Ende einer (Präklusions-)Frist bestimmt (z. B. die Rechtsmittelfristen), manchmal durch einen Verfahrensabschnitt (z. B. den Beginn der Verhandlung zur Hauptsache, ein Zwischenurteil, das Ende einer Instanz), und in den Fällen verspäteten Vorbringens gemäß den §§ 279 und 283 Abs. 2 ZPO kann weder von dem Ende einer Frist noch einem Abschnitt die Rede sein. Deswegen wird später dieser so unterschiedlich zu bestimmende Zeitpunkt auch ganz allgemein als „Einschnitt" bezeichnet.

Schließlich kann das Wort Ausschluß nicht durch den Zusatz „*endgültig*" ergänzt werden. Zwar ist die Präklusionswirkung in der Regel endgültig, sieht man von den atypischen Fällen der Aufhebung der Präklusionswirkung infolge Wiedereinsetzung oder Wiederaufnahme ab[13]. Aber ausnahmsweise ist die Präklusionswirkung zeitlich begrenzt. So präkludieren die §§ 279, 279 a, 283 Abs. 2[14], aber auch § 318 ZPO zunächst nur für die Instanz, so daß die Partei, sofern die Berufung statthaft ist, den Prozeßstoff in den Grenzen des § 529 ZPO nachschieben kann. Aus diesem Grunde bedeutet jede Einschränkung der Statthaftigkeit der Berufung zugleich eine Verschärfung der innerprozessualen Präklusionsfolgen[15]. Nur *aufschiebend* wirkt auch die Präklusion von neu entstandenen Einwendungen in der Revisionsinstanz. Denn diese nach Schluß der letzten Tatsachenverhandlung

---

[11] Der Kommissionsbericht 1961, S. 260 ff., S. 263, hatte demgegenüber empfohlen, nur die Wiedereinsetzung oder die Berufung zu gestatten, falls der Beklagte nicht einmal die Klageschrift beantworte. Dieser Vorschlag hätte den Präklusionsgedanken hervortreten lassen, weil der schuldhaft säumigen Partei nur der Weg in die zweite Instanz geblieben wäre. Der Kommissionsentwurf 1967 beläßt es beim geltenden Recht.

[12] So aber z. B. *Rosenberg*, SJZ 1950, 313, und ihm folgend *Hoegen*, Rechtskraftwirkung und Präklusionswirkung, S. 1. Im Verlauf der Bestandsaufnahme wird sich beispielsweise ergeben, daß auch die Klage (z. B. S. 24 f.) und Rechtsausführungen (S. 58 ff.) präkludiert werden können. Vgl. ferner die Zusammenfassung im zweiten Abschnitt der Arbeit, § 5 I.

[13] Vgl. unten § 5 V.

[14] Vgl. unten S. 37 ff.

[15] Vgl. unten S. 161.

entstandenen Einwendungen, die nicht von der Rechtskraft-Präklusion erfaßt werden, kann die Partei in einem *neuen Prozeß* geltend machen. Zu einem neuen Prozeß führt auch die Präklusion des wegen fehlender Sachdienlichkeit nicht zugelassenen Aufrechnungseinwands (§ 529 Abs. 5 ZPO). Zweifelhaft kann hier nur sein, ob der Beklagte — wie *Grunsky* vorschlägt[16] — trotzdem mit der Vollstreckungsgegenklage gegen die titulierte Hauptforderung vorgehen kann, indem er sich auf die Aufrechnung beruft, oder ob die Gegenforderung mit einer Leistungsklage selbständig geltend gemacht werden kann und muß[17].

II. Verbindungslinien und Grundfragen

Trotz der Spannweite des Präklusionsbegriffs besteht die grundlegende Gemeinsamkeit darin, daß der Gesetzgeber sich immer wieder des *einen Instruments*, nämlich der Präklusion, bedient, um Rechtsstreitigkeiten zu beschränken, zu kanalisieren und einem Ende zuzuführen. Aus dieser Sicht schafft auch die Rechtskraft-Präklusion in den Rechtsbeziehungen der Parteien nur eine — freilich besonders bedeutsame — Zäsur.

Diese *instrumentale* Seite[18] der Präklusionsnormen steht im *ersten Abschnitt* der Untersuchung im Vordergrund. Dort wird im innerprozessualen Bereich der erste tiefgreifende Unterschied in den Voraussetzungen der Präklusion sichtbar. Während die *„vorprozessualen"* Präklusionsnormen (prozessuale Klagefristen)[19] zwangsläufig allein durch den Zeitfaktor geprägt sind, finden sich während des Prozesses neben den *„zeitlichen Einschnitten"*[20] (z. B. den Rechtsmittelfristen) auch *„inhaltliche Einschnitte"*[21], die das Ergebnis wertender richterlicher Erkenntnis darstellen. So dient § 318 ZPO dazu, einen bestimmten

---

[16] Die unzulässige Prozeßaufrechnung, JZ 1965, 391 ff., unter I 1 a (S. 391 f.), II 2 e (S. 397) und III 2 (S. 399). *Grunsky* hat sich außerdem mit der Fallgestaltung befaßt, daß das Gericht für die Entscheidung über die Gegenforderung unzuständig ist, und vorgeschlagen, das Verfahren nach Erlaß eines Vorbehaltsurteils zur Fortsetzung des Verfahrens auch ohne Antrag an das zuständige Gericht zu verweisen. Hierzu kann im Rahmen dieser Arbeit nicht Stellung genommen werden.

[17] Vgl. unten S. 45 ff. sowie S. 164 f.

[18] *Bötticher* hat in seiner Abhandlung „Besinnung auf das Gestaltungsrecht und das Gestaltungsklagerecht", in: Festschrift für Dölle I, S. 41 ff., insbesondere S. 42 ff. und S. 56 die Bedeutung von *instrumentaler* und *funktionaler* Betrachtungsweise sichtbar gemacht. Man beachte ferner Bruns, „Funktionaler" und „instrumentaler" Gehalt der Gestaltungsrechte und Gestaltungsklagerechte, zu Eduard Bötticher: Gestaltungsrecht und Unterwerfung im Privatrecht, ZZP 78, 264 ff.

[19] Vgl. unten § 2 I.

[20] Vgl. unten § 3 I.

[21] Vgl. unten § 3 II.

Komplex des Prozeßstoffes durch (Teil-, Zwischen- oder Vorbehalts-) *Urteil* abzuschließen. Daß § 318 ZPO Präklusionswirkung äußert, hatte die Begründung zu § 297 des Entwurfs 1931 besonders hervorgehoben, indem sie die Wiederherstellung der alten Fassung des § 303 ZPO deswegen befürwortete, „weil das Zwischenurteil über selbständige Angriffs- und Verteidigungsmittel mit Rücksicht auf § 318 g. F. ... ein vorzügliches Mittel ist, den *Prozeßstoff zu beschränken* und auf einem vom Gericht für spruchreif erachteten Gebiet *neues Vorbringen der Parteien abzuschneiden*"[22].

Zu einem inhaltlichen Einschnitt hatte auch das gemeinrechtliche *Beweisinterlokut* geführt[23]; denn es teilte das Verfahren nicht nur äußerlich in zwei Abschnitte, von denen der erste die Behauptungen der Parteien und der zweite ihren Beweis zum Gegenstand hatte. Das Beweisinterlokut bestimmte vielmehr zugleich die beweiserheblichen Tatsachen und die Beweislast[24]. Dieses Institut, das selbst in modifizierter Form (Präklusion nur bei Verschulden, Verzicht auf eine Bindung des Richters) in den Beratungen über den Entwurf der CPO fast nur auf Ablehnung stieß[25], verdient deswegen erwähnt zu werden, weil es die Zäsur an *Aufgaben des Richters* orientierte, wie sie die Allgemeine Gerichtsordnung für die Preußischen Staaten von 1793 in § 5 der Einleitung beschrieben hatte: „In jedem Prozesse muß also vor allen Dingen untersucht werden, was für Thatsachen dabei *zum Grunde liegen*, und wie sich dieselben nach der *Wahrheit* verhalten[26]." Sucht man im geltenden Recht nach einer Zäsur, die gleichfalls an den richterlichen Aufgaben ausgerichtet ist, so kann man die Beschränkung des Revisionsgerichts auf die *Rechtsanwendung* hierzu zählen (§ 561

---

[22] Entwurf 1931, S. 323 — Hervorhebung vom Verfasser. Vgl. ferner unten S. 53, 55 mit Fn. 118.

[23] *Planck*, Die Lehre vom Beweisurtheil, S. 353: „Das Beweisurtheil wirkt aber auf das im Streit befangene Rechtsverhältnis nicht blos durch sein Dasein, sondern auch durch seinen *Inhalt*. Letzteres, weil durch dasselbe der Stoff des vorhergehenden Abschnitts nicht blos geschlossen, sondern auch *entschieden* wird, und dadurch die bestimmte Form erhält, von welcher das fernere Schicksal des Prozesses abhängt." Vgl. ferner S. 353 ff.

[24] *Planck*, Die Lehre vom Beweisurtheil, S. 231, S. 234 ff., insbes. S. 253. Zur Kontroverse über den Urteilscharakter des Beweisinterlokuts und den Umfang der Bindung vgl. *Planck*, a.a.O., S. 300 ff.

[25] Vgl. *Hahn*, Materialien II, 1, S. 589 ff., und II, 2, S. 1292. Bereits die Begründung zum Entwurf der CPO hatte die Übernahme des Beweisinterlokuts unter Hinweis auf die hannoversche Prozeßkonferenz verworfen (*Hahn*, Materialien II, 1, S. 133), die in § 307 ihres Entwurfs das Gericht ausdrücklich „an die der Beweisverfügung zugrunde liegenden Ansichten über die Erheblichkeit der Beweissätze und die Beweispflicht" nicht für gebunden erklärt hatte (Hannoversche Protokolle, Bd. 14, S. 5306 und S. 5337 — vgl. auch die ausführliche Diskussion Bd. 6, S. 2032 — S. 2063, und Bd. 14, S. 5305 — S. 5337).

[26] Hervorhebung vom Verfasser.

ZPO). Auch hier handelt es sich insofern um einen inhaltlichen Einschnitt, als das Revisionsgericht an das vom Berufungsgericht „festgestellte Sachverhältnis" (§ 565 Abs. 3 Nr. 1 ZPO) gebunden ist und daher nicht einmal die bis zum Ende der Berufungsinstanz vorgetragenen Tatsachen und erhobenen Beweise selbständig würdigen kann.

Dem inhaltlichen Einschnitt gemäß § 318 ZPO ist im *außerprozessualen Bereich*[27] die Zäsur verwandt, die gemäß § 322 ZPO durch die rechtskräftige Entscheidung über den Streitgegenstand entsteht[28]. Dies rechtfertigt insbesondere die *gemeinsame* Frage, inwieweit nicht vorgetragene Tatsachen, die objektiv vorgetragen werden konnten, ausgeschlossen werden und worauf dieser Ausschluß zurückzuführen ist[29]. *Habscheid*[30], der auf § 318 ZPO nicht eingegangen ist, folgert u. a. im Anschluß an *Schwab*[31] aus dem *Wesen der richterlichen Entscheidung*, daß die Rechtskraftwirkung sich auf vorgetragene Tatsachen beschränken müsse und hilft mit der Annahme einer „allgemeinen Präklusion"[32].

Von einem § 318 ZPO vergleichbaren Einschnitt kann aber nicht mehr die Rede sein, wenn die Präklusion über den Streitgegenstand hinausreicht. Denn in diesem Fall ist das Urteil nicht mehr als ein Anknüpfungspunkt für eine selbständige *„rechtskraftergänzende"* Präklusionswirkung[33]. Unter diesem Blickwinkel wird nicht nur auf die §§ 616 ZPO, 17MschG und 54 PatentG einzugehen sein, sondern auch auf die Teilklage sowie § 323 ZPO.

Ein innerer Zusammenhang besteht ferner zwischen der Zurückweisung von Angriffs- und Verteidigungsmitteln gemäß den §§ 279, 279 a, 529 Abs. 2 und 3 ZPO und der Rechtskraft-Präklusion, weil die punktuelle innerprozessuale Präklusion in der Rechtskraft-Präklusion ebenfalls aufgeht[34], womit die Partei das Angriffs- und Verteidigungsmittel *endgültig* verliert. Deswegen kann, um ein Beispiel zu nennen, nicht für die innerprozessuale Verspätung schon die Gestaltungslage maßgeblich sein, wenn für die Rechtskraft-Präklusion erst die Ausübung des Gestaltungsrechts entscheidend ist[35]. Diese Homogenität muß auch für § 767 Abs. 2 ZPO, der ja keine formelle Rechtskraft voraus-

---

[27] Vgl. unten § 4.
[28] Bereits *Bötticher* hatte die Verwandtschaft zwischen § 318 ZPO und § 322 ZPO betont (Kritische Beiträge, S. 145 ff.).
[29] Zu § 318 ZPO vgl. unten S. 51 mit Fn. 97; zu § 322 ZPO unten S. 88 ff.
[30] Streitgegenstand, S. 289 — hierzu unten S. 96.
[31] Streitgegenstand, S. 162 — hierzu unten S. 92 f.
[32] Streitgegenstand, S. 291 ff., 296 f.
[33] Vgl. unten § 4 IV.
[34] Vgl. unten S. 40; ferner für § 318 ZPO S. 52.
[35] Vgl. unten S. 40.

II. Verbindungslinien und Grundfragen

setzt und insofern „*rechtskraftfremde*" Präklusion äußert[36], im Vergleich mit der Rechtskraft-Präklusion gewahrt werden[37].

Die kritische Sichtung der vielfältigen Zäsuren des Prozeßgeschehens bildet im *zweiten Abschnitt* die Grundlage für den Versuch, die verschiedenen *Funktionen* der Präklusionsnormen (Beschleunigung, Vermeidung doppelter Arbeit usw.) darzustellen[38] sowie solche Fragen herauszuarbeiten und an dem Modell typischer Normen zu beantworten, die für das Verständnis der prozessualen Präklusion wesentlich sind[39]. Hierzu zählt die Frage, ob Präklusionsnormen (z. B. die §§ 279, 279 a usw. ZPO) auch *Rechtspflichten* der Parteien begründen[40]. In diesen Zusammenhang gehört die weitere Überlegung, was es bedeutet, wenn die Norm die Präklusion nicht allein vom Überschreiten einer Zeitgrenze abhängig macht, sondern personenbezogene Merkmale enthält. Bei diesen „*subjektiven*" Präklusionsnormen[41] (z. B. §§ 279, 295, 406 Abs. 2, 616 ZPO, 54 PatentG) wird man sich nicht darauf beschränken dürfen, von Verschulden zu sprechen. Vielmehr wird zu unterscheiden sein, ob das Gesetz von den Parteien nur verlangt, daß sie ihnen bekanntes Material unterbreiten, oder ob es ihnen eine Nachforschungslast auferlegt, ferner ob Beweisschwierigkeiten die Zurückhaltung von Prozeßstoff rechtfertigen. Erst wenn man weiß, welches Verhalten das Gesetz objektiv fordert, läßt sich prüfen, ob die Partei diesen Anforderungen subjektiv genügt hat. Eine prinzipielle Frage, die an alle Präklusionsnormen zu stellen ist, besteht schließlich darin, inwieweit der Gegner durch sein Verhalten (z. B. Verzicht, Antrag, Rüge) das Eintreten der Präklusionswirkung beeinflussen kann oder ob der Richter die Präklusionsnorm von Amts wegen anzuwenden hat[42].

Die breite Grundlage erweist sich im *dritten Abschnitt* der Arbeit ebenfalls als förderlich, wenn auf den *Widerstreit von Präklusion und Gerechtigkeit* eingegangen wird. Denn auf diese Weise wird deutlicher als sonst sichtbar, daß nicht erst die Rechtskraft-Präklusion zu diesem Konflikt führen kann. Gerade im innerprozessualen Bereich würden die geplanten Reformen zur Beschleunigung des Verfahrens engere Grenzen setzen[43]. Auch im außerprozessualen Bereich ist freilich die Tendenz

---

[36] Vgl. unten S. 67 ff.
[37] Vgl. unten S. 165 ff.
[38] Vgl. unten § 6.
[39] Vgl. unten § 5.
[40] Vgl. unten S. 129 ff., insbes. S. 132 ff.
[41] Vgl. unten § 5 IV.
[42] Vgl. unten § 5 VI.
[43] Vgl. unten S. 38 f., 42 f.

zur Erweiterung der Präklusionswirkung (z. B. im Fall der Teilklage[44], der Eheauflösungsklage[45]) nicht zu verkennen, die vor allem durch einen umfassenderen Streitgegenstandsbegriff gefördert wird.

---

[44] Vgl. unten S. 110 ff.
[45] Vgl. unten § 8 II.

Erster Abschnitt

Die prozessuale Präklusion
Eine kritische Bestandsaufnahme

§ 2 Zur Abgrenzung der prozessualen Präklusion gegen andere Institute

Die ersten Konturen soll die prozessuale Präklusion dadurch gewinnen, daß sie von in der Nähe angesiedelten Instituten abgehoben wird. Auf diese Weise wird einerseits die Arbeit von ihr fremden Fragen entlastet, andererseits aber auch erreicht, daß verwandte Institute nicht völlig aus dem Blickfeld geraten. Zugleich verringert sich dadurch die Gefahr, die Lösung auftauchender Probleme zu einseitig in prozessualen Präklusionsnormen zu suchen. Hält man es beispielsweise für untragbar, daß der Kläger seinen materiellrechtlichen Anspruch in nicht gekennzeichneten Teilklagen geltend macht, so ist zu überlegen, ob die Anwendung des § 242 BGB in Einzelfällen (z. B. bei bewußter „Stückelung") nicht zu gerechteren Ergebnissen führt als die zwangsläufig generelle Bejahung der Rechtskraftwirkung[1].

Solches Hin und Her zwischen Prozeßrecht und materiellem Recht findet sich auch bei ein und derselben Norm, weil es für die Wissenschaft ein Niemandsland nicht geben kann. Es ist in besonderem Maße der Zuordnung der materiellen Rechtskraft eigen[2], weswegen in das Gedächtnis zurückgerufen zu werden verdient, daß der in Hannover von 1862 bis 1866 erarbeitete „Entwurf einer allgemeinen Civilprozeßordnung für die deutschen Bundesstaaten" ausdrücklich nur die formelle Rechtskraft regeln wollte[3], da die zivilrechtliche Bedeutung der Rechtskraft nicht in Frage stehe. Die Zivilprozeßordnung äußerte sich dann in § 293 CPO 1877, der im wesentlichen dem heutigen § 322 ZPO entspricht[4], zu den objektiven Grenzen der materiellen Rechtskraft[5]. Der

---

[1] Vgl. hierzu unten S. 112 ff., 116 f.
[2] Vgl. auch unten S. 80 ff.
[3] Hannoversche Protokolle, Bd. 11, S. 4065 ff., insbes. S. 4067.
[4] Bei der Aufrechnung beschränkte die Novelle von 1898 den § 293 Abs. 2 CPO 1877 auf den Fall, daß durch die Entscheidung das *Nicht*bestehen der Gegenforderung festgestellt wird (vgl. *Hahn*, Materialien VIII, S. 103). Hierüber hat sich das Reichsgericht freilich in RGZ 161, 167 ff., 171 f. hinweggesetzt.

jetzige § 323 ZPO hat seinen Ursprung jedoch in § 7 Abs. 2 des „Gesetzes, betreffend die Verbindlichkeit zum Schadenersatz für die bei dem Betriebe von Eisenbahnen, Bergwerken usw. herbeigeführten Tödtungen und Körperverletzungen", vom 7. Juni 1871[6]. Die §§ 324 bis 327 ZPO sind erst im Jahre 1900 mit dem BGB in Kraft getreten, nachdem der erste Entwurf zum BGB diese Vorschriften noch enthalten hatte[7].

Angesichts dieser engen Verzahnung nimmt es nicht Wunder, daß auch anderwärts die Grenze nicht einfach zu ziehen ist.

I. Materiellrechtliche Klagefrist und „vorprozessuale" Präklusion

Inwieweit Klagefristen eine prozessuale oder materiellrechtliche Regelung treffen, ist mehrfach streitig geworden[8]. Handelt es sich um eine *materiellrechtliche Ausschlußfrist,* so ist mit ihrem Ablauf das materielle Recht erloschen, und eine gleichwohl erhobene Klage ist als unbegründet abzuweisen[9]. Kommt der Klagefrist aber prozessuale Bedeutung zu, so ist die erhobene Klage unzulässig. Man kann hier von einer *vorprozessualen* Präklusion sprechen; denn der Kläger ist mit seiner Klage bzw. mit seinem Vorbringen bereits bei der Klageerhebung präkludiert. Als anschauliches Beispiel sei die Klagefrist des § 74 VwGO für die Anfechtungs- und Verpflichtungsklage genannt.

Einen derartigen Einschnitt schaffen für den Zivilprozeß zweifelsfrei § 586 Abs. 1 ZPO für das Wiederaufnahmeverfahren, § 958 ZPO für die Anfechtungsklage gegen Ausschlußurteile im Aufgebotsverfahren sowie die §§ 1043, 1044 ZPO für die Aufhebungsklage gegen einen Schiedsspruch bzw. gegen die Vollstreckbarkeitserklärung eines ausländischen Schiedsspruch. Obwohl schon ein richterliches Verfahren stattgefunden hat, ist die Präklusion keine Nachwirkung des ersten Prozesses und daher nicht „außerprozessual" wie die Rechtskraft-

---

[5] Insoweit irrt *Henckel,* wenn er meint, die CPO habe *keine* Bestimmungen über die materielle Rechtskraft enthalten und habe deshalb ihre Wirkungen, soweit sie für die Vollstreckung wichtig seien, im Zusammenhang mit den Vorschriften über die Zwangsvollstreckung geregelt (Parteilehre und Streitgegenstand, S. 302 Anm. 189).

[6] RGBl. 1871, S. 207.

[7] *Mugdan,* Materialien I, S. 552 ff., zu den §§ 191 ff. des Entwurfs.

[8] Diese Frage stellt sich selbstverständlich auch für denjenigen, der — wie *Ule,* Verwaltungsprozeßrecht, § 37 I, S. 146 — nur prozessuale Fristen als Klagefristen bezeichnet.

[9] Vgl. Enneccerus-Nipperdey, Allgemeiner Teil I, 2, § 230 III, S. 1401. Materiellrechtlichen Gehalt haben zweifellos die Ausschlußfristen, die zu ihrer Einhaltung keine Prozeßhandlung voraussetzen: z. B. die der Anfechtung in den §§ 121 und 124 BGB gesetzten Grenzen.

Präklusion. In allen vier Fällen ist die Klage binnen einer Notfrist von einem Monat zu erheben. Die Rechtsfolge bei der Versäumung der Frist ergibt sich aus § 230 ZPO: *die Partei wird mit der vorzunehmenden Prozeßhandlung* — also der Klage — *ausgeschlossen*. Die Klage ist damit unzulässig[10].

1. § 50 Abs. 1 Satz 1 EheG

Ob es sich um prozessuale Präklusionsnormen handelt, wird jedoch sofort zweifelhaft, wenn vergleichbare Normen außerhalb der Prozeßgesetze auf ihren Regelungsgehalt überprüft werden. So heißt es in *§ 50 Abs. 1 Satz 1 EheG*, daß „*das Recht auf Scheidung wegen Verschuldens erlischt*, wenn der Ehegatte nicht binnen sechs Monaten" (seit Kenntnis vom Scheidungsgrund) „die Klage erhebt". Diese Formulierung scheint eindeutig für eine materiellrechtliche Ausschlußfrist zu sprechen. Unsicher wird man jedoch durch den Wortlaut des zweiten Absatzes: „Die Scheidung ist nicht mehr zulässig, wenn seit dem Eintritt des Scheidungsgrundes zehn Jahre verstrichen sind[11]." Verstärkt wird diese Unsicherheit, wenn man den § 1571 Abs. 1 BGB a. F. zum Vergleich heranzieht, der in Satz 2 die gleiche Formulierung enthielt wie § 230 ZPO: *„Die Klage ist ausgeschlossen, ..."* und dessen Satz 1 für § 74 Abs. 1 Satz 1 VwGO Vorbild gewesen sein könnte[12]: „*Die Anfechtungsklage muß* innerhalb eines Monats nach Zustellung des Widerspruchsbescheides *erhoben werden*." Ist diese Frist versäumt, so ist die Anfechtungsklage als unzulässig abzuweisen[13].

---

[10] Dies ist anscheinend so selbstverständlich, daß sich in den Kommentaren nicht einmal ein Hinweis auf § 230 ZPO findet. *Thomas-Putzo*, ZPO, § 230 Anm. 2 a, sprechen davon, daß die verspätete Prozeßhandlung unwirksam und unzulässig sei. Das erstere kann von der Klage nicht gesagt werden. *Rosenberg*, Zivilprozeßrecht, § 76 II 2 a, S. 344, zählt eine Reihe von Anwendungsfällen des § 230 ZPO auf, hierunter fehlen aber gerade die Klagefristen. In Beziehung zu setzen ist außerdem die Möglichkeit der Wiedereinsetzung (§ 233 ZPO), soweit die Klagefrist als Notfrist bezeichnet ist.

[11] Der BGH zieht in BGHZ 3, 347, 349 in Erwägung, „daß der neue Wortlaut des § 50 Abs. 2 EheG sich ... nicht mehr an den *Kläger* richtet und seine Klage ausschließt, sondern sich unmittelbar an das *Gericht* wendet und ihm verbietet, die Scheidung auszusprechen". Der BGH gelangt zu der Auffassung, daß es sich auch bei § 50 Abs. 2 EheG um eine Frist zur Beschreitung des Rechtsweges handele, die durch § 31 Abs. 1 Satz 1 der Vertragshilfeverordnung gehemmt worden sei (BGHZ, a.a.O., 351 f.). Das Ergebnis ist sicherlich zutreffend. Doch welche Rechtsnatur kommt einer Frist zu, die sich „an den Kläger richtet und seine Klage ausschließt"? Klingt diese Formulierung nicht ebenfalls rein *prozessual*?

[12] „Die Scheidungsklage muß ... binnen sechs Monaten von dem Zeitpunkt an erhoben werden, in dem der Ehegatte von dem Scheidungsgrund Kenntnis erlangt."

[13] *Ule*, Verwaltungsprozeßrecht, § 37 I, S. 146; *Eyermann-Fröhler*, VwGO, § 74 Anm. 2.

§ 2 Abgrenzung der prozessualen Präklusion gegen andere Institute

Der Verzicht auf eine materiellrechtliche Folge ist möglich, weil der anfechtbare, aber wirksame Verwaltungsakt mit dem Ablauf der Frist Bestandskraft gewinnt. Von einem „Erlöschen des Rechts auf Aufhebung des Verwaltungsakts"[14] braucht das Gesetz nicht zu sprechen, denn die Verhinderung eines Sachurteils genügt, um die Rechtslage für die Zukunft klarzustellen.

Bei der Frist zur Erhebung der Scheidungsklage liegen die Dinge im Grunde ähnlich. Da die Ehe nicht anders als durch ein Gestaltungsurteil aufgelöst werden kann, würde schon die prozessuale Beschränkung der Geltendmachung von Scheidungsgründen *praktisch* den materiellen Rechtsverlust bedeuten. Gleichwohl verstanden z. B. *Staudinger-Engelmann* bereits den § 1571 BGB a. F. materiellrechtlich und stellten als Erlöschensgründe die Verzeihung und den Fristablauf nebeneinander[15]. Dem entspricht die jetzige Fassung des § 50 Abs. 1 Satz 1 EheG, und § 50 Abs. 2 EheG ist in gleichem Sinne auszulegen. Die Scheidungsklage ist daher als unbegründet abzuweisen[16]. Fraglich wird dies erst für den, der ein *subjektives* Recht auf Scheidung, nämlich ein Gestaltungsklagerecht, verneint und in § 50 EheG nur eine Grenze für den prozessualen Rechtsschutz sieht[17].

---

[14] Ob ein solches materielles Recht überhaupt anzuerkennen ist oder ob es sich nur um eine prozessuale Möglichkeit handelt, ist demnach in unserem Zusammenhang unerheblich. Zutreffend scheint mir die Ansicht *Böttichers* zu sein, daß das Recht der Verwaltung zum Erlaß des Verwaltungsakts zum Gegenstand einer „Gestaltungsabwehrklage" gemacht wird (vgl. Besinnung auf das Gestaltungsrecht und das Gestaltungsklagerecht, in: Festschrift für Dölle I, S. 41 ff., S. 59 ff., insbes. S. 61 f.). Bei der Verpflichtungsklage, für die die Klagefrist ja ebenfalls gilt, liegt die Bejahung eines Rechts auf Erlaß des Verwaltungsakts dagegen näher. Das prozessuale Verständnis der Klagefrist wird beidem gerecht.
[15] BGB, § 1571 Anm. 1.
[16] In diesem Sinne ausdrücklich *Erman-Ronke*, BGB, § 50 EheG Anm. 4; *Palandt-Lauterbach*, BGB, EheG § 50 Anm. 6 sprechen nur von Klageabweisung. Das gleiche gilt von *Soergel-Siebert-Vogel*, BGB, EheG § 50 Anm. 21, die jedoch in der Anm. 22 den Ausschluß von Scheidungsgründen durch *prozessuale Verwirkung* gemäß § 616 ZPO von § 50 EheG abheben.
[17] Dieser Auffassung ist z. B. *Henckel*, Parteilehre und Streitgegenstand, S. 34: „Das ,Recht auf Scheidung' ist also ein ,Recht' gegenüber dem Gericht, mit dem Inhalt, daß dieses die Scheidung unter bestimmten Voraussetzungen auszusprechen habe. Es ist also nichts als der Rechtsschutzanspruch in seiner klassischen Form, der Anspruch auf positive Entscheidung, wenn die prozessualen und materiellen Rechtsschutzvoraussetzungen vorliegen." Ferner *Arwed Blomeyer*, Zivilprozeßrecht, § 38 II, S. 190, und § 40 V 3, S. 203; *Müller-Freienfels*, Ehe und Recht, S. 228 ff. — vgl. auch *Schlosser*, Gestaltungsklagen und Gestaltungsurteile, S. 362, 382. Demgegenüber ist *Bötticher* mehrfach nachdrücklich für ein privates Gestaltungsklagerecht eingetreten (Festschrift für Dölle I, S. 55 ff., insbes. S. 57; ZZP 77, 478) und hat hiermit bei *Schwab*, Zur Wiederbelebung des Rechtsschutzanspruchs, ZZP 81, 412 ff., 422 ff., Zustimmung gefunden.

2. § 3 Satz 1 KSchG (§ 4 Satz 1 KSchG n. F.)

Als zweites Beispiel sei *§ 3 Satz 1 KSchG* (= § 4 Satz 1 KSchG n. F.) angeführt[18], der zu einem lebhaften Streit über die Frage Anlaß gegeben hat, ob bei einer Versäumung der Dreiwochenfrist die Klage als unzulässig[19] oder unbegründet[20] abzuweisen sei. Dieser Streit ist nicht etwa allein theoretischer Natur, sondern er gewinnt praktische Bedeutung vor allem bei der Bestimmung der Rechtskraftwirkung des die Klage abweisenden Urteils. Wird die Klage nämlich wegen der Versäumung der Frist als unzulässig abgewiesen, so wird dem Kläger nur die Unzulässigkeit der Kündigungsschutzklage im Sinne des Kündigungsschutzrechts bescheinigt. Ihm bleibt es indessen unbenommen, die Nichtigkeit der Kündigung gemäß den §§ 11 Abs. 3, 4 KSchG (= § 13 Abs. 2 und 3 KSchG n. F.) in einer zweiten Klage geltend zu machen. *Nikisch* sieht diese Rechtsfolge als Vorteil der von ihm befürworteten Auslegung des § 3 Satz 1 KSchG im Sinne einer prozessualen Klagefrist an[21].

Die herrschende Meinung, die für eine Klageabweisung als unbegründet eintritt, erreicht damit, daß auch die nicht vorgetragenen Unwirksamkeitsgründe in einem zweiten Prozeß nicht mehr vorgebracht werden können[22]. Der Kläger, der eine Kündigungsschutzklage verspätet erhebt, muß auch sein sonstiges Material ausbreiten, wenn die Kündigung durch den Arbeitgeber nicht unanfechtbar werden soll[23]. Diese Ansicht hat nicht nur den Vorzug, daß eine prozeßökonomisch unerwünschte mehrfache Belastung der Gerichte mit einer Kündigung verhindert wird, sondern — und zwar in erster Linie —, daß der Rechtsfrieden im Interesse der Parteien alsbald wiederhergestellt wird.

---

[18] Die Vorschrift lautet: „Will ein Arbeitnehmer geltend machen, daß eine Kündigung sozial ungerechtfertigt ist, so muß er innerhalb von drei Wochen nach Zugang der Kündigung Klage beim Arbeitsgericht auf Feststellung erheben, daß das Arbeitsverhältnis durch die Kündigung nicht aufgelöst ist."

[19] *Herschel-Steinmann*, KSchG, § 3 Anm,. 12; *Nikisch*, Arbeitsrecht I, § 51 VII 2, S. 778 ff., jeweils mit weiteren Nachweisen.

[20] *Auffarth-Müller*, KSchG, § 3 Anm. 30; *Bötticher*, Anm. zu BAG AP Nr. 7 zu § 3 KSchG unter Ziffer 2; *Alfred Hueck*, KSchG, § 3 Anm. 19 a. Ebenso BAG AP Nr. 7 zu § 3 KSchG; AP Nr. 1 zu KSchG; LAG Berlin DB 1968, 180.

[21] *Nikisch*, Arbeitsrecht I, § 51 VII 2, S. 779.

[22] *Bötticher*, Zum Regierungsentwurf des Kündigungsschutzgesetzes, RdA 1951, 80 ff., 85; Anmerkung zu BAG AP Nr. 7 zu § 3 KSchG; *Alfred Hueck*, KSchG, § 3 Anm. 4.

[23] Eine weitere Frage ist es, inwieweit sich die Präklusion auch zu Lasten des Arbeitgebers auswirken kann, wenn der Klage stattgegeben wird, bzw. ob *mehrere* Kündigungen einen Streitgegenstand bilden können (vgl. hierzu *Bötticher*, Streitgegenstand und Rechtskraft im Kündigungsschutzprozeß, in: Festschrift für Herschel, S. 181 ff., sowie *Alfred Hueck*, KSchG, § 3 Anm. 21).

In diesem Meinungsstreit hat nun die rechtliche Qualifizierung der Norm als prozessuale oder materiellrechtliche Ausschlußfrist die entscheidende, ihr — wie noch zu zeigen sein wird — nicht zukommende Rolle gespielt[24]. So betonen auf der einen Seite z. B. *Alfred Hueck*[25] und das BAG[26] den materiellrechtlichen Charakter, während *Nikisch*[27] demgegenüber das prozessuale Moment betont. *Bötticher*[28] spricht zwar nicht ausdrücklich von einer materiellrechtlichen Ausschlußfrist, zieht jedoch zum Vergleich RGZ 123, 204, 207 heran. Dort hatte das Reichsgericht entschieden, daß auch über eine verspätete Anfechtungsklage des Aktionärs sachlich zu entscheiden sei, weil es sich nicht nur um die Frage der rechtzeitigen Klageerhebung im Sinne des Prozeßrechts handele, sondern auch darum, ob der Generalversammlungsbeschluß im Sinne des materiellen Rechts wirksam angefochten worden sei. Sei nicht rechtzeitig angefochten, so sei das Anfechtungsrecht durch Ablauf der einmonatigen Ausschlußfrist des § 271 Abs. 2 HGB (= § 199 Abs. 1 AktG 1937 = § 246 Abs. 1 AktG n. F.) erloschen[29], eine Formulierung, die uns schon in § 50 Abs. 1 Satz 1 EheG begegnet ist. Der materiellrechtliche Charakter dieser Frist ist auch fast einhellig anerkannt[30], was zur Folge hat, daß eine Wiedereinsetzung von vornherein nicht in Betracht kommt; denn diese setzt den Ausschluß mit einer Prozeßhandlung voraus[31].

---

[24] Man vergleiche etwa die Überlegungen von *Siepermann* in seiner Dissertation über „Streitgegenstand und Präklusionswirkung der Rechtskraft im Kündigungsschutzprozeß", S. 143 ff., der auf diesem Gegensatz aufbaut und sich für eine materiellrechtliche Ausschlußfrist entscheidet.

[25] KSchG, § 3 Anm. 19 a.

[26] BAG AP Nr. 1 zu § 6 KSchG.

[27] Arbeitsrecht I, § 51 VII 2, S. 779 f.

[28] Anmerkung zu BAG AP Nr. 7 zu § 3 KSchG unter Ziffer 2. *Bötticher* läßt allerdings erkennen, daß er auch unabhängig von dieser Frage „erst recht" um der umfassenden Präklusionswirkung willen für eine Klageabweisung als unbegründet eintreten würde.

[29] RGZ, a.a.O., 207 f.

[30] *Baumbach-Hueck*, Aktiengesetz, § 246 Anm. 3; a. A. *Lüke*, Anmerkung zu OLG Frankfurt, NJW 1966, 838 ff., der ein materielles Anfechtungsrecht verneint, indem er den Vergleich zur Anfechtung eines Verwaltungsakts zieht. Er stimmt darin mit *Bötticher* überein, der die aktienrechtliche Anfechtungsklage unter die Gestaltungsabwehrklagen eingruppiert hat (Festschrift für Dölle I, S. 59 f. sowie S. 63 f. und oben S. 26 Fn. 14), aber die Frist auf das materielle „Gestaltungsabwehrrecht" bezieht (S. 65 f. mit Anm. 53). — Nicht recht verständlich ist, wie BGH LM Nr. 1 zu § 199 AktG ein prozessuales Zwischenurteil gemäß § 303 ZPO zulassen konnte, ohne sich für das Wesen der Frist festzulegen.

[31] Daher will das OLG Frankfurt, NJW 1966, 838 ff., (entgegen BGH LM Nr. 1 zu § 197 AktG unter II 2) mit der analogen Anwendung der Vorschriften über die Hemmung der Verjährung helfen, während *Lüke*, NJW 1966, 839, die Vorschriften über die Wiedereinsetzung anwenden will — auch ohne Bezeichnung des § 246 Abs. 1 AktG als Notfrist. Man fragt sich, ob der Gesetzgeber nicht die Reform des Aktiengesetzes zum Anlaß genommen hätte,

I. Materiellrechtliche Klagefrist und „vorprozessuale" Präklusion

Gerade § 4 KSchG (= § 5 KSchG n. F.) enthält indessen eine Regelung, die man nicht anders denn als Wiedereinsetzung bezeichnen kann und deren sachliche Voraussetzungen dem § 233 ZPO nahezu entsprechen[32]. Es läge daher näher, der Dreiwochenfrist des § 3 Satz 1 KSchG (= § 4 Satz 1 KSchG n. F.) prozessuale Bedeutung beizumessen. Für die gegenteilige Auffassung spricht insbesondere nicht das Argument, daß die rechtsunwirksame Kündigung, wenn sie nicht rechtzeitig angegriffen wird, gemäß § 6 KSchG (= § 7 KSchG n. F.) als von Anfang an rechtswirksam gilt[33]. Denn diese zweifellos dem materiellen Recht zugehörige Regelung greift nicht ein, wenn andere Unwirksamkeitsgründe vorliegen, so daß die Behauptung, die Kündigung sei sozial ungerechtfertigt, allein durch § 3 KSchG präkludiert ist[34]. § 3 und § 6 KSchG a. F. bzw. § 4 und § 7 KSchG n. F. haben demnach keinen identischen Anwendungsbereich, und deswegen ist es keineswegs ausgemacht, daß sie beide materiellrechtliche Wirkungen äußern müßten.

Für die Zuordnung zum materiellen Recht spricht letztlich nur der Zweck, den man allein auf diese Weise erreichen zu können glaubt: nämlich die Abweisung als unbegründet mit erweiterter Rechtskraftwirkung. Diesem erwünschten Ergebnis steht aber ein prozessuales Verständnis der Norm durchaus nicht im Wege. Man muß sich nur von der Vorstellung freimachen, die Klage als solche müsse als unzulässig abgewiesen werden. Nachdem man erkannt hat, daß Gegenstand der Kündigungsschutzklage nicht nur die Frage nach der sozialen Rechtfertigung der Kündigung ist, sondern nach ihrer Wirksamkeit schlechthin, betrifft das Verbot, die Sozialwidrigkeit geltend zu machen, nur einen Ausschnitt des denkbaren Vorbringens. *Allein dieses Vorbringen ist unzulässig*, nicht etwa die Klage selbst. Daß eine Präklusion, die nicht auf den gesamten Tatsachenstoff zielt, zu einer Sachabweisung der Klage führt, ist von der außerprozessualen Präklusion bekannt. Erinnert sei etwa daran, daß in einem zweiten Prozeß ein präjudizielles Rechtsverhältnis, über das bereits rechtskräftig entschieden ist, erneut bestritten werden soll. Oder man denke an die Erneuerung der Ehescheidungsklage entgegen § 616 ZPO. Auch hier ist die Klage nach wohl überwiegender Ansicht in jedem Fall als unbegründet abzuweisen, weil

---

die Strenge der Frist zu lockern, wenn sie ihm ungerecht erschienen wäre. *Baumbach-Hueck*, Aktiengesetz, § 246 Anm. 3, machen darauf aufmerksam, daß der armen Partei in § 247 AktG durch die Streitwertbegrenzung entgegengekommen sei.

[32] *Alfred Hueck*, KSchG, § 4 Anm. 2; *Nikisch*, Arbeitsrecht I, S. 781.

[33] So aber LAG Berlin DB 1968, 180.

[34] Daher trifft es nicht zu, wenn *Zeiss*, Die arglistige Prozeßpartei, S. 147, von einer Verlagerung der prozessualen Problematik in das materielle Recht spricht, weil das Begehren des Klägers im materiellen Recht keine Stütze mehr finde.

durch das Urteil nicht nur die erneut vorgetragenen, sondern ebenso zwischenzeitlich entstandene Ehescheidungsgründe präkludiert werden sollen[35]. Überträgt man diese Konzeption, so schafft § 3 Satz 1 KSchG (= § 4 Satz 1 KSchG n. F.) zwar keine Prozeßvoraussetzung — insoweit ist dem BAG durchaus zuzustimmen[36] —, aber doch eine *vorprozessuale*, beschränkte Präklusion von verspätetem Vorbringen und keinen materiellrechtlichen Erlöschensgrund[37].

Die Einordnung des § 3 Satz 1 KSchG bzw. des § 4 Satz 1 KSchG n. F. unter die prozessualen Präklusionsnormen hat eine intensivere richterliche Prüfungspflicht zur Folge. Sicherlich sind materiellrechtliche (z. B. tarifliche) Ausschlußfristen ebenfalls in dem Sinne von Amts wegen zu berücksichtigen, daß der Beklagte sich nicht ausdrücklich einredeweise — wie bei der Verjährung — auf den Ablauf der Frist berufen muß[38]. Es genügt, wenn sich der Fristablauf selbst aus dem Vortrag der Parteien ergibt. Nimmt man jedoch den prozessualen Charakter ernst, so muß das Gericht von den Parteien Aufklärung auch dann fordern, wenn es auf andere Weise Tatsachen erfahren hat, die es an der Einhaltung der Frist zweifeln lassen[39]. Man sollte daher nicht wie bei den materiellen Ausschlußfristen von einer Berücksichtigung von Amts wegen sprechen, sondern von einer *Prüfung von Amts wegen*[40].

---

[35] *Bötticher*, Zur Lehre vom Streitgegenstand im Eheprozeß, in: Festgabe für Rosenberg, S. 73 ff., S. 97; *Arwed Blomeyer*, Zivilprozeßrecht, § 120 IX, S. 687; *Rosenberg*, Die Präklusionswirkung von Urteilen, SJZ 1950, 313 ff., 318; BGH LM Nr. 8 zu § 616 ZPO; *a. A.* Habscheid für den Fall, daß keine neuen, der Präklusion nicht unterliegenden Tatsachen vorgetragen werden (vgl. im einzelnen den Aufsatz über „Rechtskraft und Präklusion im Eheauflösungsverfahren", FamRZ 1964, 174 ff., 178 f.). — Wenn man mit *Stein-Jonas-Schlosser*, ZPO, § 616 Anm. II 3 und VI, dem Prozeßurteil die gleiche Präklusionswirkung zuspricht, steht einem prozessualen Verständnis des § 3 Satz 1 KSchG (= § 4 Satz 1 KSchG n. F.) ebenfalls nichts im Wege.

[36] AP Nr. 1 zu § 6 KSchG.

[37] Welches materielle Recht sollte im übrigen erlöschen? Das „Recht", die Sozialwidrigkeit geltend zu machen? *Bötticher* ordnet die Kündigungsschutzklage, die der Gesetzgeber formal als Feststellungsklage konzipiert hat, funktional ebenfalls unter die Gestaltungsabwehrklagen ein, bei denen es um das materielle Recht des Gestaltenden und nicht des Unterworfenen geht (vgl. Festschrift für Dölle I, S. 63 f.).

[38] Vgl. BAG AP Nr. 10 zu § 611 Lohnanspruch; AP Nr. 9 zu § 15 AZO; AP Nr. 9 zu § 59 BetrVG; vgl. *Rimmelspacher*, Zur Prüfung von Amts wegen im Zivilprozeß, S. 32.

[39] *Nikisch*, Arbeitsrecht I, S. 779 Anm. 110; *Rimmelspacher*, a.a.O., S. 159. — Demgegenüber verneinen *Hueck-Nipperdey-Stahlhacke*, Tarifvertragsgesetz, § 1 Anm. 187, mit Recht eine Pflicht des Richters, von Amts wegen zu prüfen, ob das Arbeitsverhältnis von tariflichen Normen beherrscht werde, wenn der Tatsachenvortrag keinen Anhaltspunkt biete, obwohl mit dieser Möglichkeit stets gerechnet werden muß. Dies gilt daher auch für tarifliche Ausschlußfristen (vgl., a.a.O., § 4 Anm. 136).

[40] Vgl. *Rimmelspacher*, a.a.O., S. 147.

II. Treu und Glauben und Präklusion

Die prozessuale Präklusion ist nicht nur von materiellrechtlichen Ausschlußfristen, sondern auch von der Anwendung des Prinzips von Treu und Glauben (§ 242 BGB) deutlich abzuheben.

1. § 242 BGB auf der Ebene des materiellen Rechts

Dies versteht sich von selbst, soweit § 242 BGB *auf der Ebene des materiellen Rechts* eingesetzt wird. Hat der Kläger beispielsweise seinen Zahlungs*anspruch verwirkt,* weil er zuviel Zeit hat verstreichen lassen, so daß sich der Beklagte darauf eingerichtet hat und auch einrichten durfte, nicht mehr leisten zu müssen, dann ist die Klage als *unbegründet* abzuweisen. § 242 BGB bringt den materiellen Anspruch selbst zum Erlöschen. Der Kläger ist also mit seinem Vorbringen nicht erst im Prozeß präkludiert, es ist nicht unzulässig, sondern wegen der materiellen Rechtslage erfolglos.

In dem gleichen materiellen Sinn „heilt" § 242 BGB auch einen Formmangel oder den Ablauf einer materiellen Ausschlußfrist, wenn die Berücksichtigung dieses Einwands zu einem mit Treu und Glauben unvereinbaren, für die betroffene Partei untragbaren Ergebnis führen würde. Nur so ist auch die häufig gebrauchte Formulierung zu verstehen, die Partei dürfe sich auf den Formmangel bzw. auf den Fristablauf *nicht berufen.* Dieser Sprachgebrauch ist in doppelter Hinsicht ungenau. Zum einen sind die Tatsachen, aus denen sich der Formmangel oder der Fristablauf ergibt, an sich unabhängig davon, ob die begünstigte Partei diesen Einwand ausdrücklich geltend macht, von Amts wegen zu berücksichtigen, wie sich ja auch umgekehrt die andere Partei nicht auf § 242 BGB berufen muß. Zum zweiten erhält das Problem einen ihm nicht zukommenden prozessualen Anstrich, weil man gerade im Prozeß derartige Einwendungen geltend macht[41].

2. Verwirkung prozessualer Befugnisse

Größere Schwierigkeiten bereitet die Abgrenzung indessen, soweit es sich um die *prozessuale Ebene* handelt. Vor dieser Aufgabe steht auch, wer hier § 242 BGB überhaupt nicht für anwendbar hält und

---

[41] Aus diesem Grunde bereitet auch die Auslegung der Formulierung, die Ansprüche seien innerhalb einer Frist geltend zu machen, manchmal Schwierigkeiten. Für tarifliche Ausschlußfristen soll im Zweifel keine *gerichtliche* Geltendmachung erforderlich sein (vgl. *Hueck-Nipperdey,* Arbeitsrecht II, 1, S. 635).

sich mit *Baur*[42] auf den harten Standpunkt stellt, daß für Billigkeitserwägungen nur dort Raum sei, wo das Gesetz selbst auf sie verweise. Denn *Zeiss* hat in seiner Monographie, Die arglistige Prozeßpartei, erneut nachgewiesen, daß § 242 BGB in der Praxis tatsächlich angewendet wird[43], und zwar unter weitgehender Zustimmung des Schrifttums[44].

Besonders nahe steht die Präklusion der *Verwirkung prozessualer Befugnisse*. So ließe sich durchaus davon sprechen, daß die Partei ihr Rügerecht verwirkt (§ 295 Abs. 1 ZPO)[45], wenn dieser Terminus nicht dem aus § 242 BGB entwickelten Tatbestand vorbehalten bleiben sollte. Im Unterschied zu dieser Verwirkung setzt die Präklusion des Rügerechts zumindest fahrlässige Unkenntnis von dem Verfahrensmangel voraus und zwingt zur Rüge bereits in der nächsten mündlichen Verhandlung. Das Gesetz hat also in bewußter Interessenabwägung eine spezielle Regelung getroffen, die für Treu und Glauben keinen Raum läßt. Dasselbe gilt für die Vorschriften, mit denen der Prozeßverschleppung durch die Präklusion von verspätetem Vorbringen entgegengetreten werden soll (z. B. §§ 279, 279 a, 529 Abs. 2 und 3 ZPO)[46].

Gedacht sei in diesem Zusammenhang noch der *Klageverwirkung*[47]. Hierunter versteht man, daß eine Partei aufgrund von § 242 BGB die prozessuale Befugnis verliert, einen Prozeß durchzufechten mit der Rechtsfolge, daß die Klage als unzulässig abzuweisen ist. Ein etwa bestehendes materielles Recht wird dadurch jedenfalls nicht unmittelbar tangiert. Dies entspricht der Rechtslage bei Versäumung der bereits behandelten prozessualen Klagefristen oder auch — nach den prozessualen Rechtskrafttheorien — bei Erneuerung einer rechtskräftig entschiedenen Streitsache. Das BAG hat die Möglichkeit einer solchen Klageverwirkung bejaht und die im konkreten Fall erhobene Feststellungsklage als unzulässig abgewiesen[48], hat aber keine Zustimmung

---

[42] Richtermacht und Formalismus im Verfahrensrecht, in: Summum ius summa iniuria, S. 112 ff., mit weiteren Nachweisen.
[43] Vgl. z. B. S. 100 ff.; ferner *Staudinger-Weber*, BGB, § 242 Anm. A 58.
[44] *Zeiss*, a.a.O., S. 15 Anm. 14.
[45] Ebenso *Dahns*, Die Unmöglichkeit der Klageverwirkung im deutschen Recht, S. 73 — *Zeiss*, a.a.O., S. 43, meint hingegen, in § 295 ZPO komme das Verbot des venire contra factum proprium zum Ausdruck. Doch kann man in dem — zumeist unbewußten — Unterlassen kein Verhalten sehen, zu dem die verspätete Rüge im Widerspruch stünde. *Zeiss* selbst mißt der Eingruppierung jedoch keine besondere Bedeutung bei (vgl. S. 124).
[46] *Baumgärtel*, Treu und Glauben, gute Sitten und Schikaneverbot im Erkenntnisverfahren, ZZP 69, 89 ff., 98 f.; *Zeiss*, a.a.O., S. 29 f. mit Anm. 33.
[47] Man vergleiche hierzu die bereits zitierte Dissertation von *Dahns*.
[48] BAGE 11, 353 ff. = AP Nr. 1 zu § 242 BGB Prozeßverwirkung mit Anmerkung von *Bötticher* = JZ 1963, 448 f. mit Anmerkung von *Baumgärtel*.

gefunden[49]. Der Widerspruch gründet unter anderem darauf, daß eine Verwirkung der Klagebefugnis ohne die Verwirkung des der Klage zugrundeliegenden materiellen Rechts kaum vorstellbar sei[50]. Immerhin könnte eine rein prozessuale Verwirkung dort in Betracht kommen, wo ein Durchgriff auf die materielle Rechtslage nicht denkbar ist[51, 52].

Diese Fragen brauchen jedoch nicht weiter verfolgt zu werden. Denn die Klageverwirkung — wie jede Verwirkung prozessualer Befugnisse — unterscheidet sich grundlegend von den hier allein interessierenden Präklusionsnormen. Gegenstand dieser Arbeit sind die *typisch* prozessualen Regelungen, die *generell* dazu dienen, den Beginn, Verlauf und Abschluß von Rechtsstreitigkeiten durch zeitliche und inhaltliche *Zäsuren* zu kanalisieren. Die prozessuale Verwirkung gemäß § 242 BGB kann hingegen — allenfalls — in *extrem gelagerten Einzelfällen* eingreifen, wobei das gesamte Verhalten der rechtsuchenden Partei und auch des Gegners zu berücksichtigen wäre. So müßte die Klageverwirkung durch einen Verstoß gegen Treu und Glauben charakterisiert sein, der gerade in der Klageerhebung zu sehen ist, während etwa bei der Versäumung einer vorprozessualen Klagefrist die *jedem* für die Klageerhebung gezogenen Grenzen überschritten werden.

§ 3 Innerprozessuale Präklusion

Unter *innerprozessualer* Präklusion ist die Einschränkung prozessualer Befugnisse innerhalb eines Prozesses infolge von Verfahrenseinschnitten zu verstehen. Während bei der einen Gruppe von Normen, auf die sogleich eingegangen wird, die Aufrichtung einer *zeitlichen* Schranke für das Parteihandeln im Vordergrund steht, liegt die Be-

---

[49] *Bötticher*, a.a.O.; *Baumgärtel*, a.a.O., sowie seinen Aufsatz, Die Unverwirkbarkeit der Klagebefugnis, ZZP 75, 385 ff.; *Dahns*, S. 131; *Zeiss*, a.a.O., S. 145 ff.

[50] *Zeiss*, a.a.O., S. 143 f., 145 ff.

[51] In diesem Sinne *Zeiss*, a.a.O., S. 144 f., für solche Gestaltungsklagen, denen kein materielles Recht zugrunde liegt. *Zeiss* kann sich für seine Auffassung auf BGHZ 30, 140 ff. berufen, wo der BGH eine „verwirkte" Nichtigkeitsklage als unzulässig abgewiesen hat. Freilich wird man unterscheiden müssen: Ist der Kläger der einzig Betroffene, dann ist es denkbar, daß der angegriffene Rechtsverstoß als geheilt angesehen werden kann und daß damit die materielle Rechtslage bereinigt ist. Anders dann, wenn bei mehreren Betroffenen — wie im Fall der nichtigen Ehe — nur dem Kläger die Geltendmachung der Rechtsverletzung verwehrt werden soll.

[52] Allerdings kann dieser Umstand auch gegen eine Verwirkung sprechen. Nach BGHZ 48, 351 ff. soll das nicht fristgebundene Beschwerderecht in Grundbuchsachen nicht durch Zeitablauf — hier: 59 Jahre! — verwirken können, weil die Berufung auf die materielle Rechtslage nicht abgeschnitten werden könne.

deutung der zweiten Gruppe in dem *inhaltlichen* Einschnitt — wie insbesondere bei der Bindung an Zwischenurteile gemäß § 318 ZPO.

I. Zeitliche Einschnitte

Vorweg sei noch einmal betont, daß die folgenden Ausführungen nicht den Anspruch auf eine vollständige Erfassung und gar Erörterung aller Präklusionsnormen erheben. Sie sollen vielmehr verdeutlichen, wie die Präklusion in allen Phasen des Prozesses als ordnendes Werkzeug eingesetzt wird. Die gelegentliche Rückschau auf Reformen der ZPO und Vorausschau auf geplante Änderungen sollen das Gesamtbild abrunden und veranschaulichen.

1. Das Verfahren betreffende Präklusionsnormen

Wenden wir uns zunächst den das *Verfahren* betreffenden Präklusionsnormen zu:

a) Hier sind in erster Linie die innerprozessualen *Fristen*[1] zu erwähnen, die zu klaren zeitlichen Einschnitten führen. Hervorgehoben seien wegen ihrer praktischen Bedeutung die Rechtsmittelfristen (§§ 516, 552, 577 Abs. 2 ZPO), die Fristen zur Begründung von Berufung (§ 519 Abs. 2 ZPO) und Revision (§ 554 Abs. 2 ZPO) sowie die Einspruchsfrist gegen Versäumnisurteil (§§ 339 Abs. 1, 508 Abs. 2 ZPO) und Vollstreckungsbefehl (§ 700 Satz 2 ZPO)[2]. Werden solche Fristen nicht eingehalten, so ist der Ausschluß mit der versäumten Prozeßhandlung die *allgemeine* Folge (§ 230 ZPO)[3].

b) Charakteristisch ist auch, in welcher Abstufung das Gesetz der *Einrede fehlender Zuständigkeit bei vermögensrechtlichen Streitigkeiten* Grenzen setzt. *Richard Schmidt* hat mit Recht hervorgehoben, daß § 39 ZPO nicht auf dem Prorogations-, sondern auf dem Präklusionsprinzip fußt[4]. Dem Beklagten wird das vom Kläger angerufene unzuständige Gericht aufoktroyiert, wenn er die Unzuständigkeit nicht rügt, bevor er zur Hauptsache verhandelt. Besondere Folge der Versäumnis ist die *Fiktion* einer Prorogationsvereinbarung im Sinne des § 38 ZPO

---

[1] Von den prozessualen Klagefristen als Mittel *vor*prozessualer Präklusion ist bereits die Rede gewesen (vgl. oben § 2 I).

[2] Wegen weiterer Einzelheiten vergleiche *Arwed Blomeyer*, Zivilprozeßrecht, § 25, S. 105 ff.

[3] Zu den besonderen Folgen der Versäumnis gehört z. B. die Fiktion einer dem Säumigen ungünstigen Erklärung, wie sie beispielsweise § 272 a Satz 2 Halbs. 2 ZPO vorsieht. Siehe auch *Goldschmidt*, Der Prozeß als Rechtslage, S. 345 ff.

[4] Zivilprozeßrecht, S. 276.

I. Zeitliche Einschnitte

ohne Rücksicht darauf, ob nach der konkreten Sachlage ein derartiger Parteiwille überhaupt vermutet werden kann[5].

Auch gemäß § 274 Abs. 1 ZPO sind die prozeßhindernden Einreden vor der Verhandlung zur Hauptsache vorzubringen. Aber der Beklagte kann sie — soweit sie nicht ohnehin von Amts wegen zu berücksichtigen sind — *später* geltend machen, sofern er glaubhaft macht, er sei *ohne sein Verschulden* nicht vor der Verhandlung zur Hauptsache dazu imstande gewesen (§ 274 Abs. 3 ZPO). Für die Einrede der Unzuständigkeit des Gerichts (§ 274 Abs. 2 Nr. 1 ZPO) geht daher § 39 ZPO als die speziellere und strengere Norm vor[6], so daß § 274 Abs. 3 ZPO nur die Einrede des Schiedsvertrags sowie der mangelnden Kostensicherheit oder Kostenerstattung präkludiert[7].

Während § 512 a ZPO die Rüge mangelnder *örtlicher* Zuständigkeit für die Berufungsinstanz (ebenso § 549 Abs. 2 ZPO für die Revisionsinstanz) ohne Rücksicht auf das Verschulden endgültig abschneidet, präkludiert § 528 Satz 2 ZPO darüber hinaus die Einrede der *sachlichen* Unzuständigkeit selbst dann, wenn für die Klage — in erster Instanz von Amts wegen zu beachten — ein *ausschließlicher* Gerichtsstand oder die Zuständigkeit des Arbeitsgerichts begründet war[8]. Die Partei kann freilich glaubhaft machen, daß die Rüge in erster Instanz *ohne ihr Verschulden* unterblieben ist, und auf diese Weise die Berücksichtigung der Einrede erreichen.

c) Der Verhinderung nutzlosen Arbeitsaufwands dient es auch, wenn das Gesetz die Geltendmachung des *Ablehnungsrechts* präkludiert. So kann der *Richter* nicht mehr abgelehnt werden, wenn die Partei sich trotz Kenntnis vom Ablehnungsgrund in eine Verhandlung eingelassen oder Anträge gestellt hat (§§ 43, 44 Abs. 4 ZPO), der *Sachverständige* nicht mehr, wenn seine Vernehmung begonnen hat bzw. das schriftliche Gutachten eingereicht ist, es sei denn, die Partei konnte den Ablehnungsgrund nicht vorher geltend machen (§ 406 Abs. 2 ZPO)[9].

---

[5] *Richard Schmidt*, a.a.O.; *Arwed Blomeyer*, Zivilprozeßrecht, § 5 VII, S. 38. RGZ 86, 229, 231 spricht zu Unrecht von der *unwiderleglichen Vermutung* einer stillschweigenden Vereinbarung, weil das Gesetz nicht an eine vermutete Willensrichtung anknüpft, sondern allein an das Unterlassen der Einrede durch den Beklagten. Mit der Fiktion sollte nur die Anwendung des § 40 Abs. 2 ZPO ermöglicht werden, nach dem die Gerichtsstandvereinbarung (und auch ihre Fiktion) unzulässig ist, wenn der Rechtsstreit *andere als vermögensrechtliche* Ansprüche betrifft, oder wenn für die Klage ein *ausschließlicher Gerichtsstand* begründet ist.

[6] RGZ 86, 229 ff.; BGH LM Nr. 3 zu § 39 ZPO.

[7] Vgl. zur Frage der dispositiven Natur des § 274 Abs. 3 ZPO unten S. 144, 148.

[8] § 64 Abs. 2 Satz 1 ArbGG bezieht umgekehrt § 528 ZPO in die Verweisung ein.

[9] Vgl. zu dieser subjektiven Komponente unten S. 136.

Erstaunlicherweise stand bis zur Novelle von 1964 für den Strafprozeß die Prozeßökonomie höher im Kurs, denn § 25 StPO a. F. ließ die Ablehnung eines Richters wegen Besorgnis der Befangenheit zwar „bis zum Beginn des an die Vernehmung des Angeklagten zur Sache anschließenden Teiles der Hauptverhandlung" zu, danach aber auch dann nicht mehr, wenn der Angeklagte von dem Ablehnungsgrund erst später Kenntnis erhielt[10]. Diese für einen Rechtsstaat nicht unbedenkliche Regelung ist durch § 25 StPO g. F. ersetzt worden, dessen Inhalt im wesentlichen dem der ZPO entspricht[11].

d) § 295 ZPO als allgemeine Norm zur Präklusion von *Verfahrensrügen* dient ebenfalls dazu, die Erörterung in der Sache gegen nachträgliche verfahrensrechtliche Einwände abzuschirmen. Da der Fehler in der Regel in der nächsten mündlichen Verhandlung gerügt werden muß[12], wird erreicht, daß verzichtbare Formfehler und Verfahrensverstöße nicht beliebig zum Anlaß für die Behinderung des inzwischen weitergeführten Prozesses genommen werden können. Besondere Bedeutung hat dieser Grundsatz für Mängel der Klageerhebung gewonnen[13]. Die Bestimmung hat sich daher in der Praxis entgegen den von *Bülow* geäußerten Befürchtungen durchaus bewährt[14].

e) Während die bisher behandelten Präklusionsnormen störende Eingriffe in den Prozeß möglichst fernhalten sollen, verhindern andere Bestimmungen den *einseitigen Rückzug* aus dem Kampf. Nach § 271 Abs. 1 ZPO kann die *Klage* ohne Einwilligung des Beklagten nur bis zum Beginn der mündlichen Verhandlung des Beklagten zur Hauptsache zurückgenommen werden[15]. Die gleiche Regelung trifft § 515 Abs. 1 ZPO für die Rücknahme der *Berufung* und der *Revision* (§ 566 ZPO). Auch auf diese Weise wird erreicht, daß dem Prozeß nicht will-

---

[10] Vgl. *Eberhard Schmidt*, Lehrkommentar zur StPO und zum GVG II, § 25 Anm. 11.

[11] Noch immer darf der abgelehnte Strafrichter jedoch über die Zulässigkeit des Ablehnungsantrags mitentscheiden: dazu unten S. 129 Fn. 10.

[12] Aus den §§ 530, 558 ZPO folgt, daß die Rüge nicht etwa in der nächsten Instanz nachgeholt werden kann.

[13] Vgl. BGH LM Nr. 2, 6, 13, 16 zu § 253 ZPO; Nr. 18 zu § 295 ZPO; *Arwed Blomeyer*, Zivilprozeßrecht, § 44 II 2, S. 226 f.

[14] *Bülow*, Civilprozessualische Fiktionen und Wahrheiten, AcP 62, 1 ff., 80 Anm. 64, hatte § 267 CPO 1877 (§ 295 ZPO) für eine übertriebene allgemeine Bestimmung erklärt und sie unter diejenigen eingeordnet, die der Rechtsanwendung die größten, fast unüberwindlichen Schwierigkeiten bereiten würden. Gegenüber einem so gewagten Gesetzgebungsexperiment werde abzuwarten sein, welche Erfahrungen die Praxis machen werde.

[15] Zu den Problemen dieser Präklusionsnorm und den Reformbestrebungen vgl. *Hinz*, Zeitliche Grenzen der Klagerücknahme, JZ 1968, 11 ff. § 275 des unveröffentlichten Entwurfs der Kommission für das Zivilprozeßrecht mit dem Stand vom 17. 11. 1967 (im folgenden *Kommissionsentwurf 1967*) läßt § 271 ZPO unverändert.

kürlich der Boden entzogen wird. Allerdings schützen diese Normen primär den Beklagten bzw. den Rechtsmittelgegner und nicht die Rechtspflege. Nimmt der Kläger nämlich die Klage mit der Einwilligung des Beklagten zurück, so muß der Staat — allen prozeßökonomischen Erwägungen zuwider — sein Gerichtswesen für eine Neuauflage des Rechtsstreits zur Verfügung stellen. Diese Gefahr bestünde bei einer unbeschränkten Möglichkeit der Rechtsmittelrücknahme nicht, weil das Urteil rechtskräftig werden würde. Doch darf dem Gegner nicht ohne seine Einwilligung die Chance genommen werden, mit seiner Anschlußberufung oder -revision durchzudringen (§§ 521, 556 ZPO).

2. Verspätetes Vorbringen in der Sache selbst

Die ZPO ordnet die Präklusion aber nicht nur für die spezifisch verfahrensrechtliche Seite des Rechtsstreits an, sondern tritt auch *verspätetem Vorbringen in der Sache selbst* entgegen, wenn auch nicht mit der notwendigen Entschiedenheit. Dabei hat sich der Gesetzgeber gerade in diesem Bereich immer wieder zu freilich nicht allzu einschneidenden Änderungen entschlossen. Dies soll zunächst für Angriffs- und Verteidigungsmittel (§ 146 ZPO: Klagegründe, Einreden, Repliken usw.) und anschließend für die Beweismittel verdeutlicht werden[16].

a) *§ 252 CPO 1877* (= § 279 ZPO 1898), der Vorgänger des § 279 ZPO, gestattete nur die Zurückweisung nachträglich vorgebrachter *Verteidigungs*mittel, und auch diese Zurückweisung setzte noch einen *Antrag des Klägers* voraus[17]. Das Antragserfordernis war freilich ganz zu Recht aufgestellt. Denn in der Berufungsinstanz konnte das Verteidigungsmittel ohne Einschränkung erneut geltend gemacht werden[18]. Mit einem derartigen bloßen *Aufschub* der Gegenwehr ist dem Kläger keineswegs immer gedient. Vielmehr wird der Gegner geradezu genötigt, in die Berufung zu gehen — und damals gab es nicht einmal die Schranke der erst 1915 eingeführten Berufungssumme[19]. Hing es aber von der

---

[16] § 279 Abs. 1 des Kommissionsentwurfs 1967 faßt den Begriff der Angriffs- und Verteidigungsmittel weiter, denn er zählt hierzu neben Behauptungen, Bestreiten, Einwendungen, Einreden auch Beweismittel und Beweiseinreden.

[17] Die Vorschrift lautete: „Vertheidigungsmittel, welche von dem Beklagten nachträglich vorgebracht werden, können auf Antrag zurückgewiesen werden, wenn durch deren Zulassung die Erledigung des Rechtsstreits verzögert werden würde, und das Gericht die Überzeugung gewinnt, daß der Beklagte in der Absicht, den Prozeß zu verschleppen, oder aus grober Nachlässigkeit die Vertheidigungsmittel nicht früher vorgebracht hat."

[18] *v. Wilmowski-Levy*, Civilprozeßordnung, § 502 Anm. 2; man vergleiche hierzu und zum folgenden *Senft*, Neues Vorbringen in der Berufungsinstanz, der zugleich einen historischen Rückblick bringt.

[19] Vgl. *Stein-Jonas-Grunsky*, ZPO, § 511 a Anm. I 1.

Disposition des Klägers ab, ob sich der Prozeßstoff erster Instanz um verspätete Verteidigungsmittel vermehrte, so war es konsequent, daß der Kläger *Angriffs*mittel unbeschränkt nachbringen konnte[20]. Unberücksichtigt blieb, daß der Beklagte ebenfalls ein berechtigtes Interesse daran hat, nicht allzu lange durch einen Prozeß beunruhigt zu werden.

Selbst wenn ein Verteidigungsmittel in der *Berufungsinstanz* gemäß §§ 252, 502 Abs. 1 CPO (= §§ 279, 540 Abs. 1 ZPO 1898) zurückgewiesen worden war, ging es dem Beklagten nicht etwa endgültig verloren. Vielmehr mußte ihm die Geltendmachung vorbehalten werden[21]. Es erging also ein *Vorbehalts*urteil, das heutzutage in Vergessenheit geraten ist. Will man es einordnen, so war es weniger dem speziell auf den Aufrechnungseinwand gemünzten Urteil gemäß § 302 ZPO verwandt als dem Vorbehaltsurteil im Urkunden- bzw. Wechselprozeß (§ 599 ZPO). Der Gesetzgeber begnügte sich demnach damit, daß er dem Kläger schneller zu einem vollstreckbaren Titel verhalf. Ein erzieherischer, den gesamten Prozeß *beschleunigender* Einfluß konnte von diesem umständlichen Verfahren mit letztlich nur *aufschiebender* Präklusionswirkung nicht ausgehen.

Diesem unbefriedigenden Zustand sollte die „*Beschleunigungsnovelle*" vom 13. Februar *1924*[22] ein Ende setzen. § 279 ZPO 1898 wurde in dreifacher Hinsicht geändert: auch *Angriffs*mittel werden der Präklusionsdrohung unterworfen, das *Antragserfordernis entfällt* und schließlich stellt das Gericht die Absicht der Prozeßverschleppung bzw. die grobe Nachlässigkeit der Prozeßführung nunmehr nach *freier* Überzeugung fest. § 279 ZPO 1924 (= § 279 Abs. 1 ZPO g. F.) bleibt aber eine *Kann*vorschrift und legt dem Gegner die Beweislast für die Voraussetzungen der Präklusion auf. Beides soll sich nach § 280 Abs. 1 des Kommissionsentwurfs 1967[23] ändern, und ferner soll einfache Fahrlässigkeit ausreichen[24]. Ihre Verspätung entschuldigen muß dagegen schon jetzt

---

[20] Die Reichstagskommission hatte einen Antrag, auch die Angriffsmittel der gleichen Behandlung zu unterwerfen, abgelehnt (*Hahn*, Materialien II, 1, S. 594).

[21] § 502 Abs. 3 CPO 1877 (= § 540 Abs. 3 ZPO 1898): „Das Urtheil, welches unter Vorbehalt der Geltendmachung von Vertheidigungsmitteln ergeht, ist in Betreff der Rechtsmittel und der Zwangsvollstreckung als Endurtheil anzusehen."

[22] Verordnung über das Verfahren in bürgerlichen Rechtsstreitigkeiten, RGBl. 1924 I S. 135 ff.

[23] Vgl. oben S. 36 Fn. 15.

[24] Die Vorschrift lautet: „Angriffs- oder Verteidigungsmittel, die entgegen §§ 278, 279 Abs. 1, 2 nicht rechtzeitig vorgebracht werden, *sind* zurückzuweisen, wenn ihre Zulassung die Erledigung des Rechtsstreits verzögern würde und die Partei die Verspätung *nicht genügend entschuldigt.*" Daß sich die Auffassung der Kommission völlig durchsetzt, ist angesichts des Widerstandes

I. Zeitliche Einschnitte

aufgrund des 1924 eingefügten § 279 a ZPO die Partei, die einer Aufklärungsanordnung des Gerichts nicht innerhalb der richterlichen Frist nachkommt[25]. Es genügt also nicht etwa, daß die Erklärung nach Ablauf der Frist in der nächsten mündlichen Verhandlung abgegeben wird, weil sich Gegner und Gericht auf sie sollen einstellen können[26]. Von dieser Waffe wird in der Praxis sicherlich zu wenig Gebrauch gemacht. Sie hat den Vorteil, daß ihre Anwendung die *gezielte* Ausübung der richterlichen Fragepflicht voraussetzt und die Versäumung der *gewarnten* Partei auch bei leichtem Verschulden ohne Bedenken angelastet werden kann. Vor allem ist das Gericht genötigt, zur Wahrheitsfindung selbst seinen Teil zu leisten, bevor es die Partei präkludiert[27]. Bei der allgemeinen Präklusionsnorm des § 279 ZPO ist ein solcher Zusammenhang nicht gegeben, und gerade dieser Umstand macht ihre geplante Verschärfung für *Bruns* unerträglich[28].

In jedem Fall bleibt es den Parteien nach geltendem Recht unbenommen, in *zweiter Instanz* die präkludierten Angriffs- und Verteidigungsmittel erneut geltend zu machen[29]. Gemäß § 529 Abs. 2 ZPO 1924

---

der Anwaltschaft kaum zu erwarten (vgl. die Stellungnahme des Deutschen Anwaltvereins, Anwaltsblatt 1968, 334 ff., 336 ff.; ferner *Lancelle*, Richtermacht oder Parteifreiheit, NJW 1968, 1959 ff.). Die eigene Unsicherheit der Kommission verrät sich in § 280 Abs. 3 des Entwurfs: „Die Zurückweisung ist unzulässig, wenn sie eine besondere Härte bedeutet; dabei sind insbesondere die Bedeutung des Rechtsstreits für die säumige Partei, die Schwere ihres Verschuldens und die Belange des Gegners zu berücksichtigen." Auf diese Weise wird aus der Mußvorschrift wieder eine *Ermessens*norm, das *einfache* Verschulden genügt nicht in jedem Fall und — was ich für das bedenklichste halte — mit der *Bedeutung* des Rechtsstreits wird letztlich der Streitwert ins Feld geführt, der doch schon bei den Rechtsmittelsummen eine Rolle spielt. Im übrigen sollte man meinen, daß die Partei von selbst um so sorgfältiger handelt, je bedeutsamer der Prozeß ist.

[25] Vgl. § 279 Abs. 2 des Kommissionsentwurfs 1967.

[26] BGH NJW 1961, 115, 117.

[27] Vgl. auch den 3. Abschnitt: Präklusion und Gerechtigkeit, insbesondere unten § 7 II.

[28] Zur bevorstehenden Novellierung der Zivilprozeßordnung, JZ 1969, 127, 128. Auch *Deubner*, Über Maßnahmen zur Beschleunigung des Zivilprozesses, ZZP 82, 257, 260, ferner S. 265, bedauert sicherlich zu Recht, daß der Richter nicht gleichfalls in stärkerem Umfang in Pflicht genommen werden soll. Er schlägt daher vor zu bestimmen, daß das Gericht die Parteien vor der mündlichen Verhandlung unter Darlegung seiner Rechtsauffassung so rechtzeitig auf Bedenken gegen die Erheblichkeit des Sachvortrages hinzuweisen habe, daß sie den Hinweis bis zur mündlichen Verhandlung berücksichtigen können (S. 273 ff., 275). Letztlich läuft dieser Vorschlag auf eine Aktivierung des § 279 a ZPO g. F. hinaus. *Vollkommer*, Die lange Dauer der Zivilprozesse und ihre Ursachen, ZZP 81, 102 ff., 121, sieht denn auch in der mangelnden Aktivität der Richter das Hauptproblem des geltenden Rechts.

[29] § 279 a ZPO spricht ausdrücklich davon, daß die Erklärung für *den* Rechtszug unberücksichtigt bleiben kann, was die Sanktion zumindest sehr entwertet. Vgl. *Baumgärtel*, Welche Anregungen vermag das neue griechische Zivilprozeßgesetzbuch für die in Deutschland geplante Prozeßbeschleunigung zu geben? ZZP 81, 6 ff., 9, 10.

konnte neues und in erster Instanz zurückgewiesenes Vorbringen unter den gleichen Voraussetzungen wie in erster Instanz zurückgewiesen werden. Außerdem ist die Präklusionsgrenze zeitlich durch § 529 Abs. 3 ZPO 1924 (= § 529 Abs. 3 ZPO g. F.) insofern vorverlegt worden, als schon das Vorbringen abgeschnitten werden kann, das nicht in der (schriftlichen) Berufungsgründung enthalten ist. Einen entscheidenden Wandel bedeutete es jedoch, daß die *Vorschriften über das Vorbehaltsurteil* (§§ 540, 541 ZPO 1898) *gestrichen* wurden. Beiden Parteien gehen seit 1924 die vorgetragenen, aber zurückgewiesenen Angriffs- und Verteidigungsmittel *endgültig* verloren, ohne daß sachlich auf sie eingegangen wäre[30]. Denn die innerprozessuale Präklusion geht in der Rechtskraft-Präklusion auf. Der Gesetzgeber hat nicht das Vorbehaltsurteil gestrichen, um die Parteien in einen zweiten Prozeß zu drängen[31]. Dies gilt grundsätzlich — von der Sonderstellung des Aufrechnungseinwandes abgesehen[32] — auch für außerhalb des Prozesses *ausgeübte Gestaltungsrechte*, wenn deren Ausübung zu spät vorgebracht wird[33]. Die Parteien können der Rechtskraft-Präklusion auch nicht dadurch entgehen, daß sie der innerprozessualen Zurückweisung durch den Verzicht auf das Vorbringen ausweichen[34]. Zu weit geht es freilich, wenn *Zöller-Degenhart* für die Frage der Verspätung auf die Gestaltungsmöglichkeit und nicht auf die Ausübung des Gestaltungsrechts abstellen[35]. Wird das Gestaltungsrecht erstmals im Prozeß ausgeübt, so ist nach meiner Auffassung eine Zurückweisung wegen Verspätung undenkbar.

---

[30] *Stein-Jonas-Grunsky*, ZPO, § 529 Anm. III 1 d.

[31] Hierauf läuft aber die Ansicht *Rosenbergs* hinaus, das zurückgewiesene Vorbringen sei nicht nur bei der Aufrechnung, sondern schlechthin zivilrechtlich unwirksam (Anmerkung zu RG ZZP 59, 226 ff., 229 f.; Zivilprozeßrecht, § 76 III 4 a, S. 347). *Rosenberg* gestattet dem Beklagten die Bereicherungsklage (ZZP, a.a.O., 230). Dagegen zu Recht *Nikisch*, Die Aufrechnung im Prozeß, Festschrift für Heinrich Lehmann II, S. 773 Anm. 25, der überzeugend darauf hinweist, daß der Kläger seine zurückgewiesenen Angriffsmittel doch auch endgültig verliere. Ferner *Senft*, S. 176 ff.

[32] Vgl. unten S. 45 ff.

[33] Der Partei ist ohne weiteres zuzumuten, daß sie dem Gericht von ihr außerhalb des Prozesses abgegebene Gestaltungserklärungen alsbald unterbreitet.

[34] Dieser Fall unterscheidet sich ganz erheblich von der ganz anderen Lage, die dann entsteht, wenn das Gericht die *vorgetragene* Gestaltungserklärung z. B. wegen Formmangels materiellrechtlich für unwirksam erklärt. Kann hier der *neuen* Gestaltungserklärung die Rechtskraft nicht entgegenstehen (*Zeuner*, Die objektiven Grenzen der Rechtskraft, S. 106 f.), so ist die Partei in dem im Text geschilderten Fall nicht schutzwürdig. Dies spricht gegen die von *Zeuner*, a.a.O., S. 107 Anm. 40, anscheinend befürwortete Gleichstellung.

[35] ZPO, § 322 (Vorbem.) Anm. 8 d. *Zöller-Degenhart* stellen das ohne jeden Beleg als *allgemeine* Auffassung dar. Eine präzise Stellungnahme zu dieser Frage habe ich nicht gefunden. Für den Sonderfall der Aufrechnung ent-

I. Zeitliche Einschnitte

Die geschilderten Änderungen wurden als derart unzureichend empfunden, daß sich der *Entwurf 1931* den Voraussetzungen für die Zurückweisung verspäteten Vorbringens wiederum besonders widmete[36]. Die in dem Entwurf enthaltenen Vorschläge sind weitgehend durch das Gesetz zur Änderung des Verfahrens in bürgerlichen Rechtsstreitigkeiten vom 27. 10. 1933[37] verwirklicht worden. In *erster Instanz* kann nunmehr gemäß § 279 Abs. 2 ZPO[38] auch das Vorbringen zurückgewiesen werden, das nicht rechtzeitig durch *vorbereitenden Schriftsatz* angekündigt war, eine Vorschrift, die mit § 529 Abs. 3 ZPO, wonach in der Berufungsbegründung versäumtes Vorbringen präkludiert werden kann, verwandt ist. In beiden Vorschriften zeigt sich die Tendenz der Abkehr von dem Prinzip der Mündlichkeit des Verfahrens, die sich an Hand des Kommissionsentwurfs 1967 am Beispiel der Klageerwiderungsfrist des § 278[39] und der Erwiderungsfrist des Berufungsbeklagten (§ 520 Abs. 2)[40] verstärkt nachweisen läßt[41].

Für die *Berufungsinstanz* wird seit 1933 ferner zwischen dem Vorbringen unterschieden, das schon in erster Instanz entweder gemäß den §§ 279, 279 a ZPO zurückgewiesen oder gänzlich unterlassen ist, obwohl es bereits hätte vorgebracht werden können, und solchem Vorbringen, das *erst im Verlauf der zweiten Instanz verschleppt ist*. Im letzteren Fall ist § 523 in Verbindung mit §§ 279, 279 a ZPO anzuwenden. Die Zurückweisung ist also nur fakultativ[42]. Liegt die Nachlässigkeit aber schon im Bereich der ersten Instanz, so ist die Zurückweisung gemäß § 529 Abs. 2 ZPO[43] *obligatorisch*[44]. Darüber hinaus hat sich die Präklusionsgefahr für die objektiv verspätet vortragende

---

scheidet sich *Henckel*, Folgen der unzulässigen Prozeßaufrechnung, ZZP 74, 173 f., freilich im Hinblick auf § 279 ZPO ebenfalls für die Maßgeblichkeit der Gestaltungsbasis. Die Antwort hängt letztlich davon ab, ob man mit *Zöller-Degenhart*, a.a.O., für die Rechtskraft-Präklusion die Gestaltungsbasis genügen läßt (vgl. unten S. 166 f.).

[36] Begründung des Entwurfs S. 253 ff., 259 ff., 282 f., 321, 340, 344 ff.
[37] RGBl. 1933 I S. 780 ff.
[38] Vgl. § 462 Abs. 2 Entwurf 1931.
[39] Vgl. *Deubner*, ZZP 82, 261 ff.; ferner *Baur*, Wege zu einer Konzentration der mündlichen Verhandlung im Prozeß, S. 15 ff., dessen entschiedenes Eintreten für ein *schriftliches Vorverfahren* hier — vielleicht nicht ausreichende — Folgen zeitigt.
[40] Vgl. *Deubner*, ZZP 82, 272 f.
[41] Zum Vergleich mit der neuen griechischen ZPO, die 1968 in Kraft getreten ist, *Baumgärtel*, ZZP 81, 13 ff. Man beachte ferner *Rehfeldt*, Mündlichkeit, Unmittelbarkeit und Vorbereitung in der Praxis des schwedischen Zivilprozesses, ZZP 82, 173 ff.
[42] RG HRR 1937 Nr. 196.
[43] Vgl. § 494 Abs. 2 Entwurf 1931.
[44] Vgl. Begründung des Entwurfs 1931, S. 348; RG HRR 1937 Nr. 196; BGH Warn. 1967 Nr. 109.

Partei erheblich dadurch erhöht, daß ihr die *Beweislast* dafür auferlegt worden ist, daß sie nicht in der Absicht der Prozeßverschleppung oder grob nachlässig gehandelt hat[45]. Diese Verlagerung der Beweislast, die der Kommissionsentwurf 1967 auch für die erste Instanz anstrebt[46], gilt freilich aufgrund des eindeutigen Wortlauts des § 626 ZPO nicht in Ehesachen[47].

Letztlich haben indessen diese Teilreformen nicht zu befriedigen vermocht, wie sich aus dem Bericht der Kommission zur Vorbereitung einer Reform der Zivilgerichtsbarkeit von 1961[48] und dem Kommissionsentwurf 1967 ergibt. Dies hat vor allem drei Ursachen. Die eine ist in dem Tatbestandsmerkmal der *Verzögerung* des Rechtsstreits zu suchen. Ob das verspätete Vorbringen die Erledigung des Rechtsstreits verzögert, läßt sich vielfach nicht exakt feststellen[49]. Man denke etwa daran, daß die Partei gleichzeitig auch unzweifelhaft zulässiges Material vorträgt oder daß das Gericht durch vorbereitende Maßnahmen die Verspätung wettmachen kann[50]. Zudem liegt der *überflüssige* Zeitaufwand häufig im wesentlichen *in der Vergangenheit*, weil sich alle Beteiligten mit dem früheren, unvollständigen Sachvortrag befaßt haben. Hat der Prozeß jedoch auf dieser Grundlage schon sehr lange gedauert, so muß es dem Richter schwerfallen, für eine — an der Gesamtdauer des Prozesses gemessen — geringfügige Verzögerung *in der Zukunft* die materielle Gerechtigkeit seiner Entscheidung zu gefährden. Es ist daher zu begrüßen, daß das Tatbestandsmerkmal der Verzögerung für die Berufungsinstanz nach dem Kommissionsentwurf 1967 entfallen soll[51], soweit das Vorbringen *in erster Instanz bereits vorgetragen werden konnte*[52] *oder sogar schon zurückgewiesen worden ist*[53], damit die Parteien im eigenen Interesse bereits in erster Instanz

---

[45] RGZ 147, 303, 304; BGH NJW 1951, 358, 359; BGH Warn. 1967 Nr. 109.
[46] Vgl. oben S. 38.
[47] BGH Warn. 1967 Nr. 109.
[48] Ebenda S. 133 ff.
[49] Kommissionsbericht 1961, S. 133 f.
[50] Vgl. *Deubner*, ZZP 82, 270 f., der den Begriff der Verzögerung durch folgenden Satz ersetzt sehen möchte: „wenn ... der Rechtsstreit später als im Falle des rechtzeitigen Vorbringens beendet werden müßte".
[51] Gegen den entsprechenden Vorschlag des Kommissionsberichts 1961 wendet sich *Senft*, S. 213 ff.
[52] § 528 Abs. 1 des Entwurfes.
[53] § 527 des Entwurfs. Wenn dieser von Angriffs- und Verteidigungsmitteln spricht, „die im ersten Rechtszug nach § 280 *zurückzuweisen waren*", so will er auch vom Gericht erster Instanz zu Unrecht *zugelassenes* Vorbringen präkludieren. Dies ist zum einen inkonsequent, weil die Präklusion im Rahmen der ersten Instanz nun einmal weiterhin — abgesehen vom Fall des jetzigen § 279 a ZPO zu Recht — von der Verzögerung des Rechtsstreits abhängen soll, die sich nicht mehr rückgängig machen läßt. Zum anderen ist es unpraktikabel, vom Richter die Aussonderung des angehäuften Prozeß-

für vollständigen Sachvortrag sorgen und auf diese Weise zur Prozeßbeschleunigung beitragen. Man wird dem Kommissionsentwurf 1967 nicht gerecht, wenn man die verschärfte Präklusion nur zur denkbaren Prozeßverzögerung in der zweiten Instanz in Beziehung setzt. Vielmehr sollte man daran denken, daß andere Rechtsordnungen entweder überhaupt keine zweite Tatsacheninstanz kennen oder — wie die österreichische ZPO — neue Tatsachen nicht zulassen[54].

Als zweite Ursache kommt hinzu, daß die Richter insbesondere den Anwälten gegenüber — vielleicht auch aus Kollegialität[55] — den Vorwurf der *groben* Nachlässigkeit scheuen, weshalb sowohl der Kommissionsbericht 1961[56] als auch der Kommissionsentwurf 1967[57] in jedem Fall einfache Fahrlässigkeit als Voraussetzung für die Präklusion genügen lassen wollen. Mir scheint diese Strenge — abgesehen vom jetzigen § 279 a ZPO[58] — erst in zweiter Instanz angebracht zu sein, zum einen, um nicht in die Gefahr zu geraten, zwischen den anwaltlich vertretenen (§ 232 Abs. 2 ZPO) und nicht vertretenen Parteien in den Anforderungen zu sehr zu unterscheiden, zum anderen, weil das Vorbringen zweiter Instanz auf der Grundlage des erstinstanzlichen Urteils aufbauen kann.

Zum dritten herrscht in der Richterschaft der Gedanke vor, es handele sich bei den prozessualen Präklusionsnormen um „technisches" Recht ohne materiellen Gehalt, das zugunsten der materiellen Gerechtigkeit zurückzutreten habe[59]. Es überrascht, daß demgegenüber die Ausschlußfristen des materiellen Rechts viel bedenkenfreier angewendet werden. So verlangt man von dem Anfechtungsberechtigten, daß er die Anfechtung unverzüglich erklärt. Ein Gebot, die Tatsache der Anfechtung unverzüglich in den Prozeß einzuführen, wird hingegen weithin als Überforderung angesehen. Auf dieses Spannungsverhältnis von Präklusion und materieller Gerechtigkeit wird gegen Ende der Arbeit noch näher einzugehen sein[60].

b) Hinsichtlich der *Beweismittel* und *Beweiseinreden* ist eine ähnliche Ergänzung und Verschärfung der Präklusionsnormen zu verzeichnen, eine Entwicklung, die hier nur skizziert werden soll. Die CPO 1877

---

stoffes zu verlangen. *Deubner*, ZZP 82, 272, billigt die §§ 527, 528 des Entwurfs, beanstandet aber völlig zutreffend die in ihnen in bezug genommene Härteklausel des § 280 Abs. 3. Vgl. oben S. 38 Fn. 24.

[54] Vgl. unten S. 161.
[55] *Deubner*, ZZP 82, 262.
[56] Ebenda S. 134 f.; zustimmend *Senft*, S. 218.
[57] §§ 280 Abs. 1, 528 Abs. 1 des Entwurfs.
[58] Vgl. oben S. 38 f.
[59] Kommissionsbericht 1961, S. 135.
[60] Vgl. unten § 7.

hatte für verspätetes Vorbringen von Beweismitteln und Beweiseinreden allgemein nur die fakultative Belastung mit den dadurch verursachten Kosten bei Verschulden vorgesehen (§ 256 in Verb. mit § 251 Abs. 2 CPO = § 283 Abs. 2 in Verb. mit § 278 Abs. 2 ZPO 1898). Nur in zwei Fällen konnte den sonst unbeschränkten nachträglichen Beweisanträgen entgegengetreten werden: Hatte die Partei den Termin zur Beweisaufnahme versäumt, so wurde ihr eine Wiederholung oder Vervollständigung der Beweisaufnahme schon bei einfacher Fahrlässigkeit versagt, es sei denn, die Wiederholung sei ohne Verzögerung möglich (§ 332 Abs. 2 CPO = § 367 Abs. 2 ZPO g. F.). Außerdem war die Vernehmung neuer Zeugen zurückzuweisen, „welche nach Erlassung eines Beweisbeschlusses bezüglich der in demselben bezeichneten Thatsachen benannt werden, wenn durch die Vernehmung die Erledigung des Rechtsstreits verzögert werden würde und das Gericht die Überzeugung gewinnt, daß die Partei in der Absicht, den Prozeß zu verschleppen, oder aus grober Nachlässigkeit die Zeugen nicht früher benannt hat" (§ 339 CPO = § 374 ZPO 1898)[61]. Demnach war es den Parteien nicht verwehrt, zu einem *anderen neuen* Beweisthema verspätet Beweisanträge zu stellen.

Erst die ZPO 1924 stellte in § 283 Abs. 2 ZPO die Verspätung von Beweismitteln und Beweiseinreden dem verspäteten Vorbringen von Angriffs- und Verteidigungsmitteln gleich[62]. Für die Berufungsinstanz geschah dies durch die Neufassung in § 529 Abs. 2 und 3 ZPO 1924. Beweismittel und Beweiseinreden wurden denn auch von der Verschärfung durch die Novelle von 1933 miterfaßt[63]. Es ist daher nur konsequent, wenn der Kommissionsentwurf 1967 in § 279 Abs. 1 die Beweismittel und Beweiseinreden mit in den Begriff der Angriffs- und Verteidigungsmittel einbezieht.

3. Präklusion neuer Ansprüche

Einen zeitlichen Einschnitt macht das Gesetz aber nicht nur, wenn es sich um die Beschränkung des Streitstoffes bezüglich ein und desselben Streitgegenstandes handelt, sondern gerade auch für die Einführung *neuer Ansprüche* in den Prozeß. Es sei daran erinnert, daß die Klageänderung nur bis zum Eintritt der Rechtshängigkeit ohne weiteres möglich ist (§ 264 ZPO) und daß die Widerklage gemäß § 529

---

[61] § 367 CPO 1877 = § 402 ZPO 1898 hatte hierauf für den Sachverständigenbeweis Bezug genommen, und § 398 CPO = § 433 ZPO 1898 hatte die entsprechende Regelung für den Urkundenbeweis getroffen.
[62] Damit war den §§ 374 und 433 ZPO 1898 als Spezialnormen der Boden entzogen, und sie konnten gestrichen werden.
[63] Hierzu darf auf die Ausführungen oben S. 41 f. verwiesen werden.

Abs. 4 ZPO in der Berufungsinstanz nur dann zulässig ist, wenn der Gegner einwilligt oder das Gericht die Sachdienlichkeit bejaht. Hier bewirkt die Präklusion allein, daß der neue Anspruch aus dem Prozeß herausgehalten wird, um diesen zu entlasten, während die Präklusion von Angriffs- und Verteidigungsmitteln infolge der nachfolgenden Rechtskraft-Präklusion zu deren endgültigen Verlust führt. Dies ist ein wesentlicher Grund dafür, weshalb auf die Geltendmachung neuer Ansprüche nicht etwa auch die §§ 529 Abs. 2 und 3 ZPO angewendet werden dürfen[64]. Erst wenn die neuen Ansprüche zugelassen sind, kommt die Zurückweisung von Vorbringen in Frage, das nach der Zulassung verspätet geltend gemacht wird[65].

4. Zur Präklusion des Aufrechnungseinwands

Die Zwitterstellung[66] des *Aufrechnungseinwands* zwischen neuem Anspruch und neuem Vorbringen, zwischen Angriffs- und Verteidigungsmittel, die in § 322 Abs. 2 ZPO sichtbar wird und in dem Wort von der „unentwickelten Widerklage"[67] so plastischen Ausdruck gefunden hat, läßt sich auch für die Präklusionsnormen nachweisen.

Die CPO 1877 hat für die *in erster Instanz* geltend gemachte Kompensationseinrede eine Regelung getroffen, die auch *heute* noch praktiziert wird[68]. Handelt es sich um eine *nicht konnexe* Gegenforderung, so wird der Aufrechnungseinwand wie ein *selbständiger* prozessualer Anspruch behandelt. Tritt durch ihn eine Verzögerung ein, so wird der Prozeß getrennt (§ 136 Abs. 2 CPO im wesentlichen identisch mit § 145 Abs. 3 ZPO g. F.), und es ergeht — wenn möglich — ein „Theilurteil" (so § 274 CPO 1877) bzw. in der begrifflichen Einordnung zutreffend ein „Vorbehaltsurteil" (so § 302 ZPO g. F.)[69]. Ist die Gegenforderung indessen *konnex*, so wird der Aufrechnungseinwand als *Verteidigungsmittel* verstanden mit der Folge der Präklusion gemäß § 252 CPO 1877[70] bzw. §§ 279[71] und 279 a[72] ZPO g. F.

---

[64] Vgl. BGH ZZP 69, 429, 430.
[65] *Stein-Jonas-Grunsky*, ZPO, § 529 Anm. IV 2 c.
[66] *Bötticher* beleuchtet in seiner Abhandlung, Die „Selbstexekution" im Wege der Aufrechnung und die Sicherungsfunktion des Aufrechnungsrechts, in der Festschrift für Schima, S. 95 ff., die Doppelrolle für die Ebene des materiellen Rechts.
[67] *Baumbach-Lauterbach*, ZPO, § 145 Anm. 4 E.
[68] Vgl. aber auch unten S. 48 f.
[69] Vgl. *Stein-Jonas-Schumann-Leipold*, ZPO, § 279 Anm. I.
[70] Vgl. RGZ 31, 363, 364.
[71] Vgl. BGHZ 16, 124, 140.
[72] Vgl. BGHZ 33, 236, 240 ff. = NJW 1961, 115, 117 f.

§ 3 Innerprozessuale Präklusion

Für die *zweite Instanz* ist die Konzeption mehrfach geändert worden. Der in erster Instanz *nicht zugelassene* Aufrechnungseinwand wurde wie der zugelassene Einwand gemäß § 491 Abs. 1 CPO 1877 als *(„altes")* Verteidigungsmittel ohne Einschränkung Prozeßstoff[73]. Erfüllten sich die Voraussetzungen des § 252 CPO 1877 im Rahmen der zweiten Instanz erneut, so blieb der Partei die Geltendmachung der Aufrechnung trotzdem gemäß §§ 502, 503 CPO 1877 vorbehalten[74]. Die auf Zeit präkludierte Partei konnte also in jedem Fall erreichen, daß über die Gegenforderung in *diesem* Prozeß — wenn auch in einem Nachverfahren — entschieden wurde. Machte sie von der Möglichkeit keinen Gebrauch, so war ein Aufgehen der innerprozessualen Präklusion in der Rechtskraft-Präklusion dennoch gerechtfertigt.

Wurde der Aufrechnungseinwand hingegen *erstmals* in der Berufungsinstanz geltend gemacht, dann wurde dieser wie ein *neuer Anspruch* behandelt und gemäß § 491 Abs. 2 CPO nur zugelassen, wenn der Beklagte glaubhaft machte, daß er ohne sein Verschulden außerstande gewesen sei, den Anspruch in erster Instanz geltend zu machen. Andernfalls war das ausgeübte *Aufrechnungsrecht*[75] endgültig präkludiert, indessen nicht die Gegenforderung selbst, auf die eine Leistungsklage gegründet werden konnte[76, 77].

Im Zuge der Liberalisierung der Zulässigkeit der Klageänderung für die erste[78] und zweite Instanz[79] sowie für die Erhebung der Wider-

---

[73] RGZ 31, 363, 365.

[74] Vgl. hierzu oben S. 38.

[75] Vgl. zum Aufrechnungsrecht die Abhandlung von *Bötticher* über „Die ,Selbstexekution' im Wege der Aufrechnung und die Sicherungsfunktion des Aufrechnungsrechts" in der Festschrift für Schima unter II., S. 100 ff.

[76] *v. Wilmowski-Levy*, CPO, § 491 Anm. 3, sprachen davon, daß eine unverkennbare Analogie zwischen der Bestimmung des § 293 CPO (= § 322 ZPO) und dem § 491 Abs. 2 CPO bestehe: „Insoweit die Entscheidung über den neuen Anspruch in Rechtskraft übergehen würde, insoweit ist er auch in der Berufungsinstanz ... unzulässig." Wie es zivilrechtlich zu erklären ist, daß die prozessual nicht verwertete Aufrechnung *keine materiellrechtliche Wirkung* ausübt, kann hier nicht erörtert werden (vgl. *Senft*, S. 197 ff. mit weiteren Nachweisen; a. A. *Grunsky*, Die unzulässige Prozeßaufrechnung, JZ 1965, 391 ff., 392 ff., 399, der die Gegenforderung für erloschen hält und die Vollstreckungsgegenklage gestatten will).

[77] Das derart präkludierte Aufrechnungsrecht konnte nicht etwa zur Begründung einer *Vollstreckungsgegenklage* dienen. Diese Antwort ergibt sich von selbst für denjenigen, der die Aufrechnungslage für § 767 Abs. 2 ZPO entscheidend sein lassen will (vgl. unten S. 164 f.). Aber auch unabhängig von dieser Auslegung ist § 491 Abs. 2 CPO so zu verstehen, daß ein Angriff auf den errungenen Titel weder im Wege der Berufung noch der Vollstreckungsgegenklage bei schuldhaft verspäteter Geltendmachung der Aufrechnung (sei sie außerprozessual bereits erklärt oder nicht) zugelassen wurde.

[78] Nunmehr war eine Klageänderung außer im Fall der Einwilligung auch dann zulässig, wenn nach dem Ermessen des Gerichts durch die Änderung

I. Zeitliche Einschnitte

klage in zweiter Instanz durch die Novelle von 1898 wurde auch bezüglich des Aufrechnungseinwands die Präklusionsgefahr gemildert. Der Kläger darf seitdem von sich aus dem Beklagten in zweiter Instanz die Geltendmachung der Aufrechnung mit *neuen* Ansprüchen gestatten (§ 529 Abs. 3 ZPO 1898). Als neu wurden die Gegenansprüche angesehen, die in erster Instanz noch nicht geltend gemacht worden waren. Wurde der neu geltend gemachte Aufrechnungseinwand jedoch zurückgewiesen, weil weder der Kläger einwilligte noch der Beklagte glaubhaft machen konnte, daß er ohne sein Verschulden außerstande gewesen sei, die Aufrechnung in erster Instanz geltend zu machen, so erging jetzt auch in diesem Fall aufgrund des § 529 Abs. 4 ZPO 1898 das Vorbehaltsurteil gemäß §§ 540, 541 ZPO 1898. Die Präklusion führte also stets nur dazu, die Entscheidung *über die Aufrechnung und damit die Gegenforderung auf einen späteren Verfahrensabschnitt zu verschieben.*

Seit mit der Novelle von 1924 das ja nicht auf den Fall der Aufrechnung beschränkte Vorbehaltsurteil gemäß den §§ 540, 541 ZPO 1898 entfiel, ist die Zurückweisung des Aufrechnungseinwands in der Berufungsinstanz für den anhängigen Prozeß endgültig. Zugleich ist § 529 Abs. 5 ZPO aber zu einer *Spezialregelung* für die Aufrechnung im Verhältnis zur Präklusion von anderen Verteidigungsmitteln geworden. Daß der Kläger *jeden* Aufrechnungseinwand, den in erster Instanz verspätet wie den schuldhaft überhaupt nicht geltend gemachten, durch seine Einwilligung in den Prozeß hineinlassen kann[80], ist prozeßökonomisch nur verständlich, wenn andernfalls die *Gegenforderung* vom Beklagten hinterher noch *selbständig geltend gemacht werden darf.*

Diese Sonderstellung des § 529 Abs. 5 ZPO 1924 kann nach der Novelle von 1933 nicht mehr bezweifelt werden. Sie hat nämlich die Aufrechnung völlig der Widerklage, also einem neuen prozessualen Anspruch, gleichgestellt, indem sie ohne *Rücksicht auf irgendein Verschulden* die Präklusion schon eintreten läßt, wenn der Kläger in die Erörterung nicht *einwilligt* oder das Gericht sie nicht für *sachdienlich* hält (§ 529 Abs. 5 ZPO g. F.)[81]. Der Sondercharakter des § 529 Abs. 5

---

die Verteidigung des Beklagten nicht wesentlich erschwert wurde (§ 264 ZPO 1898).

[79] In der Berufungsinstanz kann der Beklagte seitdem die Klageänderung durch seine Einwilligung ermöglichen, ebenso der Kläger die Widerklage (§ 529 Abs. 2 ZPO 1898).

[80] So mit Recht *Stein-Jonas-Grunsky*, ZPO, § 529 Anm. V 1, der freilich den zurückgewiesenen Einwand überflüssigerweise als „neuen" Einwand deklariert. Der Wortlaut enthält dieses Merkmal nicht mehr und die Unterscheidung ist durch die Entwicklung überholt; a. A. OLG Celle, NJW 1965, 1338 f.

[81] In der Praxis wird hiervon kaum ausreichend Gebrauch gemacht, und zwar in erster Linie deswegen, weil man gerade bei konnexen Forderungen den Parteien nicht zwei Prozesse zumuten möchte (vgl. BGH NJW 1966,

ZPO ist in Rechtsprechung[82] und Literatur[83] anerkannt worden und findet in dem Kommissionsentwurf 1967 dadurch Ausdruck, daß Aufrechnung und Widerklage in einem besonderen Paragraphen ohne Änderung gegenüber dem geltenden Recht Platz gefunden haben.

Für die erste Instanz trifft der Kommissionsentwurf 1967 leider keine Neuregelung bezüglich des Aufrechnungseinwands und beläßt es damit bei der gegenwärtigen Disharmonie, die daher rührt, daß die Aufrechnung mit einer konnexen Gegenforderung in erster Instanz als Verteidigungsmittel, in zweiter Instanz indessen wie ein selbständiger Anspruch behandelt wird. Es ist auffällig genug, daß der Kläger nach der h. M. jetzt und in Zukunft zwar in zweiter Instanz jeden Aufrechnungseinwand zulassen darf, indem er einwilligt, während das Gericht erster Instanz den Beklagten von sich aus präkludieren kann oder in Zukunft gar präkludieren muß. Ungereimt ist ferner, daß die Präklusion gemäß § 529 Abs. 5 ZPO sicher nur das Aufrechnungsrecht und nicht die Gegenforderung selbst erfaßt, während die Präklusion auch der Gegenforderung aufgrund der §§ 279, 279 a ZPO möglich sein soll[84]. Der Beklagte müßte also schon deswegen in die Berufung gehen, um die Präklusionswirkung auf das Aufrechnungsrecht zu beschränken[85]. Schließlich ist es von den Konsequenzen her gesehen schwer erträglich, daß die konnexe Gegenforderung eher aus dem Prozeß herausgewiesen werden kann als die nicht konnexe. Dem Beklagten mit einer konnexen Gegenforderung wird so nicht einmal die Chance des Vorbehaltsurteils gemäß § 302 ZPO mit der Schadensersatzdrohung des Abs. 4 gewährt.

Schon für das geltende Recht sollte man allerdings aus § 529 Abs. 5 ZPO die Folgerung ziehen, daß sowohl § 279 ZPO wie § 279 a ZPO auf den Aufrechnungseinwand als solchen nicht anwendbar sind[86]. Beide

---

1029, der sich gegen die Gleichstellung von sachdienlich und konnex wenden muß). Das Vorbehaltsurteil gemäß § 302 ZPO darf ja nur bei nicht konnexen Forderungen erlassen werden. Für die zweite Instanz leuchtet diese Einschränkung nicht recht ein, denn mit dem Vorbehaltsurteil erhielte der Kläger immerhin eine im Regelfall ohne Sicherheitsleistung (§ 708 Nr. 7 ZPO) vollstreckbare Entscheidung; der Beklagte genösse den Schutz des Nachverfahrens.

[82] RGZ 119, 64, 69.

[83] *Stein-Jonas-Grunsky*, ZPO, § 529 Anm. V; *Senft*, S. 190 f.

[84] So BGHZ 33, 236, 242 = NJW 1961, 115, 117 für § 279 a ZPO; a. A. freilich BGHZ 16, 124, 140.

[85] Diesen seltsamen Ausweg wollte das OLG Celle offenbar verbauen, als es § 529 Abs. 5 ZPO für die in erster Instanz zurückgewiesene Aufrechnung für unanwendbar erklärte (NJW 1965, 1338). — Der BGH will dem Berufungsgericht sogar die Wahl zwischen § 279 a ZPO und § 529 Abs. 5 ZPO lassen (BGHZ 33, 236, 242 = NJW 1961, 115, 117).

[86] Für § 279 a ZPO vertritt das OLG Celle, NJW 1965, 1338, 1339, diese Ansicht, und zwar unter Berufung auf BGHZ 33, 236, 240 = NJW 1961, 115, 117. Und in der Tat heißt es in Leitsatz c), das Gericht könne nach § 279 a

Vorschriften sind meiner Auffassung nach nur geeignet, Tatsachen zu präkludieren, die im Hinblick auf einen *zugelassenen* Aufrechnungseinwand verspätet vorgetragen werden. Nur zur Geltendmachung im Prozeß zugelassene Gegenforderungen werden dann auch von der Rechtskraft-Präklusion erfaßt. Diese Zulassung kann das Gericht der Partei nicht dadurch aufoktroyieren, daß es gemäß § 279 a ZPO die Partei zur Geltendmachung der Gegenforderung auffordert[87]. Dies besagt positiv gesprochen, daß in erster Instanz eine Präklusion des Aufrechnungseinwands gegenwärtig überhaupt nicht in Betracht kommt und daß in zweiter Instanz für erstmals geltend gemachte Gegenforderungen allein § 529 Abs. 5 ZPO eingreift.

II. Inhaltliche Einschnitte

1. Zum Wesen der innerprozessualen Bindung gemäß § 318 ZPO

Die inhaltlichen Zäsuren während eines Prozesses zeichnen sich dadurch aus, daß das Gericht über einen Teilkomplex des Streitstoffes vorweg *entscheidet*. Die damit verbundene Aussonderung von Streitstoff ist also nicht nur Folge einer Parteiversäumung, sondern Ergebnis wertender richterlicher Erkenntnis. Dies könnte im Unterschied zu den zeitlichen Zäsuren bedeuten, daß das Instrument „Präklusion" nicht mehr benötigt würde.

Gemäß § 318 ZPO ist das Gericht an die Entscheidung, die in den von ihm erlassenen End- und Zwischenurteilen enthalten ist, *gebunden*. Diese Bindung besagt *zweierlei*: Das Gericht darf seine eigene Entscheidung weder formell abändern oder gar aufheben *(Widerrufsverbot)* noch darf es ihr durch eine zweite Entscheidung widersprechen *(Widerspruchsverbot)*[88]. Es fragt sich nun, *wie* dieser innerprozessualen Bindung zum Sieg verholfen wird.

Von vornherein scheidet hier eine *materiellrechtliche* Erklärung aus, wie sie die materiellen Rechtskrafttheorien für das Wesen der außerprozessualen Bindung gemäß § 322 ZPO geben[89]; denn zum einen wendet

---

ZPO nur tatsächliches streitiges Vorbringen, nicht dagegen einen Aufrechnungseinwand unberücksichtigt lassen. In Wahrheit hat der BGH dann aber doch den dem Einwand zugrunde liegenden Tatsachenkomplex für präkludiert erklärt. Dieser ist freilich auch mit der Kurzformel „Aufrechnungseinwand" gemeint.

[87] So aber im Ergebnis BGHZ 33, 236, 241 = NJW 1961, 115, 117, wogegen sich — wenn ich recht verstehe — auch *Baumbach-Lauterbach*, ZPO, § 279 a Anm. 2 wenden.

[88] Dies hat zuerst *Bötticher* klargestellt (Kritische Beiträge, S. 72 ff.); *Arwed Blomeyer*, Zivilprozeßrecht, § 86 I, S. 428 f.

[89] Vgl. unten S. 81 f., 86 f.

sich das Verbot jedes formellen Widerrufs ganz sicher an das Gericht, und zum zweiten setzt § 318 ZPO ja keine formelle Rechtskraft voraus. Die Geltung des Urteils ist daher zu unsicher, als daß es — im praktisch wichtigen Fall einer Divergenz — eine ihm jeweils konforme Veränderung der materiellen Rechtslage herbeiführen könnte.

Von den prozessualen Rechtskrafttheorien böte die Übertragung der Lehre vom *Widerspruchsverbot*[90] auf den innerprozessualen Bereich nicht die rechte Verständnishilfe, darf der Richter nach ihr doch im Folgeprozeß grundsätzlich erneut verhandeln und entscheiden, nur eben *nicht anders entscheiden* als im Vorprozeß. Dies würde bedeuten, daß der Richter innerprozessual trotz seines Urteils weiterhin mit dem gleichen Streitstoff zulässigerweise konfrontiert werden könnte. Nichts widerspräche indessen der Funktion des § 318 ZPO mehr, die darin besteht, die Beschränkung des Prozeßstoffes für die Instanz sicherzustellen.

Diese Aufgabe kann die *Lehre vom Wiederholungsverbot*[91] besser lösen, weil sie bereits jede erneute Verhandlung über den erledigten Prozeßstoff ablehnt und damit zugleich einer widersprechenden oder gar formell abändernden (was außerprozessual abgesehen von § 323 ZPO nicht in Betracht kommt) Entscheidung vorbeugt. Es sollte nicht in Vergessenheit geraten, daß *Böttcher* gerade in dem für § 318 ZPO auch von anderen Autoren anerkannten Wiederholungsverbot eine wesentliche Stütze für sein „ne bis in idem" der Rechtskraft vorfand[92]. Als Instrument dient die Präklusion, die jedes tatsächliche und rechtliche Vorbringen zu dem abgeschlossenen Komplex unbeachtlich bzw. unzulässig macht[93]. Bereits in der Einleitung ist auf das Bekenntnis des Entwurfs 1931 zur Präklusionswirkung des § 318 ZPO hingewiesen worden[94], die man auch in der Literatur immer wieder anerkannt findet[95]. Diese Präklusionswirkung wird — wie der Rechtsprechung

---

[90] Vgl. *Stein-Jonas-Schönke-Pohle,* ZPO, § 322 Anm. II 2 und VIII; *Arwed Blomeyer,* Zivilprozeßrecht, § 88 III 2, S. 443 f.; ferner unten S. 83, 87 f.

[91] Vgl. *Böttcher,* Kritische Beiträge, insbes. S. 139 ff., und die Gegenüberstellung der Theorien bei *Arwed Blomeyer,* Zivilprozeßrecht, § 88 III 2, S. 443; ferner vor allem unten S. 83 ff., 88.

[92] Kritische Beiträge, S. 145 ff.

[93] a.a.O., S. 146.

[94] Oben S. 18 f.

[95] *Lent-Jauernig,* Zivilprozeßrecht, § 61 I, S. 178; *Rosenberg,* Zivilprozeßrecht, § 57 I 1, S. 259; *Stein-Jonas-Schumann-Leipold,* ZPO, § 278 Anm. I 1; *Thomas-Putzo,* ZPO, § 318 Anm. 2 b. In gleichem Sinn verstehe ich auch *Bruns,* Zivilprozeßrecht, § 42 I 3, S. 384, der die Bindungswirkung für das weitere Verfahren maßgeblich sein läßt. *Zöller-Degenhart,* ZPO, § 318 Anm. 1 b, sprechen ebenfalls davon, daß das Gericht neues Vorbringen zu den erledigten Streitpunkten nicht mehr zulassen dürfe. Wenn sie anschließend die Bindung als innerprozessuale Feststellungswirkung besonderer Art bezeichnen, komplizieren sie mit diesem neuen Begriff die Dinge unnötig.

zu entnehmen ist[96] — selbstverständlich dann besonders bedeutsam, wenn nachträglich Einwendungen vorgetragen werden, die bereits in dem durch Teil- oder Zwischenurteil abgeschlossenen Verfahrensabschnitt vorgebracht werden konnten[97].

2. Zur Präklusionswirkung des Teilurteils

Die inhaltlichen Einschnitte sind ebenfalls sehr differenziert ausgestaltet. So kommt die geschilderte Präklusionswirkung zunächst dem *Teil-Urteil* zu, *das von dem Klagebegehren „vertikal" eine „Scheibe" abschneidet* und endgültig erledigt, während das Zwischenurteil nur eine *„Schicht"* auf dem Weg zum Endurteil *„horizontal"* abhebt, ohne daß sich der ursprüngliche Streitgegenstand ändert[98].

Die Bedeutung des Teilurteils liegt in erster Linie darin, daß es im Fall der objektiven oder subjektiven Klagenhäufung einen prozessualen Anspruch vorweg bejaht oder verneint oder daß es dies bezüglich eines Teils eines zunächst einheitlichen Streitgegenstandes tut, den das Gericht durch das Urteil aufspaltet. Seltener dagegen schafft das Teilurteil zugleich *eine Basis* für den Rest des Streitstoffes. Denn maßgeblich ist nur die Aussage der Entscheidung, nicht ihre Begründung. Eine solche Grundlage für das weitere Verfahren bildet typischerweise das Teilurteil über *eine Inzidentfeststellungsklage gemäß § 280 ZPO*[99], darüber hinaus aber auch andere Teilurteile, die über präjudizielle Rechtsverhältnisse entscheiden: etwa aufgrund einer gewöhnlichen Feststellungsklage[100].

---

[96] Man vergleiche z. B. die bereits von *Bötticher*, Kritische Beiträge, S. 147, zitierte Entscheidung RG Gruchot 48, 1120, 1121; ferner RGZ 124, 131, 133 f.; BGH LM Nr. 24 zu § 304 ZPO.

[97] Nirgends findet sich ein Anhalt dafür, daß die Präklusion nicht vorgetragener Tatsachen nicht mit § 318 ZPO begründet werden könnte. Zur Rechtfertigung einer solchen, aber von § 318 ZPO unabhängigen Präklusion (vergleichbar der „allgemeinen Präklusion" *Habscheids*, Streitgegenstand, S. 296 f.) könnte jedenfalls nicht das „Prinzip der endgültigen Rechtsfeststellung" dienen (vgl. Streitgegenstand, S. 291 — dazu unten S. 103 f.), weil es nicht für noch anfechtbare Entscheidungen gelten kann.

[98] Auf das Bild vertikal — horizontal bin ich nachträglich auch bei *Schwarz-Kleinknecht*, StPO, Einl. 8 F a, gestoßen: „Die vertikale Teilrechtskraft beschränkt sich auf einen Teil des Prozeßstoffes, der selbst Gegenstand eines eigenen Verfahrens hätte sein können, also auf die Frage der Bestrafung eines von mehreren Angeklagten oder auf eine von mehreren Taten (§ 264). Bei der horizontalen Teilrechtskraft dagegen handelt es sich um eine Stufe im Verfahren gegen einen Angeklagten wegen einer Tat, namentlich um die Rechtskraft des Schuldspruchs."

[99] Vgl. RGZ 122, 156, 158 f. und *Bötticher*, Kritische Beiträge, S. 74 und 146.

[100] Vgl. *Götz*, Die innerprozessuale Bindungswirkung von Urteilen im Zivil-, Arbeits- und Verwaltungsprozeßrecht, JZ 1959, 681 f. Den Gerichten ist es verwehrt, die Entscheidung über das präjudizielle Rechtsverhältnis zurückzustellen und zuerst über den abhängigen Anspruch

Freilich liegt es auf den ersten Blick nahe, die innerprozessuale Bindung umfassender zu verstehen als die äußere, die materielle Rechtskraft. Auch den Elementen der Entscheidung Bindungswirkung beizumessen, scheint sinnvoll zu sein, weil *dasselbe* Gericht seine Ansicht bereits im Rahmen *ein und desselben Prozesses* geäußert hat. Die Parteien, so könnte man argumentieren, werden wenig Verständnis dafür haben, wenn das Gericht seine Meinung ändert, sofern es nicht andere Tatsachen festgestellt hat. Andererseits darf nicht verkannt werden, daß jede Ausdehnung der Bindung (und damit der Präklusionswirkung) die Parteien eher zu einem Angriff auf das Teilurteil zwingen muß, weil solchenfalls in den Gründen schon die Niederlage für das Schlußurteil angelegt ist. *Grunsky* hat anschaulich dargelegt, daß die Beschwer insoweit nicht nur formell gemessen werden darf, als die Gründe der Entscheidung für den Umfang der Rechtskraft bedeutsam werden[101]. Ebenso vermehrt würde die Zahl der rechtsmittelfähigen Teilurteile, wenn man die innerprozessuale Bindung auf die Gründe erstreckte. Es ist daher sachgerecht, wenn *allgemein* betont wird, daß die Grenzen der innerprozessualen Bindung an das Teilurteil mit den Rechtskraftgrenzen übereinstimmen[102], zumal die innerprozessuale Bindungswirkung mit dem Eintritt der formellen Rechtskraft in die materielle Rechtskraft übergeht[103].

3. Zur Präklusionswirkung der Zwischenurteile

Die Wirkung der *Zwischenurteile* bleibt hingegen auf den innerprozessualen Bereich beschränkt, weil sie nur einen Teil des Prozeßstoffes endgültig verarbeiten, nicht aber einen Teil des Streitgegenstandes erledigen. Ihr Zweck besteht — von den Vorbehaltsurteilen einmal abgesehen — vornehmlich darin, dem weiteren Verfahren durch die Präklusion von Streitfragen eine festere Grundlage zu geben.

Eine *Generalklausel* für die bindende Beantwortung *prozessualer* Fragen (z. B. die Zulässigkeit des Rechtsmittels, der Wiedereinsetzung usw.) enthält § 303 ZPO. Eine Sonderstellung nehmen allerdings die

---

durch Teilurteil zu entscheiden. Vgl. *Arwed Blomeyer*, Zivilprozeßrecht, § 84 II, S. 420 f.

[101] Rechtskraft von Entscheidungsgründen und Beschwer, ZZP 76, 165 ff. Es ist hier nicht der Ort, sich mit dem Lösungsvorschlag *Grunskys* auseinanderzusetzen.

[102] *Baumbach-Lauterbach*, ZPO, § 318 Anm. 1; *Arwed Blomeyer*, Zivilprozeßrecht, § 87 I b, S. 429; *Bötticher*, Kritische Beiträge, S. 146; *Goldschmidt*, Zivilprozeßrecht, S. 164; *Hellwig*, System I, S. 495; *Stein-Jonas-Schönke-Pohle*, ZPO, § 318 Anm. III und § 322 Anm. VII; *Zeuner*, Die objektiven Grenzen der Rechtskraft, S. 65.

[103] *Götz*, JZ 1959, 681.

II. Inhaltliche Einschnitte

Zwischenurteile ein, die „prozeßhindernde Einreden" im Sinne des § 274 ZPO in abgesonderter Verhandlung verwerfen, weil sie selbständig anfechtbar sind[104].

Eine vergleichbare Generalklausel für *materiellrechtliche* Fragen gibt es nicht mehr, seitdem die Novelle von 1924 in § 303 ZPO 1898 (= § 275 CPO 1877) *das einzelne selbständige Angriffs- oder Verteidigungsmittel* gestrichen hat[105]. Während der Entwurf 1931 in § 297 noch die Wiederherstellung der ursprünglichen Fassung vorgeschlagen hatte[106], beläßt es der Kommissionsentwurf 1967 beim geltenden Recht[107]. Die Gliederung des Prozeßstoffes durch Zwischenurteile in der Sache selbst ist daher auf die gesetzlich ausdrücklich geregelten Sonderfälle beschränkt, die es im folgenden im Hinblick auf ihre spezielle Präklusionswirkung zu würdigen gilt.

a) Man denke zunächst an die *Vorabentscheidung über den Grund des Anspruchs* gemäß § 304 ZPO. Mit der Feststellung, daß der geltend gemachte prozessuale Anspruch dem Grunde nach besteht, soll dem Betragsverfahren eine sichere, nicht mehr anzweifelbare Basis geschaffen werden. Aufgabe des Grundurteils kann es aber umgekehrt nicht sein, anstelle des § 303 ZPO a. F. einzelne selbständige materiellrechtliche Angriffsmittel, also konkurrierende Ansprüche, auszuscheiden[108]. Das Gericht kann deswegen z. B. nicht die Haftungshöchstgrenzen nach dem StVG bereits im Grundurteil in der Weise verbindlich festlegen, daß es die Ansprüche gemäß § 823 Abs. 1 und 2 BGB „abweist", wie es der BGH für möglich erklärt hat[109]. Vielmehr ist

---

[104] Auch hier geht es um die Erörterung der einzelnen Einreden, nicht etwa um die Zulässigkeit der Klage schlechthin. Schon aus diesem Grunde kann von *einem* prozessualen Streitgegenstand (im Gegensatz zum „sachlichen") nicht gesprochen werden. Gegen die Begriffsbildung wendet sich vor allem *Bötticher*, ZZP 77, 492 ff.

[105] Zur Geschichte der Norm vergleiche *Bettermann*, Zwischenurteil über materiellrechtliche Vorfragen?, ZZP 79, 392 ff., 393 ff.

[106] Zur Begründung vergleiche oben S. 19. — *Arwed Blomeyer*, Zivilprozeßrecht, § 83 III, S. 412, bedauert im Anschluß an *Rosenberg*, Zivilprozeßrecht, § 55 III 1 b, S. 241, ebenfalls den Fortfall dieser Möglichkeit, den Prozeßstoff zu gliedern.

[107] *Bettermann* hatte rechtspolitische Erwägungen zur Wiedereinführung des materiellrechtlichen Zwischenurteils angestellt und letzlich von einer Wiederherstellung des § 303 ZPO a. F. überzeugend abgeraten (ZZP 79, 400 ff.). Hierauf kann daher verwiesen werden.

[108] Vgl. *Bötticher*, Das Grundurteil gemäß § 304 ZPO mit Höchstgrenze, JZ 1960, 240 ff.; zustimmend *Arwed Blomeyer*, Zivilprozeßrecht, § 83 V, S. 416 f.; ebenso anscheinend auch BGH LM Nr. 42 zu Art. 34 GG — a.A. RGZ 131, 343, 346 f.; BGH LM Nr. 5 zu § 304 ZPO.

[109] BGH JZ 1960, 256 ff. mit ablehnender Anmerkung von *Bötticher*. Noch weitergehend hält *Götz*, JZ 1959, 687 f., die Erörterung eines übergangenen Klagegrundes im Betragsverfahren unabhängig von solcher „Abweisung" für unzulässig.

der Rechtsstreit hinsichtlich der den Höchstbetrag übersteigenden Klageforderung entscheidungsreif, so daß insoweit die Klage durch Teilurteil gemäß § 301 ZPO abgewiesen werden muß[110]. Hier kann das Gericht „vertikal" einen Teil des Streitgegenstandes erledigen und ist nicht darauf beschränkt, bei unverändertem Streitgegenstand nur eine Schicht „horizontal" abzuheben. Dem Gericht ist es nicht möglich, die Klageforderung anders als durch Teilurteil *qualitativ* zu begrenzen, soweit es sich nicht um eine allgemeine Aussage handelt (z. B.: Der Kläger hat 1/3 des Schadens selbst zu tragen)[111]. Für den verbleibenden Rest der Klageforderung kann dann durchaus ein Grundurteil ergehen, ohne daß für das Betragsurteil eine Bindung hinsichtlich der *Qualität* der Forderung im Sinne einer rechtlichen Qualifizierung nach dem Anspruchsgrund eintritt.

Der Wert des Grundurteils als Gliederungsmittel ist gerade in letzter Zeit in Zweifel gezogen worden[112]. Und in der Tat sind die Probleme bei Grund und Betrag häufig derart ineinander verschachtelt, daß sich eine saubere Trennung des Prozeßstoffes als undurchführbar erweist[113]. So ist dem Grundurteil zwar verwehrt, in den Bereich des Betragsurteils vorzugreifen[114], das Betragsurteil aber kann und muß sich — Versäumtes nachholend — dem Grund widmen[115], wenn sich aus dem Tenor oder den Gründen des Grundurteils ergibt, daß das *Gericht* sich die abschließende Beurteilung vorbehalten *wollte*[116]. Der Präklusions-

---

[110] Der BGH, JZ 1960, 256 f., erklärt das nur für zweckmäßiger.

[111] Dieser Ansicht neigt auch *Bruns*, Zivilprozeßrecht, § 41 III 5, S. 380, zu.

[112] *Pawlowski*, Angabe des Gegenstandes und des Grundes bei Teilklagen, ZZP 78, 307 ff., 319 f., erklärt ein Grundurteil nur dann für sinnvoll, wenn sich die Parteien hinterher „freiwillig" über den Betrag einigen, da die Aufspaltung die Länge und die Kosten des Verfahrens vergrößere. Vgl. ferner *Bruns*, Zivilprozeßrecht, § 41 III 6, S. 380 f.

[113] Dies gilt sowohl dann, wenn im Nachverfahren die Erheblichkeit einzelner Vorgänge für die Schadenshöhe einer einheitlichen Forderung geleugnet wird (Grundurteil zulässig nach BGH NJW 1961, 1465 f.), als auch, wenn bestimmte Nachteile bereits im Grundurteil nicht mehr als Schadensfolgen anerkannt worden sind (Grundurteil unzulässig nach BGH LM Nr. 18 zu § 64 BEG 1956 sowie LM Nr. 31 zu § 209 BEG 1956 = MDR 1960, 388). Der BGH hat in den beiden zuletzt zitierten Urteilen das Vorgehen der Untergerichte richtig dahin charakterisiert, daß sie nicht (nur) über den Grund des prozessualen Anspruchs, sondern auch über einzelne Elemente dieses Anspruchs Aussagen hätten machen wollen. Dies war aber den Zwischenurteilen gemäß § 303 ZPO a. F. vorbehalten. Vgl. hierzu auch *Bötticher*, JZ 1960, 242 unter I 4.

[114] Die Folge solchen Vorgriffs: keine Bindung nach § 318 ZPO (BGHZ 10, 361, 362), aber Aufhebung durch die höhere Instanz, falls ein Rechtsmittel gegen das unzulässige Grundurteil eingelegt wird.

[115] BGH NJW 1961, 1465 f.

[116] Den *Parteien* ist es nicht gestattet, ihnen nachträglich bekannt gewordenes Material, das den Grund des Anspruchs betrifft, im Betragsverfahren nachzuschieben, wenn das Gericht abschließend entscheiden wollte (vgl. RGZ

effekt ist demnach verhältnismäßig gering. Dem Gericht ist jedoch ein legales Mittel in die Hand gegeben, die abschließende Entscheidung — beabsichtigt oder unbeabsichtigt — hinauszuschieben; denn von der Möglichkeit, auf Antrag in das Betragsverfahren überzugehen, wird das Gericht kaum je Gebrauch machen, kann sich seine Arbeit doch als überflüssig erweisen, wenn das Grundurteil von einer höheren Instanz aufgehoben wird[117]. Es hat den Anschein, als sei § 304 ZPO in seiner jetzigen Ausgestaltung, insbesondere infolge der selbständigen Anfechtbarkeit des Grundurteils, zumindest reformbedürftig[118].

b) Anders als das Grundurteil, das noch recht verschiedenartigen Prozeßstoff unbearbeitet läßt, spitzt *das Vorbehaltsurteil gemäß § 302 ZPO* den Rechtsstreit darauf zu, ob die *nicht konnexe*[119] Gegenforderung besteht oder nicht besteht *und* ob die Aufrechnung wirklich zulässig ist[120]. Sämtliches Vorbringen, das sich auf die Hauptforderung bezieht, ist durch § 318 ZPO präkludiert. Nur eine genau bestimmte Schicht gilt es noch abzuheben, um das Recht in diesem Prozeß endgültig zu finden. Sieht man die Dinge so, so kann es keinem Zweifel unterliegen, daß das Vorbehaltsurteil in die Kategorie der *Zwischenurteile*[121] einzuordnen ist, mag es sich von den bisher genannten auch vor allem dadurch unterscheiden, daß es dem Kläger bereits einen vollstreckbaren Titel verschafft. Bei solcher Sicht enthält § 302 Abs. 3 ZPO eine *notwendige*[122]

138, 212 ff. sogar für die nachträgliche, erst im Nachverfahren erklärte Anfechtung wegen arglistiger Täuschung; BGH LM Nr. 24 zu § 304 ZPO), es sei denn, es läge ein Wiederaufnahmegrund vor (BGH LM Nr. 6 zu § 578 ZPO).

[117] Hinzu kommt die praktische Schwierigkeit, daß die Akten dem Rechtsmittelgericht vorliegen.

[118] Der Frage kann hier nicht näher nachgegangen werden, zumal es zunächst statistischer Unterlagen darüber bedürfte, wie oft die Anwendung des § 304 ZPO in der Praxis ohne Komplikationen verläuft und wie oft das Grundurteil einen Abschluß des Prozesses durch Vergleich ermöglicht. Immerhin gibt es zu denken, daß das Beweisinterlokut mit seiner Trennung von Vorbringen und Beweis und das materiellrechtliche Zwischenurteil des § 303 ZPO a. F. mit seiner Ausschaltung einzelner Angriffs- und Verteidigungsmittel nicht zuletzt deswegen weggefallen sind, weil sie den inneren Zusammenhang allzu leicht sprengten. Zum Kampf um das Beweisinterlokut, das in die CPO nicht aufgenommen worden ist, vgl. *Hahn*, Materialien II, 1, S. 589 ff., und II, 2, S. 1292.

[119] Daß die *konnexe* Gegenforderung eher aus dem Prozeß mittels der §§ 279, 279 a, 529 Abs. 5 ZPO völlig hinausgewiesen wird, ist bereits Gegenstand kritischer Überlegung gewesen (oben S. 47 Fn. 81, 48).

[120] Selbstverständlich muß das Gericht *prüfen*, ob die Aufrechnung überhaupt zulässig sein *kann*. Hält das Gericht die Aufrechnung für unzulässig, so ist der Streit in jeder Hinsicht entscheidungsreif, und es ergeht ein uneingeschränktes Endurteil.

[121] Ebenso RGZ 77, 95 f. für das Vorbehaltsurteil im Wechselprozeß. *Arwed Blomeyer*, Zivilprozeßrecht, § 85 III, S. 427, meint demgegenüber, das Vorbehaltsurteil lasse sich überhaupt nicht eingliedern.

[122] Notwendig, weil Berufung (§ 511 ZPO) und Revision (§ 545 Abs. 1 ZPO)

Fiktion: „Das Urteil ... *ist* in betreff der Rechtsmittel und der Zwangsvollstreckung als Endurteil *anzusehen*[123]." Dem Vorbehaltsurteil fehlt denn auch die für das Endurteil typische Rechtskraftwirkung; ihm kommt nur die innerprozessuale Bindungswirkung zu[124].

Diese Bindungswirkung hat der BGH zu weit ausgedehnt, wenn er das Gericht an das Vorbehaltsurteil auch insoweit für gebunden erklärt, als es die *Zulässigkeit* der Aufrechnung schlechthin *bejaht* oder *einzelne* Aufrechnungs*hindernisse* in den Gründen *verneint* hat[125]. Auf diese Weise wird die Grenze zwischen den beiden Verfahrensabschnitten verwischt. Mit dem Urteil über die Hauptforderung ist ein unzulässiges Zwischenurteil über einzelne Elemente des Verteidigungsmittels Aufrechnung verbunden worden, wodurch *der Kläger* schon hinsichtlich des von ihm erstrittenen Vorbehaltsurteils zur Anfechtung genötigt wird[126]. Selbst bei Fortgeltung des § 303 ZPO a. F. gehörte ein Zwischenurteil, das die Zulässigkeit der Aufrechnung bindend bejaht, in den Bereich des Nachverfahrens und wäre nur mit dem Endurteil anfechtbar.

c) Dem *Vorbehaltsurteil des Urkunden- und Wechselprozesses* liegt ebenfalls der Gedanke zugrunde, dem Kläger schneller als es durch das normale Endurteil möglich wäre, zu einem vollstreckbaren Titel zu verhelfen, ein Gedanke, der hier die Vorstellung einer Aufgliederung

---

nur gegen Endurteile statthaft sind und nur aus ihnen (§ 704 Abs. 1 ZPO) die Zwangsvollstreckung stattfindet.

[123] Die ZPO, die den Begriff des *bedingten* Endurteils in § 460 ZPO a. F. (Verurteilung zur Leistung des Parteieides) verwandt hat, hat dies bei den Vorbehaltsurteilen nicht getan.

[124] Hierauf hat schon *Richard Schmidt*, Zivilprozeßrecht, S. 734 mit Anm. 3 und S. 750, besonders hingewiesen.

[125] BGHZ 35, 248, 250 ff. (= JZ 1962, 212 f. mit ablehnender Anmerkung von *Bötticher*) im Anschluß an RGZ 158, 204, 207 f.
Um so mehr überrascht es, daß der BGH, ZZP 81, 286 ff. mit Anmerkung von *Lindacher*, einer Ausdehnung der Bindungswirkung für folgenden Fall entschieden entgegentritt: Das Berufungsgericht hatte die Klage zum Teil abgewiesen, in den Gründen aber ausgesprochen, daß die Klageforderung im übrigen begründet sei, die endgültige Entscheidung nur noch von der Frage abhänge, ob die *konnexe* Gegenforderung bestehe oder nicht; im Schlußurteil hatte das Berufungsgericht dann trotzdem schon die Hauptforderung verneint. Der BGH hat die von der Revision gerügte Verletzung des § 318 ZPO zu Recht verneint. In der Tat kann eine Bindung zugunsten des Klägers weder aus dem klageabweisenden Teilurteil noch aus einem mit ihm konkludent verbundenen Vorbehaltsurteil nach § 302 ZPO folgen; denn ein Vorbehaltsurteil läßt das Gesetz bei der konnexen Gegenforderung gerade nicht zu.

[126] Dies hat *Bötticher* zu Recht kritisiert (JZ 1962, 213 f.). Gegen den BGH auch *Arwed Blomeyer*, Zivilprozeßrecht, § 85 II 3, S. 426. Dem BGH stimmen zu Baumbach-Lauterbach, ZPO, § 302 Anm. 4 A; ferner ohne Beachtung der Kritik *Bruns*, Zivilprozeßrecht, § 29 IV, S. 254, und *Thomas-Putzo*, ZPO, § 302 Anm. 2 b.

II. Inhaltliche Einschnitte

des Streitstoffes völlig verdrängt. Dies liegt daran, daß Gegenstand des ersten Verfahrensabschnitts an sich das gesamte, mit der Klage zusammenhängende Tatsachenmaterial einschließlich aller Rechtsfragen ist. Für das Nachverfahren wird indessen all das Vorbringen — einschließlich der damit verknüpften Rechtsfragen — ausgesondert, das sich nicht mit den Mitteln des Urkundenprozesses beweisen läßt. Der Beklagte kann allerdings das Tatsachenmaterial auch für das Nachverfahren von vornherein zurückhalten, ja es ist ihm nicht einmal verwehrt, klagebegründende Tatsachen zu bestreiten, die er im Vorverfahren nicht bestritten hat[127].

Liegt der Aufteilung des Verfahrens kein rechtliches Ordnungsprinzip zugrunde, sondern hängt die Breite des zu erörternden Stoffes von den Zufälligkeiten der Beweisführung ab, so nimmt es nicht wunder, daß für die Präklusion kaum Raum bleibt. Immerhin bewirkt § 318 ZPO, daß „die Vorbehaltsurteile ... für die weitere Beurteilung des streitigen Rechtsverhältnisses insoweit bindend [sind], als die in ihnen getroffene Entscheidung nicht gerade auf der eigentümlichen Beschränkung des Urkundenprozesses beruht"[128]. Deswegen kann z. B. die Zulässigkeit des Rechtsweges im Nachverfahren ebensowenig angezweifelt werden wie die Entstehung des Klageanspruchs mit rechtlichen Erwägungen ohne neue Tatsachengrundlage[129].

Fraglich ist indessen, ob das Gericht auch solche Einwendungen des Beklagten bindend für unbegründet erklären kann, *die als im Urkundenprozeß unstatthaft von vornherein hätten zurückgewiesen werden können* (§ 598 ZPO). Der BGH hat die Bindung in einem Fall bejaht, in dem sich der Beklagte im Nachverfahren wiederum auf Anfechtung wegen Drohung berufen hatte, obwohl im Vorverfahren bereits die Schlüssigkeit dieses Vorbringens verneint worden war[130]. Bedenken gegen die Bindung bestehen hier zunächst wegen der rein praktischen Erwägung, daß der Beklagte gezwungen ist, das Vorbehaltsurteil allein wegen seiner Begründung anzugreifen, ohne doch mehr erreichen zu können, als eine Zurückweisung des Vorbringens als unstatthaft. Denn eine Bejahung der Anfechtung für den Fall der Beweisbarkeit ist ohnehin kein denkbarer Entscheidungsinhalt. Abgesehen davon, daß der Beklagte nur weiterkämpfen muß, um die Sperrwirkung auszuschalten, scheint es auf den ersten Blick so, als werde nur ein einzelnes Verteidigungsmittel beschieden. Eine derartige Entscheidung aber

---

[127] BGH NJW 1960, 100 f.
[128] RGZ 159, 173, 175.
[129] Vgl. Fn. 128; das Gericht muß schon im Vorverfahren prüfen, ob der Vertrag gegen zwingendes Gesetzesrecht verstößt oder nicht.
[130] BGH NJW 1960, 576 f.

war dem Zwischenurteil nach § 303 ZPO a. F. vorbehalten. Bei näherem Zusehen zeigt sich aber, daß mit der Anfechtung das Bestehen des urkundlich belegten Klageanspruchs in Zweifel gezogen wird. Entscheidet das Gericht über diesen prozessualen Anspruch auch aufgrund von Tatsachenstoff, der nicht mit den Mitteln des Urkundenprozesses bewiesen werden kann, so will es den vorläufigen Titel auch gegen Angriffe unter diesem Blickwinkel absichern. Ein solches Vorgehen des Gerichts ist für den Beklagten in der Regel von Vorteil, wird doch sein Einwand in der Sache beschieden, so daß er nicht erst im Nachverfahren die Rechtsansicht des Gerichts erfährt.

Immerhin könnte es sein, daß das Gesetz die Wahl zwischen formeller und materieller Zurückweisung des Einwands nicht eröffnet, vielmehr der formellen (unstatthaft) zwingend den Vorrang einräumt. Dies läßt sich aus dem Gesetz trotz des Wortlauts des § 598 ZPO[131] nicht entnehmen: Ist der Klageanspruch nicht schlüssig dargelegt, so weist das Gericht die Klage auch dann als unbegründet ab, wenn die klagebegründenden Tatsachen nicht urkundlich belegt sind (§ 597 Abs. 1 ZPO). Es entspricht der *Waffengleichheit*[132], daß mit den Einwendungen des Beklagten zumindest ebenso verfahren werden *kann*. Das Gericht sollte von dieser Möglichkeit jedoch nur mit Vorsicht Gebrauch machen, weil jeder neue ergänzende Tatsachenvortrag die zusätzliche Begründung zu einem bloßen obiter dictum macht.

4. Zur Präklusionswirkung des aufhebenden und zurückverweisenden Urteils (§ 565 Abs. 2 ZPO)

Zu einem inhaltlichen Einschnitt besonderer Art führt das *aufhebende und zurückverweisende* Urteil des *übergeordneten* Gerichts, indem es sich und das Untergericht *auf eine bestimmte Rechtsauffassung festlegt*. Die Präklusionswirkung eines derartigen Urteils hat *Schröder*[133] besonders nachdrücklich mit den Worten herausgestellt, „daß die der Entscheidung des Revisionsgerichts unterliegende Rechtsfrage für den zukünftigen Prozeß als nichttragfähige Grundlage der Endentscheidung ausgeschlossen werden sollte. Es findet also auf Grund des Revisionsurteils *eine Trennung der Gesamtheit des Entscheidungsmaterials* statt mit dem Ergebnis, daß der abgetrennte Teil ... nicht mehr Gegenstand einer erneuten abweichenden Entscheidung sein kann". Adressat und

---

[131] Einwendungen des Beklagten *sind* ... als im Urkundenprozeß unstatthaft zurückzuweisen.

[132] Vgl. *Bötticher*, Die Gleichheit vor dem Richter, S. 9 ff., insbes. S. 15 ff.

[133] Die Bindung an aufhebende Entscheidungen im Zivil- und Strafprozeß, in: Festschrift für Nikisch, S. 205 ff., 211. *Schröder* weist dort auch auf die Verwandtschaft zu den Zwischenurteilen gemäß §§ 275, 304 ZPO hin.

II. Inhaltliche Einschnitte

Umfang dieser Bindungswirkung sind in § 565 Abs. 2 ZPO nur unzulänglich zum Ausdruck gebracht.

a) *Adressat* ist nämlich nicht nur das Berufungsgericht im Verhältnis zum Revisionsgericht, sondern auch das Gericht erster Instanz im Verhältnis zum Berufungsgericht. Dies wird aufgrund eines Analogieschlusses aus § 565 Abs. 2 ZPO gefolgert[134]; denn es ist offenbar unerträglich, daß sich das Untergericht stets aufs neue der Rechtsansicht des Obergerichts widersetzen darf. Unerträglich wäre ein solcher Widerspruch in Permanenz freilich nicht deswegen, weil das Obergericht etwa kraft höherer Weisheit oder gar als „vorgesetztes" Gericht Gehorsam erwarten darf. Unerträglich wäre eine solche Widersetzlichkeit vielmehr, weil sie mit dem Sinn und Zweck des Prozesses unvereinbar ist: den Streit durch eine richterliche Entscheidung zu beenden und den Rechtsfrieden wiederherzustellen. Dem Interesse der Partei ist genügt, wenn die Rechtsfrage in zwei oder gar drei Instanzen erörtert worden ist. Eine nochmalige Überprüfung steht ihr nicht zu.

Das Wiederholungsverbot gilt aber gerade auch für das Obergericht selbst[135]. Diese *„Selbstbindung"* hat *Bötticher* mit seinen Ausführungen über den Zwischenurteilscharakter der Revisionsentscheidung und die unmittelbare Anwendbarkeit des § 318 ZPO von der Annahme einer bloßen „Rückbindung" abgehoben[136]. Die Rückbindung ist von der Rechtsprechung und der Lehre überwiegend aus dem Grundgedanken des § 565 Abs. 2 ZPO entwickelt worden[137]. Eine nur sinngemäße Anwendung des § 565 Abs. 2 ZPO, die sich vorwiegend auf prozeßökonomische Überlegungen stützt, erweist sich gegenüber Erwägungen

---

[134] Vgl. *Arwed Blomeyer*, Zivilprozeßrecht, § 102 II 1, S. 545; BGHZ 25, 200, 203; a. A. *Götz*, JZ 1959, 689, der unabhängig von § 565 Abs. 2 ZPO der vom übergeordneten Gericht erlassenen Entscheidung Bindungswirkung insoweit beimißt, als sie *negativ* die Anwendung des beanstandeten Obersatzes verbietet (a.a.O., S. 688). Nur die *positive* Bindung, nämlich die Pflicht, die vom Revisionsgericht vorgeschriebene weitergreifende rechtliche Beurteilung zu beachten, folge aus § 565 Abs. 2 ZPO, der nicht analog anwendbar sei. Gegen diese Aufspaltung hat sich mit Recht *Bötticher* gewandt: Der Zwischenurteilscharakter des gemäß § 565 ZPO aufhebenden und zurückverweisenden Revisionsurteils und die sich hieraus ergebende Erstreckung der Bindung auf die Zurückweisung von Revisionsangriffen, MDR 1961, 805 ff., 807 Anm. 3.

[135] A. A. *Bettermann*, Anmerkung zu BVerfG DVBl. 1955, 21 f., 22 ff. unter 2.

[136] Vgl. MDR 1961, 805 ff.; ihm folgen insoweit *Stein-Jonas-Grunsky*, ZPO, § 565 Anm. II 2 f — *Schröder*, Festschrift für Nikisch, S. 207, betont zwar ebenfalls den Zwischenurteilscharakter, hält aber § 318 ZPO nicht für anwendbar (S. 209 f.), weil er sich nicht mit der Frage beschäftige, in welchem Umfange eine Instanz an ihre Entscheidung gebunden sei, wenn im Verlaufe des Instanzenzuges das Verfahren erneut zu ihr zurückkehre. Wichtig ist jedoch zunächst die Begründung für die Bindung überhaupt, während sich der Umfang sicher nicht einfach aus § 318 ZPO ablesen läßt.

[137] Vgl. BGHZ 25, 200, 204.

materieller Gerechtigkeit offenbar als weniger widerstandsfähig, als dies bei einer Berufung auf § 318 ZPO der Fall sein könnte. Nur so ist es nämlich erklärlich, daß sich das BVerwG[138] und das BSG[139] allein deswegen über die frühere Entscheidung hinweggesetzt haben, weil sie in der Zwischenzeit neue revisionsrichterliche Grundsätze herausgearbeitet hatten. Gegen diese Auffassung hat sich überwiegend Widerspruch erhoben[140].

b) Denkt man bei den anderen Zwischenurteilen in erster Linie daran, daß die Parteien nun mit neuen *Tatsachen* nicht mehr gehört werden, und vergißt dabei nahezu völlig, daß ihnen auch unabhängig hiervon das Vorbringen neuer *Argumente* gegen die im Urteil zugrundegelegte Rechtsauffassung verwehrt ist, *so beschränkt sich die Präklusion des zurückverweisenden Zwischenurteils allein auf die Rechtsfrage*. Stellt das Untergericht nach der Zurückverweisung ein anderes Sachverhältnis fest, so ist es in der Subsumtion wieder frei. Der Unterschied sei an folgendem Beispiel verdeutlicht: Ergeht ein prozessuales Zwischenurteil nach § 275 ZPO, das die Zulässigkeit des Rechtsweges bejaht, so darf der Beklagte, sofern er nicht das Zwischenurteil selbst zu Fall bringt, später weder Tatsachen noch Rechtsausführungen machen, die die Zulässigkeit in Zweifel ziehen. Stellt dagegen das Revisionsgericht die Zulässigkeit fest und verweist zurück, so ist das Berufungsgericht

---

[138] Der Leitsatz von BVerwGE 7, 159 ff. = JZ 1959, 220 ff. mit ablehnender Anmerkung von *Helmut Schmitt* lautet wie folgt:
„Die auf prozessualen Zweckmäßigkeitserwägungen beruhende *Übung* (Hervorhebung vom Verfasser) der Selbstbindung der Revisionsgerichte an die in einem zurückweisenden Urteil ausgesprochene rechtliche Beurteilung des Prozeßstoffes kann durchbrochen werden, wenn zwischen dem ersten und dem zweiten Rechtsgange neue revisionsrichterliche Grundsätze erarbeitet worden sind." In der Begründung lehnt das BVerwG die Anwendbarkeit des § 318 ZPO ausdrücklich ab (BVerwGE, a.a.O., S. 162 f.).

[139] NJW 1968, 1800. In NJW 1962, 1541 f. hatte das BSG die Selbstbindung noch mit einer anderen Begründung verneint. Dort hatte nicht der zuständige Senat, sondern der *Große Senat* die Rechtsfrage inzwischen anders entschieden. Das BSG glaubte nun, wenn es an seiner früheren Auffassung festhielte, die Sache ebenfalls dem Großen Senat vorlegen zu müssen, der dann doch seine Auffassung bestätigen würde. Das BSG hat jedoch verkannt, daß auch der Große Senat den § 318 ZPO respektieren muß. Die Vorlage ist daher nicht erforderlich, wenn der erkennende Senat nur infolge der Selbstbindung die abgelehnte Rechtsauffassung zugrunde legt (so ebenfalls KG JR 1958, 268, 269 f. mit zustimmender Anmerkung von *Sarstedt* für § 358 Abs. 1 StPO und § 121 Abs. 2 GVG; ferner *Schröder*, Festschrift für Nikisch, S. 224; vgl. auch BVerfGE 2, 406, 412 f.).

[140] *Bötticher*, MDR 1961, 806 f.; *Götz*, JZ 1959, 690; *Schröder*, Festschrift für Nikisch, S. 212 ff.; *Stein-Jonas-Grunsky*, ZPO, § 565 Anm. II 2 f; *Ule*, Verwaltungsgerichtsbarkeit, § 130 Anm. II a. E.; ebenso vor der Entscheidung des BVerwG BGH LM Nr. 3 zu § 675 BGB — a. A. *Eyermann-Fröhler*, VwGO, § 130 Anm. 14; *Redeker-v. Oertzen*, VwGO, § 130 Anm. 9; *Schunck - de Clerck*, VwGO, § 130 Anm. 3 c, jeweils ohne Begründung unter Hinweis auf die Rechtsprechung des BVerwG.

II. Inhaltliche Einschnitte

hieran gemäß § 565 Abs. 2 ZPO nur gebunden, sofern der Sachverhalt unverändert bleibt. Andernfalls ist das Untergericht sogar verpflichtet, die Rechtslage erneut zu überdenken[141].

Trotz dieser im Grunde einhellig gebilligten Auslegung finden sich in der Rechtsprechung hin und wieder Grenzüberschreitungen in den Bereich der Tatfrage, worauf *Hussla*[142] aufmerksam gemacht hat. In einem Amtshaftungsprozeß hatte der III. Senat des BGH[143] im ersten Durchgang eine Verantwortlichkeit der Schulleitung verneint und nur zurückverwiesen, damit das Berufungsgericht die Verantwortlichkeit der Lehrkräfte prüfe. Die Klägerin griff mit neuem Tatsachenvortrag den bereits verworfenen Klagegrund wieder auf. Dies wurde ihr vom BGH mit dem Satz verwehrt, die Klägerin könne die Unbegründetheit des zurückgewiesenen Klagegrundes auch nicht aufgrund neuer Tatsachen in Frage stellen. Er konnte sich hierfür auf den III. Senat des Reichsgerichts, RGZ 90, 23 ff., berufen[144]. Dort hatte das Revisionsgericht eine zur Aufrechnung gestellte Schadensersatzforderung dem Grunde nach bejaht, worauf das Berufungsgericht die Verhandlung nach der Zurückverweisung auf die Höhe dieses Gegenanspruchs beschränkte, obwohl neuer Tatsachenstoff auch zum Grund des Gegenanspruchs vorgetragen worden war. Dies Verfahren rügte die erneute Revision, wurde aber vom Reichsgericht hiermit nicht gehört. Es verneinte zwar die Bindungswirkung nach § 303 ZPO, der damals noch galt, bejahte aber die bindende Kraft des Revisionsurteils nach § 565 Abs. 2 ZPO. Das Berufungsgericht erledige die Sache, soweit es einer Erledigung überhaupt noch bedürfe[145]. Das Reichsgericht hat diese Präklusion von Tatsachenbehauptungen zum einen damit begründet, daß das Revisionsgericht „eigentlich den Rechtsstreit ... selbst erledigen sollte"[146], zum anderen auf Erwägungen der Prozeßökonomie gestützt[147].

Das Revisionsgericht kann den Prozeß jedoch nur dann selbst zu Ende führen, wenn es im Bereich der Rechtsfrage bleibt, wie sich aus

---

[141] In diesem Sinne hat das BAG kürzlich noch das LAG Berlin belehrt (vgl. AP Nr. 12 zu § 565 ZPO mit Anmerkung von *Bötticher*).

[142] *Hussla*, Die Bindungswirkung eines gemäß § 565 ZPO zurückverweisenden Revisionsurteils in der Rechtsprechung des Bundesgerichtshofs, DRiZ 1964, 33 ff., 35. Diese Tendenz wird von *Stein-Jonas-Grunsky*, ZPO, § 565 Anm. II 1 zu Fn. 9, leider nicht notiert.

[143] VersR 1962, 980 f.; *Hussla* verweist außerdem auf zwei unveröffentlichte Urteile desselben Senats.

[144] Das Urteil desselben Senats, RGZ 91, 134 ff., beruhte ebenfalls auf dieser Auffassung.

[145] a.a.O., S. 26.

[146] a.a.O., S. 25 f.

[147] a.a.O., S. 26, und zwar mit folgendem bemerkenswerten Satz: „Die gegenteilige Auffassung würde eine *unbeschränkte* und *unabsehbare* Wiederholung der Erörterung bereits *völlig* und *abschließend* erledigter Streitpunkte

§ 565 Abs. 3 Nr. 1 ZPO ergibt. Diesen angestammten Bereich verläßt es, wenn es seine Rechtsansicht auch dort durchsetzen will, wo es das weitere Verfahren der Tatsacheninstanz überlassen muß. Das Argument a maiore ad minus geht daher fehl: weil das Revisionsgericht möglichst den Rechtsstreit insgesamt erledigen sollte, darf es ohne Anhalt im Gesetz noch nicht über unselbständige Teilkomplexe bindend entscheiden. Eine solche Bindung stünde der des Zwischenurteils nach § 303 ZPO a. F. gleich[148], das vom Revisionsgericht nicht einmal hätte erlassen werden dürfen, weil es nach der eigenen Auffassung des Reichsgerichts nur einen vorweggenommenen Bestandteil der Entscheidungsgründe des Endurteils bilden könne, weswegen es im Falle der Zurückverweisung der unteren Instanz vorbehalten sei[149]. *Hussla* hat für die erweiterte Präklusionswirkung eine andere Parallele gezogen, die zusätzliche Bedenken weckt. Er verweist nämlich auf die angebliche Präklusionswirkung der Grundurteile hinsichtlich verworfener Klagegründe[150], die bereits oben im Gefolge von *Bötticher* ebenfalls als systemwidrig verneint worden ist[151].

So bleibt nur der Ruf nach *Prozeßökonomie,* mit dem sich der III. Senat des BGH als Argument zufrieden gibt[152]. Indessen kann die Zweckmäßigkeit nur *ein* Auslegungsgesichtspunkt neben anderen sein; sie darf nicht jedem Systemdenken vorgehen. Systemwidrig ist nicht nur der Übergriff der Revisionsinstanz in den Tatsachenbereich, sondern ebenso die Bejahung des Tatsachenausschlusses ohne Rücksicht auf ein Verschulden der Partei, obwohl es sich nicht um einen durch Teilurteil oder Zwischenurteil im Sinne der §§ 302, 304 ZPO abgeschlossenen Komplex handelt. Es darf daran erinnert werden, mit welcher Vorsicht der Gesetzgeber allmählich die Präklusion gemäß den §§ 279, 279 a, 529 ZPO verschärft hat. Diese Zurückhaltung gegenüber der punktuellen innerprozessualen Tatsachenpräklusion ist hier aufgegeben. Es zeugt von dem prozessualen Denken des Reichsgerichts, daß der III. Senat seine Rechtsprechung im Jahre 1942 ausdrücklich aufgegeben hat[153]. Hierauf hatte sich bereits der II. Senat des BGH berufen[154], ein Umstand, den der III. Senat des BGH leider übersehen hat[155].

---

ermöglichen, die ... *überhaupt* mit den Anforderungen einer *gesunden* Prozeßführung unvereinbar wäre und insbesondere eine *unerträgliche* Prozeßverschleppung zur Folge haben müßte" (Hervorhebungen vom Verfasser).

[148] Vgl. RG DR 1942, 1237, 1239; *Bötticher,* MDR 1961, 808 Anm. 5 und Anmerkung zu BAG AP Nr. 12 zu § 565 ZPO.
[149] RGZ 90, 25.
[150] DRiZ 1964, 35.
[151] S. 53 ff. — ferner *Arwed Blomeyer,* Zivilprozeßrecht, § 104 VII 3 b, S. 585.
[152] VersR 1962, 981.
[153] DR 1942, 1238.
[154] LM Nr. 1 zu § 565 Abs. 2 ZPO.
[155] Übersehen wird vom BGH auch, daß in RGZ 90, 23 ff. die Bejahung des Schadensersatzanspruchs dem Grunde nach wenigstens der Aufhebung

II. Inhaltliche Einschnitte

Mit diesen Ausführungen soll allerdings nicht gesagt werden, daß der Wunsch des BGH nach einer Präklusion von Tatsachenbehauptungen im zweiten Durchgang unberechtigt ist. Wird der Kommissionsentwurf 1967 mit seinem § 528 Gesetz, so kann das Berufungsgericht aus eigenem Recht entschiedener als bisher schuldhaft verspätetem Parteivorbringen entgegentreten, weil insbesondere das Tatbestandsmerkmal Verzögerung entfallen würde[156].

c) Unter dem Blickwinkel der Prozeßökonomie ist es nur konsequent, die Präklusionswirkung im Bereich der Rechtsfrage *über die unmittelbar der Aufhebung zugrundeliegenden rechtlichen Gesichtspunkte hinaus* anzuerkennen. Eine erweiterte Bindung an die Rechtsauffassung des Revisionsgerichts ist insofern weniger bedenklich, als das Gericht seiner eigentlichen Aufgabe nicht entfremdet wird. Hat etwa das Revisionsgericht dem Berufungsgericht in der Auslegung einer bestimmten Rechtsnorm entgegen einer Revisionsrüge ausdrücklich zugestimmt, so wirkt es befremdend, wenn beide Gerichte im zweiten Durchgang gleichwohl anders urteilen können. Der III. Senat des Reichsgerichts hat dies daher in der Tat zunächst für unzulässig erklärt[157], ist aber später wieder auf die allgemeine Linie eingeschwenkt[158].

Rechtsprechung und Lehre bejahen zum Teil eine Bindung hinsichtlich der *mittelbaren* Gründe jedenfalls insoweit, „als diese die notwendige Voraussetzung für die unmittelbaren Aufhebungsgründe waren"[159] bzw. „als die zur Aufhebung führenden Gründe zwingend vom Vorhandensein oder Fehlen anderer Erfolgsvoraussetzungen abhängen"[160]. Es kann nicht überraschen, daß diese nicht gerade durchsichtigen Formeln im Einzelfall zu Meinungsverschiedenheiten führen[161].

---

zugrunde lag, während in VersR 1962, 980 f. der ausgeschiedene Klagegrund (keine Verantwortlichkeit der Schulleitung) auch vom Berufungsgericht im ersten Durchgang nicht anders beurteilt worden war. — Ablehnend ebenfalls *Arwed Blomeyer*, Zivilprozeßrecht, § 104 VII 3 b, S. 585.

[156] Vgl. oben S. 42.

[157] JW 1918, 562 f. — Der Auszug ist leider unvollständig, was RGZ 94, 11, 16 hervorgehoben hat.

[158] Ausdrücklich in der bereits wiederholt zitierten wichtigen Entscheidung DR 1942, 1237, 1239.

[159] So der erste Leitsatz BAGE 10, 355 ff. = AP Nr. 1 zu § 565 ZPO mit im Ergebnis zustimmender Anmerkung von *Wieczorek* = MDR 1961, 885 mit ebenfalls im Ergebnis zustimmender Anmerkung von *Bötticher* — vgl. ferner *Hussla*, DRiZ 1964, 34 f. unter 4 mit Hinweis auf BGHZ 6, 76, 79 f.; 22, 370, 373 f.; LM Nr. 11 zu § 565 Abs. 2 ZPO.

[160] So *Stein-Jonas-Grunsky*, ZPO, § 565 Anm. II 2 b; ähnlich im Ergebnis *Rosenberg*, Zivilprozeßrecht, § 143 III 1 b, S. 716 f.

[161] Vgl. KG NJW 1962, 1114 f., BAGE 10, 355 ff. und BAGE 16, 21 ff. einerseits und *Stein-Jonas-Grunsky*, ZPO, § 565 Anm. II 2 b andererseits. — Kritisch gegenüber jeder Ausweitung *Arwed Blomeyer*, Zivilprozeßrecht, § 104 VII 3 b, S. 583 f., dem *Bettermann*, Die Beschwer als Rechtsmittelvoraussetzung, ZZP 82, 24 ff., 63 mit Anm. 107, zustimmt.

Sie würden vermieden, wenn man der auf Art. 3 Abs. 1 GG gegründeten These *Wieczoreks* zum Umfang der Bindungswirkung folgte, es gelte gleich, „ob das Revisionsgericht *aufhebt* (§ 565 II) *oder* die Ansicht des Berufungsgerichts *billigt* (vgl. § 318)"[162]. § 565 Abs. 2 ZPO enthält nun aber die Einschränkung der Bindung auf die rechtliche Beurteilung, *die der Aufhebung zugrunde liegt*. Sie läßt sich auch nicht als verfassungswidrig wegen eines Verstoßes gegen den allgemeinen Gleichheitssatz hinstellen, weil beide Parteien in gleicher Weise benachteiligt werden können, wenn sie im Vertrauen auf die Billigung im ersten Durchgang in die Revision gehen.

Bötticher, dem *Wieczoreks* These zu weit geht[163], will die engen Grenzen des § 565 Abs. 2 ZPO nicht eigentlich sprengen, sondern eher umgehen[164]. Er mißt der *Zurückweisung einer Revisionsrüge*[165] sowie der *ausdrücklichen Bejahung unverzichtbarer Sachurteilsvoraussetzungen*[166] auch ohne entsprechende Rüge die „Dignität eines bindenden Zwischenurteils"[167] zu. Nicht deutlich wird jedoch, ob und wie sich diese erweiterte Selbstbindung gemäß § 318 ZPO im Verhältnis zum Berufungsgericht durchsetzen soll. Nimmt man Bötticher beim Wort, so gründet die Bindung des Untergerichts allein auf § 565 Abs. 2 ZPO[168]. Diese Norm erfaßt aber nicht die zurückgewiesenen Revisionsrügen. Das Berufungsgericht beginge demnach keinen Verfahrensfehler, wenn es die Rechtsfrage anders beurteilt. Jedoch könnte es ein nobile officium sein, nicht eine erfolgreiche Revision zu provozieren; denn das Revisionsgericht wäre ja nach § 318 ZPO an seine bereits geäußerte Rechtsauffassung gebunden. An diesem Punkt des Gedankenganges stellt sich folgender Zweifel ein: Der Gesetzgeber hat in § 565 Abs. 2 ZPO die Grenzen der Bindung umschrieben, und erst von hier aus konnte überhaupt der Zwischenurteilscharakter des zurückverweisenden Revisionsurteils entwickelt werden. Daraus folgt nach meiner Ansicht, daß die Selbstbindung des Revisionsgerichts nicht weiter reichen kann als die Bindung des Untergerichts gemäß § 565 Abs. 2 ZPO[169]. Die

---

[162] ZPO, § 565 Anm. C III b 5.

[163] MDR 1961, 808 f. unter III 4.

[164] a.a.O., S. 808 unter III 2: „In der Tat ist es nicht § 565 Abs. 2, der einer Erneuerung des zurückgewiesenen Revisionsangriffs entgegensteht, sondern die Zurückweisung als solche; denn sie läßt sich zwanglos als weiterer Bestandteil des Revisionsurteils ausmachen."

[165] Ebenda, S. 808 f. unter III 3.

[166] Ebenda, S. 809 letzter Absatz. Die h. M. würde sagen, daß die Bejahung der Zulässigkeit der Zurückweisung in der Sache notwendig zugrunde liegt.

[167] Ebenda, S. 808 unter III 3.

[168] Ebenda, S. 807 Anm. 3.

[169] Hinter diesem Haupteinwand treten andere Bedenken zurück: *Arwed Blomeyer*, Zivilprozeßrecht, § 104 VII 3 b, S. 584, bezweifelt, daß die Revisionsrüge ein geeigneter Anknüpfungspunkt ist, weil die materiellrechtliche

I. Begriffsbestimmung

Selbstbindung ist demnach zwar aus § 318 ZPO herzuleiten, ihr Umfang ist jedoch aus § 565 Abs. 2 ZPO zu entnehmen. Auf diese Weise wird zugleich die Vorstellung vermieden, das Urteil des Revisionsgerichts sei gedanklich in selbständige Zwischenurteile über einzelne Revisionsrügen aufzuspalten. Im übrigen korrespondiert diese Beschränkung auch mit dem Sinnzusammenhang des Aufhebungsurteils, das auf die Durchsetzung der Rechtsauffassung nur insoweit *zielen* muß, als es dem Untergericht widerspricht. Von dieser Aufgabenstellung her gesehen handelt es sich bei der Zurückweisung von Revisionsrügen nicht mehr um tragende Gründe[170].

§ 4 Außerprozessuale Präklusion

Nach der *vor*prozessualen Präklusion (§ 2) und der *inner*prozessualen Präklusion mit ihrer besonderen Vielfalt (§ 3) gelten die folgenden Überlegungen der *außer*prozessualen Präklusion.

I. Begriffsbestimmung

Unter *außerprozessualer* Präklusion ist im Unterschied zur innerprozessualen Präklusion die Einschränkung *prozessualer* Befugnisse in einem *Folge*prozeß zu verstehen. Nicht gemeint ist eine *nicht*prozessuale, materiellrechtliche Präklusion. Man könnte auch von *nach*prozessualer Präklusion sprechen; doch scheint mir, daß sich die Parallele zu dem Begriffspaar „inner- und außerprozessuale Bindung"[1] besser einfügt.

Überprüfung von Amts wegen vorzunehmen sei (§ 559 Satz 2 ZPO). In der Tat ist das Revisionsgericht weder verpflichtet, Revisionsrügen zu bescheiden, noch ist seine Aufgabe hierauf beschränkt. Es leuchtet nicht ein, warum keine Präklusion eintritt, wenn im ersten Durchgang die vom Berufungsgericht vertretene Rechtsauffassung selbst vom Revisionskläger nicht angezweifelt worden ist und noch dazu die Billigung des Revisionsgerichts ausdrücklich gefunden hat.

[170] Bei dieser Sicht überrascht es nicht so sehr, daß die Kommentare zu § 144 Abs. 6 VwGO der einschränkenden Interpretation der Bindungswirkung folgen, obwohl § 144 Abs. 6 VwGO ohne jede Einschränkung davon spricht, daß das Gericht seiner Entscheidung die rechtliche Beurteilung des Revisionsgerichts zugrunde zu legen habe. Freilich scheinen sich die einschlägigen Kommentare nicht einmal der unterschiedlichen Wortlauts bewußt zu sein, was schon *Bötticher*, MDR 1961, 805 Anm. 1, kritisch angemerkt hat: vgl. etwa die seitdem erschienenen Neuauflagen von *Eyermann-Fröhler*, VwGO, § 144 Anm. 8; *Redeker-vonOertzen*, VwGO, § 114 Anm. 9; *Schunck - de Clerck*, VwGO, § 144 Anm. 4 d aa.

[1] Man vergleiche z. B. *Bötticher*, Kritische Beiträge, S. 145.

Diese außerprozessuale Präklusion tritt — wie ich als Ergebnis voranstellen möchte — in *drei Erscheinungsformen* auf:

1. Als *rechtskraftfremde* Präklusion: Sie besteht unabhängig von der formellen und schon deswegen auch von der materiellen Rechtskraft.
2. Als *Rechtskraft*-Präklusion: Sie ist das prozessuale Mittel zur Durchsetzung der materiellen Rechtskraft.
3. Als *rechtskraftergänzende* Präklusion: Sie sichert über eine selbständige Präklusionsnorm das formell-rechtskräftige Urteil über den Bereich der materiellen Rechtskraft hinaus gegen Angriffe ab.

Die drei Erscheinungsformen, deren Inhalt nunmehr an Hand der einschlägigen Normen zu verdeutlichen ist, werden zum Schluß dieses Paragraphen am Beispiel des § 323 ZPO noch einmal zusammenfassend aufgezeigt.

II. Rechtskraftfremde Präklusion

Bereits *Schwab* hat den Begriff „rechtskraftfremde Präklusion" verwandt[2]. Er versteht hierunter den Ausschluß von Tatsachen in einem neuen Verfahren, „die mit dem Prozeßstoff des ersten Prozesses nicht im Zusammenhang stehen"[3] und daher auch nicht „eine abweichende Feststellung des Prozeßstoffs der ersten Entscheidung zum Ziel haben"[4]. Als Beispielsfälle nennt er die §§ 616, 767 Abs. 3 ZPO und § 17 MSchG. Dieser Begriffsbestimmung bin ich nicht gefolgt, weil sie die Vorstellung wecken kann, diese Präklusion habe nach Voraussetzungen und Funktion weder mit der formellen noch mit der materiellen Rechtskraft etwas zu tun. Jedenfalls die §§ 616 ZPO und 17 MSchG entfalten ihre Wirkung wie § 322 ZPO erst nach Eintritt der formellen Rechtskraft,

---

[2] Streitgegenstand, S. 170, 198 (vgl. auch *Arwed Blomeyer*, Zivilprozeßrecht, § 90 V, S. 474 und § 120 IX 3, S. 687). *Schwab* geht es um die Abgrenzung zur Präklusion
a) *vorgetragener* Tatsachen, die er — wenn ich ihn recht verstehe — aus § 322 Abs. 1 ZPO herleitet (S. 153 f.); sie wird auf S. 162 als „Entscheidungswirkung" bezeichnet;
b) *nicht vorgetragener* Tatsachen, die aber mit dem Prozeßstoff des ersten Prozesses *in Zusammenhang* stehen. Dieser Ausschluß sei zwar auch Folge der Rechtskraft (S. 169), lasse sich aber nur mit Vorsicht aus den §§ 323 Abs. 2 und 767 Abs. 2 ZPO als allgemeines Prinzip entwickeln (S. 162 ff., insbes. S. 165).
Auf diese Differenzierung wird noch zurückzukommen sein (vgl. unten S. 91 ff.).

[3] a.a.O., S. 170.

[4] a.a.O., S. 198.

und sie sollen eine Neuauflage des Rechtsstreits um des Rechtsfriedens willen wie die Rechtskraft-Präklusion verhindern. Deswegen sollte man hier besser von *rechtskraftergänzender* Präklusion sprechen, sofern es sich nicht überhaupt um Rechtskraft-Präklusion handelt[5]. Die enge Verwandtschaft kann nicht deutlicher zum Ausdruck gelangen als in Schwabs Vorschlag, „den Ausschluß nicht vorgetragener Tatsachen, die vorgebracht werden konnten, *gesetzlich*[6] als Wirkung der Rechtskraft zu bezeichnen"[7]. *Rechtskraftfremd* sind für mich nur die Präklusionswirkungen, die in einem Folgeprozeß unabhängig von der formellen Rechtskraft des ersten Urteils eintreten. In noch stärkerem Maß der Rechtskraft fern steht selbstverständlich die vor- und innerprozessuale Präklusion. Diese bedarf — im Gegensatz zur außerprozessualen Präklusion — jedoch nicht einmal des abgrenzenden Attributs.

1. § 767 Abs. 2 ZPO

Erstes Beispiel für die rechtskraftfremde Präklusion sei der stets vornehmlich für die Bestimmung der zeitlichen Grenzen der materiellen Rechtskraft herangezogene *§ 767 Abs. 2 ZPO*, wobei auf den Sonderfall des unterlassenen Einspruchs gegen ein erlassenes Versäumnisurteil sogleich besonders einzugehen sein wird. Das Attribut „rechtskraftfremd" mag denjenigen verwundern, der sich an das Wort *Rosenbergs* von der „lex fugitiva" erinnert, die zu § 322 Abs. 1 ZPO gehöre[8]. § 767 Abs. 2 ZPO hat jedoch seinen Platz durchaus zu Recht im Buch der Zwangsvollstreckung gefunden[9]: Weil § 767 ZPO die Vollstreckungsabwehr regelt, ist er nur auf den Gegenangriff gegen *Leistungsurteile* gemünzt. Präkludiert werden demzufolge auch nur *Einwendungen des früheren Beklagten*, was Rosenberg einräumt[10]. Schon diese Beschränkungen der Präklusionswirkung schließen den Gedanken aus, in § 767

---

[5] So bejaht *Bötticher* die Rechtskraftwirkung des § 616 ZPO, sieht sie jedoch eingeschränkt auf die Tatsachen, die subjektiv geltend gemacht werden konnten (vgl. Zur Lehre vom Streitgegenstand im Eheprozeß, in: Festgabe für Rosenberg, S. 92; ZZP 77, 485). Auch hierauf wird zurückzukommen sein.

[6] Hervorhebung vom Verfasser.

[7] a.a.O., S. 198.

[8] Die Präklusionswirkung von Urteilen, SJZ 1950, 313 ff., 314; zustimmend *Arwed Blomeyer*, Zivilprozeßrecht, § 90 I, S. 467.

[9] Deshalb konnte *Zeuner*, Die objektiven Grenzen der Rechtskraft, S. 103, bei der Frage, ob die materielle Rechtskraft auch nicht ausgeübte Gestaltungsrechte präkludiere, wenn sie zur Zeit der letzten Tatsachenverhandlung bestanden haben, das Problem der Vollstreckungsgegenklage ganz beiseite schieben. Vgl. hierzu unten § 8 I.

[10] SJZ 1950, 316.

Abs. 2 ZPO seien die zeitlichen Grenzen der materiellen Rechtskraft *allgemein* geregelt[11].

Immerhin ist es vorstellbar, daß § 767 Abs. 2 ZPO aus allgemeinen Rechtskraftprinzipien die Folgerung gerade für die Vollstreckungsgegenklage zieht, so daß von einer rechtskraftfremden Präklusion nicht gesprochen werden dürfte. Die Vorstellung, daß die Präklusion gemäß § 767 Abs. 2 ZPO in der Rechtskraft-Präklusion aufgeht, soll auch nicht angezweifelt werden, soweit sich die Vollstreckungsabwehrklage gegen *rechtskräftige* Leistungsurteile richtet[12]. Diesem Verhältnis von Grund und Folge hat das Reichsgericht[13] frühzeitig mit seinem Bekenntnis zur *objektiven* Auslegung[14] der Präklusionsnorm Rechnung getragen: „Aber der *Grund,* aus welchem einem Urteile gegenüber, wenn die Möglichkeit neuen thatsächlichen Vorbringens in einem neuen Rechtszuge nicht mehr gegeben ist, der von dem Urteile Betroffene mit der Behauptung, daß er infolge seiner *mangelhaften Kenntnis* nicht alle seine Rechtsbehelfe in dem Rechtsstreite habe vorbringen können, nicht gehört wird, liegt in dem Schutze, auf den *ein der Rechtskraft fähiges* Urteil neuem thatsächlichem Vorbringen gegenüber Anspruch haben muß[15]."

Nur zu leicht wird jedoch die *andere* Seite des § 767 Abs. 2 ZPO übersehen, daß nämlich die Präklusionswirkung bereits von nur *vorläufig vollstreckbaren* Urteilen ausgeht, die durchaus noch mit Erfolg angefochten werden können. Die strenge *objektive* Präklusionsnorm gilt demnach ebenfalls unabhängig von formeller und damit materieller Rechtskraft und ist *insoweit rechtskraftfremd.* Mit dieser der materiellen Rechtskraft vorausgehenden Präklusion wird sichergestellt, daß der frühere Beklagte nicht vor Eintritt der formellen

---

[11] In diesem Sinne auch *Hoegen,* Rechtskraftwirkung und Präklusionswirkung, S. 111 f., 135 f., der sich gegen die These *Rosenbergs* (a.a.O., S. 314) wendet, der Grund der Präklusionswirkung sei nicht in § 322 Abs. 1, sondern in § 767 Abs. 2 ZPO zu suchen.

[12] An diese Seite des § 767 Abs. 2 ZPO hat *Hellwig,* Wesen und subjektive Begrenzung der Rechtskraft, S. 12 Anm. 29, gedacht: „Es ist bedauerlich, daß die CPO diesen wichtigen Rechtskraftgrundsatz nicht *generell ausspricht,* sondern nur gelegentlich der Frage, wie gegenüber einer nicht mehr zutreffenden Verurteilung zu einer Leistung zu verfahren ist (§§ 767/8), *anwendet."* Auch für *Bruns,* Zwangsvollstreckungsrecht, § 14 I 1, S. 59, ist „die *Beschränkung* des § 767 Abs. 2 ... für Endurteile ... eine selbstverständliche Folge der *Rechtskraft."* Vgl. ferner *Richard Schmidt,* Zivilprozeßrecht, S. 757.

[13] Urteil vom 4. 7. 1889, RGZ 24, 368, 371.

[14] Daß § 767 Abs. 2 ZPO grundsätzlich alle Tatsachen ohne Rücksicht auf die Kenntnis des Beklagten präkludiert, wenn sie nur zur letzten Tatsachenverhandlung objektiv vorlagen, ist heute allgemeine Meinung. Streitig ist nur, ob bei den nicht ausgeübten Gestaltungsrechten ausnahmsweise auf die Kenntnis vom Gestaltungsrecht abgestellt werden soll (vgl. unten S. 167).

[15] Hervorhebungen vom Verfasser.

Rechtskraft mit der Vollstreckungsgegenklage Einwendungen vorbringen kann, die während des Folgeprozesses gleichsam von der materiellen Rechtskraft des ersten Prozesses doch „überrollt" würden: denn die rechtskräftige Entscheidung des Vorprozesses müßte unabhängig von § 767 Abs. 2 ZPO zugrunde gelegt werden.

Handelt es sich um ein Leistungsurteil erster Instanz, so wird man dem Beklagten möglicherweise raten müssen, in die für ihn kostspieligere[16] Berufung zu gehen; denn dort droht ihm die Präklusion nicht vorgetragener alter Tatsachen gemäß § 529 Abs. 2 ZPO nur dann, wenn ihm *subjektiv* grobe Nachlässigkeit vorgeworfen werden kann, von allen anderen Voraussetzungen und Imponderabilien der Ermessensausübung einmal abgesehen. Ähnliches gilt für den Aufrechnungseinwand, wenn die Aufrechnungslage schon vor der letzten Tatsachenverhandlung erster Instanz bestanden hatte. Kann hier der Beklagte in der Berufungsinstanz noch auf Berücksichtigung hoffen, weil das Gericht dies für sachdienlich hält (§ 529 Abs. 5 ZPO), so hat er diese Chance nach der Rechtsprechung bei der Vollstreckungsgegenklage nicht[17]. Die in § 635 Abs. 2 des Entwurfs der CPO noch nicht vorgesehene Befugnis, statt der Berufung die Vollstreckungsgegenklage zu wählen[18], kann sich also durchaus nachteilig auswirken, weil die Berufungsfrist in der Zwischenzeit abläuft.

2. Der Sonderfall des Versäumnisurteils in § 767 Abs. 2 ZPO

Hoegen hat sich bei der Suche nach „gesetzlicher Präklusion über die Rechtskraft hinaus"[19] zunächst dem *Sonderfall* des § 767 Abs. 2 ZPO zugewandt, daß nach der letzten mündlichen Verhandlung entstandene Einwendungen nicht mehr durch *Einspruch* gegen das ergangene *Versäumnisurteil* geltend gemacht werden können[20]. Er entscheidet sich für die Auslegung, die dem Beklagten das Vorbringen dieser Einwendungen mittels der *Vollstreckungsgegenklage für immer* verwehrt[21],

---

[16] Vgl. §§ 34 GKG, 11 Abs. 2 Satz 2 BRAGebO.

[17] BAG NJW 1965, 1007; BGHZ 24, 97, 98; 34, 274, 279 f. Vgl. hierzu auch unten S. 163 ff.

[18] Der Entwurf gab der Berufung noch den Vorrang auch für neu entstandene Einwendungen: „und durch Einspruch oder Berufung nicht mehr geltend gemacht werden können." Die Kommission strich die Berufung heraus, um den Beklagten nicht in die höhere Instanz zu drängen (vgl. *Hahn*, Materialien II, 1, S. 817 f.).

[19] So die Überschrift von § 5 seiner Dissertation.

[20] Ebenda, S. 88 ff.

[21] *Hoegen* meint, dies habe die ausgezeichnete Entscheidung des Reichsgerichts RGZ 55, 187 ff. mit absoluter Bündigkeit dargetan (S. 90). Im gleichen Sinne hatte bereits RGZ 40, 352 ff. gegen die damals herrschende Meinung

falls der Einspruch noch möglich gewesen wäre, und lehnt die Gegenmeinung ab, die dem Einspruch nur während des Laufs der Einspruchsfrist, also *dilatorisch* den Vorrang einräumt[22]. Zahlt der Beklagte nach Erlaß des Versäumnisurteils und vor Ablauf der Einspruchsfrist, so kann er nach der ersten Auffassung selbst nach Ablauf der Einspruchsfrist gegen etwaige Vollstreckungsversuche des Gläubigers nicht mit der Vollstreckungsgegenklage vorgehen[23]. Nimmt man dies Ergebnis hin, so steht man tatsächlich vor der von Hoegen herausgestellten Diskrepanz zu den allgemeinen Rechtskraftgrundsätzen: „Das Vorbringen von Einwendungen gegen die res iudicata, deren Gründe erst nach der letzten mündlichen Verhandlung entstanden sind, verstößt *nicht* gegen die *Rechtskraft* ... Insoweit überspringt § 767 Abs. 2 [ZPO] also die *zeitliche Grenze* der Rechtskraft[24]."

Diese zusätzliche Präklusionswirkung wäre als *rechtskraftfremd* zu bezeichnen, denn sie wäre nicht auf das Versäumnisurteil zurückzuführen und schränkte nur die Zulässigkeit der Vollstreckungsgegenklage ein. Der Beklagte könnte nicht nur mit Erfolg eine negative Feststellungsklage erheben[25], was *Hoegen* einräumt[26], sondern auch nach erfolgter Vollstreckung kondizieren oder gar Schadensersatz fordern[27].

In dieser Konsequenz zeigt sich jedoch die Schwäche der auf den ersten Blick sicherlich überzeugend begründeten Entscheidung des Reichsgerichts. Muß dem Dogmatiker schon die Abkehr von den allgemeinen Rechtskraftgrundsätzen die Frage nahelegen, ob diese Auslegung

---

(S. 353 Anm. 1) entschieden, die sich durch dieses erste Urteil aber nicht hat beeindrucken lassen (RGZ 55, 189); RGZ 104, 228, 229 ist dieser Rechtsprechung für § 323 Abs. 2 ZPO gefolgt. In der Literatur wird diese Auffassung des Reichsgerichts z. B. gebilligt von *Lent-Jauernig*, Zwangsvollstreckungs- und Konkursrecht, § 12 II, S. 37; *Rosenberg*, Zivilprozeßrecht, § 183 III 2 a, S. 964; *Schönke-Baur*, Zwangsvollstreckungs-, Konkurs- und Vergleichsrecht, § 43 III 1 c, S. 182; *Thomas-Putzo*, ZPO, § 767 Anm. 6; *Wieczorek*, ZPO, § 767 Anm. D I c 1.

[22] KG JW 1921, 755 f. mit ablehnender Anmerkung von *Rudolf Schultz* (die Begründung des KG ist freilich lapidar: die Gegenmeinung werde dem praktischen Bedürfnis nicht gerecht und sei auch durch den Wortlaut nicht geboten). Dem Reichsgericht widersprechen in der Literatur z. B. *Baumbach-Lauterbach*, ZPO, § 767 Anm. 4 C; *Bruns*, Zwangsvollstreckungsrecht § 14 I 2, S. 59 f.; *Stein-Jonas-Schönke-Pohle*, ZPO, § 767 Anm. II 3 mit Fußnote 52.

[23] Damit verliert der Schuldner zugleich den Schutz durch die einstweiligen Maßnahmen nach § 767 ZPO.

[24] Ebenda, S. 91.

[25] Ohne das Privileg des § 769 ZPO: Der Schuldner kann daher vorläufigen Schutz nur dadurch erlangen, daß er außerdem noch eine einstweilige Verfügung beantragt, was der BGH bei einer auf § 826 BGB gestützten Klage gegen die Vollstreckung aus einem rechtskräftigen Urteil für zulässig erklärt hat (BGHZ 50, 115, 122).

[26] Ebenda, S. 91 f.

[27] RGZ 55, 194; *Rosenberg*, Zivilprozeßrecht, § 183 III 2 a, S. 964.

II. Rechtskraftfremde Präklusion

zutreffen kann, während § 767 Abs. 2 ZPO sonst zu einem Anwendungsfall der Grundsätze der Rechtskraftwirkungen deklariert wird, so muß sie erst recht den Praktiker auf den Plan rufen. Soll doch der Gesetzgeber hier verordnet haben, der Schuldner könne zu einer Zahlung gezwungen werden, die er sogleich zurückfordern dürfe, ohne mit der materiellen Rechtskraft zu kollidieren.

Der Schuldner kann auch nicht etwa darauf verwiesen werden, daß er ja vorsorglich hätte Einspruch einlegen können. Wozu sollte der Schuldner diese zusätzlichen Kosten aufwenden, wenn er mit einem redlichen Verhalten des Gläubigers rechnet? In § 635 Abs. 2 des Entwurfs der CPO war die Berufung noch dem Einspruch gleichgestellt[28]: Sollte der in der ersten Instanz verurteilte Beklagte, der vor dem Ablauf der Berufungsfrist zahlt, vorsorglich Berufung einlegen müssen? Gerade gegen diesen Zwang zu einem in der Regel unnötigen Rechtsbehelf haben sich die Motive zu § 796 Abs. 2 ZPO für den verwandten Fall des Vollstreckungsbehelfs eindeutig ausgesprochen[29]. *Solange* der Einspruch gegen den Vollstreckungsbefehl noch möglich ist, würde man ihm sicherlich auch hier, obwohl er nicht erwähnt ist, den Vorrang einräumen, und zwar in Analogie zu § 767 Abs. 2 ZPO, weil das Einspruchsverfahren einfacher und billiger ist[30].

Daß die Auslegung des § 767 Abs. 2 ZPO durch die Gegenmeinung im Sinne eines nur dilatorischen Vorrangs des Einspruchs mit dem *Wortlaut* („geltend gemacht werden *können*" statt „*konnten*") vereinbar ist, wird nicht bezweifelt, zumal der Wortlaut von ihr sogar als unumstößliches Argument angerufen worden ist[31]. Hierfür spricht ebenfalls folgender Passus aus den Motiven: „Der Entwurf läßt den Schluß derjenigen mündlichen Verhandlung entscheiden, in welcher Einwendungen prozessualisch spätestens hätten geltend gemacht werden müssen; die nach diesem Zeitpunkte neu entstandenen *und* durch Einspruch oder Berufung *nicht mehr geltend zu machenden* Einwendungen werden zugelassen[32]." Nicht *mehr* geltend zu machen sind nämlich

---

[28] Vgl. oben S. 69 Fn. 18.

[29] „... Was aber die nach Zustellung des Vollstreckungsbefehls entstandenen Einwendungen angeht, so ist es billig, sie allgemein zuzulassen, ohne Rücksicht darauf, ob sie durch Einspruch hätten geltend gemacht werden können oder nicht. Der Schuldner, welcher nach Zustellung des Vollstreckungsbefehls zahlt, würde sonst genöthigt sein, Einspruch zu erheben, um sich gegen eine etwaige spätere Exekution zu sichern." Vgl. *Hahn*, Materialien I, 1, S. 447.

[30] Damit ist dem Umkehrschluß des Reichsgerichts in RGZ 55, 192 f. der Boden entzogen. Für den Vollstreckungsbefehl war nämlich noch das zusätzliche Problem zu lösen, welcher Zeitpunkt dem Schluß der mündlichen Verhandlung entsprechen sollte.

[31] Vgl. RGZ 55, 193 f., das mit dem Wortlaut gleichsam ringt.

[32] *Hahn*, Materialien I, 1, S. 438.

solche neuen Einwendungen, die an sich vor Ablauf der Einspruchs- bzw. Berufungsfrist im alten Prozeß hätten geltend gemacht werden können.

So bleibt als letzte und stärkste Stütze für den absoluten Vorrang des Einspruchs die Erwägung übrig, der Gesetzgeber könne keine Norm haben schaffen wollen, die praktisch leerlaufe; denn bis zur letzten mündlichen Verhandlung über die Vollstreckungsgegenklage sei die Einspruchsfrist jedenfalls abgelaufen[33]. Diese relative Bedeutungslosigkeit des Schlußteils von § 767 Abs. 2 ZPO ist jedoch erst eine Folge der Streichung der Berufung[34]; denn ein dilatorischer Vorrang der Berufung wäre angesichts der Länge der Berufungsfrist von einem Monat, die zudem allein durch die Zustellung des Urteils in Lauf gesetzt wurde[35], erheblich bedeutsamer gewesen. Während dieser Zeit hätte der Schuldner durchaus in die Berufungsinstanz „gedrängt" werden können, schon um vorweg einen Antrag zur vorläufigen Vollstreckbarkeit (§ 718 ZPO) zu stellen, da ihm der Weg über die §§ 767, 769 ZPO verwehrt war[36]. Gerade weil man hierzu den Schuldner keinesfalls nötigen wollte, hat man den Vorrang der Berufung entfallen lassen[37]. Der dilatorische Vorrang des Einspruchs schließt im übrigen immer noch aus, daß der Schuldner Einspruch einlegt *und* Vollstreckungsgegenklage erhebt.

Nach allem ist der Gegenmeinung zuzustimmen, daß die Vollstreckungsgegenklage *nur bis zum Ablauf der Einspruchsfrist unzulässig ist*[38]. *Bruns* spricht anschaulich von einem „schlicht praktischen Regelungsgedanken, hinter dem sich keine Geheimnisse verbergen"[39]. Der Vorrang des Einspruchs ist *relativ*, nicht absolut[40]. Er endet ohne zusätzliche Präklusionssanktion mit dem Eintritt der formellen Rechtskraft, so daß *Hoegen* nicht gefolgt werden kann, wenn er insoweit

---

[33] RGZ 55, 191; *Lent-Jauernig*, Zwangsvollstreckungs- und Konkursrecht, § 12 II, S. 37; *Schönke-Baur*, Zwangsvollstreckungs-, Konkurs- und Vergleichsrecht, § 43 III 1 c, S. 182; *Rosenberg*, Zivilprozeßrecht, § 183 III 2 a, S. 964.

[34] Vgl. oben S. 69 Fn. 18.

[35] Die Fünfmonatsfrist des § 516 ZPO g. F. ist erst durch die Novelle von 1924 eingeführt worden (vgl. *Stein-Jonas-Grunsky*, ZPO, § 516 Anm. I).

[36] Das Reichsgericht hat folglich auch diese Änderung im Entwurfsstadium nicht unter dem richtigen Blickwinkel ausgewertet (vgl. RGZ 40, 354 f.; 55, 192).

[37] *Hahn*, Materialien II, 1, S. 817 f.

[38] Diese Auslegung gilt (entgegen RGZ 104, 228 ff.) in gleicher Weise für § 323 Abs. 2 ZPO, der § 767 Abs. 2 ZPO nachgebildet ist (vgl. *Hahn*, Materialien VIII, S. 103 f.).

[39] Zwangsvollstreckungsrecht, § 14 I 2, S. 60.

[40] So aber im Falle des § 582 ZPO; vgl. *Bruns*, Zwangsvollstreckungsrecht, § 14 I, 2, S. 59.

in § 767 Abs. 2 ZPO „einen Fall gesetzlicher Präklusion über die Rechtskraft hinaus" sieht, *„bewirkt durch Umgehung der zeitlichen Grenze der Rechtskraft"*[41]. *Rechtskraftfremd* ist § 767 Abs. 2 ZPO als Präklusionsnorm nur insofern, als er schon *vor* Eintritt der formellen Rechtskraft seine Wirkung entfaltet.

3. § 767 Abs. 3 ZPO

Rechtskraftfremd konzipiert war § 767 Abs. 3 ZPO ursprünglich unter zwei Gesichtspunkten: Die Präklusionswirkung sollte erstens nur *zur Zeit der Klageerhebung bestehende Einwendungen* betreffen, zu deren Geltendmachung der Schuldner subjektiv[42] imstande war, also nicht auch diejenigen, die nachträglich bis zur letzten Tatsachenverhandlung noch geltend gemacht werden konnten. Die Präklusionswirkung sollte zweitens inner- und außerprozessual schon eintreten, wenn die Einwendungen nicht in die *Klageschrift* aufgenommen sind[43].

a) Daß die Zäsur für die betroffenen Einwendungen *und* ihre Geltendmachung *einheitlich mit der Zustellung der Klageschrift* begründet werden sollte, ergibt sich aus Wortlaut und Entstehungsgeschichte[44]. Das Gesetz spricht zwar nicht von der Klageschrift, sondern von der „zu erhebenden Klage"; jedoch gibt § 253 Abs. 1 ZPO die Legaldefinition: „Die Erhebung der Klage erfolgt durch Zustellung eines Schriftsatzes (Klageschrift)." Der Gesetzgeber war sich der Tatsache bewußt, daß eine mildere Haltung hinsichtlich des für die Geltendmachung der Einwendung maßgeblichen Zeitpunkts aus systematischen Gründen ausscheiden mußte. Da er nämlich in jeder Einwendung einen selbständigen Klagegrund sah[45], wurde der Streitgegenstand von vornherein

---

[41] Ebenda, S. 92.

[42] Die Protokolle zum Norddeutschen Entwurf, IV, S. 2002, auf die die Motive zur CPO (*Hahn* I, 1, S. 437) Bezug nehmen, sprechen von allen Einreden, „welche dem Exzipienten *zur Zeit der Erhebung der Klage bekannt waren oder bekannt sein mußten.* Der Antrag, diese Vorschrift auf alle ... bereits *entstandenen* Einreden zu erweitern", ... blieb „in der Minderheit". Die subjektive Auslegung entspricht der heute nicht mehr angezweifelten Meinung: vgl. *Bötticher*, Anmerkung zu BGH JZ 1966, 614 f., 617; *Habscheid*, Streitgegenstand, S. 300 f.; *Schwab*, Streitgegenstand, S. 164: „alle ihm bekannten Einwendungen"; *Zeuner*, Anmerkung zu BGH ZZP 74, 187 ff., 192.

[43] Dieselben Grundsätze gelten heute für die Berufungsschrift an das Landesarbeitsgericht: § 67 ArbGG.

[44] *Baumgärtel-Scherf*, Zur Problematik des § 767 Abs. 3 ZPO, JR 1968, 368 ff.; *Bötticher*, Anmerkung zu OLG Celle, MDR 1963, 932, 933; vgl. auch *Habscheid*, Streitgegenstand, S. 300 Anm. 53.

[45] *Hahn*, Materialien I, 1, S. 437; RGZ 55, 101, 103 — und in gleichem Sinne BGH JZ 1966, 614, 615 mit kritischer Stellungnahme von *Bötticher* = ZZP 79, 460 ff. mit kritischer Anmerkung von *Schwab* (vgl. auch den Parallelfall BGH NJW 1967, 107 mit Anmerkung von *Schlechtriem*); ferner BGH JR 1968,

mit der Klageschrift fixiert und beschränkt, „ohne durch theilweise Herstellung der Eventualmaxime Besonderheiten des Verfahrens einzuführen"[46]. Wollte der Kläger nachträglich noch eine Einwendung geltend machen, so war er gemäß § 235 Abs. 2 CPO 1877 auf die *Einwilligung* des Beklagten zur Klageänderung angewiesen. Diese würde der Beklagte — also der Gläubiger mit einem *titulierten* Anspruch — aber ohnehin nie erteilen, da er auf diese Weise die Geltendmachung des Einwands für immer verhindern konnte[47]. So gesehen hätte es eines Zwangs zur Konzentration der Einwendungen in der Klageschrift nicht bedurft. Es genügte durchaus, dem Kläger den Weg zu einem zweiten Prozeß zu versperren. Die *innerprozessuale* Kumulierung als bloße Nebenfolge des Klageänderungsverbots scheint auch in folgendem Satz der Motive zum Ausdruck zu kommen: „Neben der *mit der Form der Klage*[48] erreichten Beschränkung des Verfahrens auf die der Klage zum Grunde liegenden Einwendungen sichert noch weiter die Nothwendigkeit der Kumulierung aller zeitig vorhandenen Einwendungen in *einer* Klage (§ 635 Abs. 3) die Energie der Vollstreckung[49]."

Das Reichsgericht hat sich denn auch auf diesen Passus berufen, als es die Geltendmachung nicht in die Klageschrift aufgenommener Einwendungen in den Grenzen des § 264 ZPO 1898 nachträglich zuließ[50]. Inzwischen war nämlich durch die Novelle von 1898 die Klageänderung nicht mehr von der Einwilligung des Beklagten abhängig, „wenn nach dem Ermessen des Gerichts durch die Änderung die Vertheidigung des Beklagten nicht wesentlich erschwert wird". Entgegen der ursprünglichen Rechtslage ist der Streitstoff fortan nicht mehr von vornherein fixiert, sondern der Beklagte muß es hinnehmen, daß die Präklusion neuer Ansprüche innerprozessual vom Ermessen des Gerichts abhängt. Was diese Erleichterung der Klageänderung, die sich in dem 1924 eingeführten Begriff der Sachdienlichkeit fortgesetzt hat, für den Gläubiger mit einem vollstreckbaren Titel bedeutet, hat das Reichsgericht nicht erkannt. Zwar meint es, daß die Änderung der Klage ohnehin nur insoweit zuzulassen sei, als es ohne Schädigung der Interessen des

---

386 mit der Kritik von *Baumgärtel-Scherf,* JR 1968, 368 ff. Daß jede Einwendung einen besonderen Streitgegenstand bilde, nehmen z. B. außer der Rechtsprechung ebenfalls *Habscheid,* Streitgegenstand, S. 300, *Stein-Jonas-Schönke-Pohle,* ZPO, § 767 Anm. V, an (a. A. *Stein-Jonas-Pohle,* ZPO, Einl. E III 2 d).

[46] *Hahn,* Materialien I, 1, S. 437.

[47] Anders liegt es bei den Einwendungen, die der Schuldner subjektiv nicht früher geltend machen konnte oder die erst nach Klageerhebung entstanden sind. Hier konnte dem Gläubiger daran gelegen sein, einen zweiten Prozeß zu vermeiden, indem er in die Klageänderung einwilligte.

[48] Hervorhebung vom Verfasser.

[49] *Hahn,* Materialien I, 1, S. 437.

[50] RGZ 55, 104.

II. Rechtskraftfremde Präklusion

Beklagten geschehen könne[51]. Die Präklusion des nicht in der Klageschrift geltend gemachten Einwands wird aber im Fall der Vollstreckungsgegenklage stets im Interesse des *beklagten Gläubigers* liegen. So war es auch in dem konkreten Fall: Der Kläger hatte sich zuerst auf Zahlung und sodann während des Prozesses erst auf einen ihn begünstigenden Vergleich berufen. Hätte das Reichsgericht diesen Einwand nicht mehr zugelassen, so hätte der Schuldner die Vollstreckung dulden müssen und eine zweite Vollstreckungsgegenklage hätte § 767 Abs. 3 ZPO präkludiert. Dasselbe muß aber auch von einer auf den präkludierten Einwand gestützten sonstigen Klage des Schuldners gelten; denn § 767 Abs. 3 ZPO ist ergänzend dahin auszulegen, daß der Schuldner nicht den Ausschluß der Einwendungen umgehen kann, indem er nach einer ersten durch sein Verschulden erfolglosen Vollstreckungsgegenklage nunmehr negative Feststellungsklage oder gar eine Rückforderungsklage erhebt. Dem Gesetzgeber kann nicht unterstellt werden, er habe nur die zweite Vollstreckungsgegenklage blockieren wollen, es dagegen zugelassen, daß dieselben Tatsachen zum Angelpunkt eines gewöhnlichen Prozesses gemacht werden. Verbraucht werden eben nicht nur prozessual zulässige, sondern auch unzulässige Einwendungen (vgl. §§ 279, 529 Abs. 2 ZPO)[52], sofern dem Einwand nicht noch ein selbständiger Anspruch zugrunde liegt, wie dies bei der Aufrechnung mit der Gegenforderung der Fall ist[53].

Da diese Präklusion im Folgeprozeß nicht davon abhängt, daß das Urteil im Vorprozeß rechtskräftig ist, handelt es sich — *nach der Konzeption des Gesetzgebers* — um *rechtskraftfremde* Präklusion. Deswegen ist es aber auch nur folgerichtig, das *subjektive* Präklusionsprinzip ebenfalls für die negative Feststellungsklage oder Leistungsklage anzuerkennen, die an Stelle der zweiten Vollstreckungsgegenklage erhoben wird[54]. Für die allgemeinen Rechtskraftgrundsätze ist erst dort Raum, wo es sich um zugelassene, aber verworfene Einwendungen handelt, die erneut vorgebracht werden[55]. Aus diesen Überle-

---

[51] Auf die dem Schuldner damit eröffnete Verzögerungstaktik weist auch *Schlechtriem*, NJW 1967, 108, hin.

[52] Vgl. oben S. 40.

[53] *Bötticher*, JZ 1966, 615; ferner oben S. 46 ff.

[54] Auf diese Einschränkung hat *Zeuner*, ZZP 74, 192, hingewiesen, der freilich den *Grund* der Präklusionswirkung nicht in § 767 Abs. 3 ZPO zu suchen scheint, sondern allgemeinen Rechtskraftgrundsätzen entnimmt. *Zeuner* hält dem BGH ZZP 74, 187 ff. mit Recht vor, daß dessen Berufung auf die Rechtskraft nicht mit dem engen Verständnis der h. M. von den objektiven Grenzen der Rechtskraft vereinbar sei.

[55] Da dem BGH dieser Unterschied nicht bewußt gewesen ist, ist dem Tatbestand des Urteils auch nicht mit Sicherheit zu entnehmen, ob der mit der Feststellungsklage erhobene Einwand gegenüber den Einwendungen des Vorprozesses selbständige Bedeutung hatte und ob der Schuldner ihn *sub-*

gungen ergibt sich, daß das vom Reichsgericht propagierte und heute allgemein gebilligte[56] Entgegenkommen *hinsichtlich des Zeitpunkts* der vom Schuldner geltend zu machenden Einwendungen sich auf den innerprozessualen Bereich beschränken muß. Außerprozessual sind dem Schuldner die Einwendungen stets abgeschnitten, wenn er sie in der Klageschrift hätte geltend machen können, und zwar auch dann, wenn sie vom Gericht später nicht mehr zugelassen werden.

b) Rechtsprechung[57] und Literatur[58] haben diese Verschiebung der innerprozessualen Zäsur gleichzeitig dazu benutzt, *den Kreis der von der Präklusionsdrohung betroffenen Einwendungen zu erweitern.* Sie haben nämlich dem Schuldner auch die *Last*[59] auferlegt, sämtliche Einwendungen, seien sie ihm erst *nach Klageerhebung bekannt geworden* oder seien sie gar erst danach *entstanden*, in den Prozeß — selbst in zweiter Instanz[60] — einzuführen, ohne wenigstens für diese Einwendungen die Barriere der Klageänderung zu beseitigen. Das OLG Celle hat sogar für den Fall, daß die Klageänderung nicht zugelassen worden ist, die Präklusion bejaht, sofern der Schuldner „bei sorgfältiger Prozeßführung hierüber in dem ersten Verfahren noch eine Sachentscheidung hätte herbeiführen können"[61]. *Bötticher* hat diese Inkonsequenz — Zwang zu Lasten des Klägers einerseits, Freiheit des Gerichts andererseits — mit Recht beanstandet[62]. Der BGH[63] ist daraufhin einen Schritt zurückgewichen und hat Bedenken gegen die Präklusion nicht zugelassener, bei Klageerhebung noch gar nicht entstandener Einwendungen angemeldet: denn der Schuldner könne z. B. die nachträgliche Bewirkung der Leistung (§ 362 BGB) nicht einmal mit der Zahlungsklage geltend machen[64].

---

jektiv bereits zur Zeit der Klageerhebung des Vorprozesses hätte vorbringen können.

[56] Auch *Schlechtriem*, NJW 1967, 108 mit Nachweisen, stimmt trotz erheblicher Bedenken dieser Meinung letztlich zu. Sie hat sich so durchgesetzt, daß Widerstand in der Tat zwecklos wäre.

[57] RG ZZP 61, 142, 146 mit Anmerkung der Schriftleitung S. 149; OLG Celle MDR 1963, 932 f.; BGH JZ 1966, 614 f.; BGH JR 1968, 386.

[58] *Baumbach-Lauterbach*, ZPO, § 767 Anm. 5; *Lent-Jauernig*, Zwangsvollstreckungs- und Konkursrecht, § 12 III, S. 37; *Thomas-Putzo*, ZPO, § 767 Anm. 6 c; *Stein-Jonas-Schönke-Pohle*, ZPO, § 767 Anm. V.
Schlechtriem, NJW 1967, 108, schließt sich dieser Meinung an und verdrängt seine Bedenken damit, „daß der Kläger ja immer noch auf die Zahlungsklage ausweichen kann und deswegen nicht schutzlos ist". Gegen eine solche partielle Präklusion ist bereits Stellung bezogen worden.

[59] *Bötticher*, MDR 1963, 934.
[60] BGH MDR 1967, 586.
[61] MDR 1963, 932 f.
[62] MDR 1963, 934.
[63] JZ 1966, 615.
[64] Der BGH bestätigt damit die oben vertretene Ansicht, daß die Präklusion grundsätzlich nicht auf die Vollstreckungsgegenklage beschränkt ist.

c) Die andere Möglichkeit, der Inkonsequenz ein Ende zu machen, besteht darin, einen letzten Schritt nach vorn zu tun und die Barriere der Klageänderung zu beseitigen. Schon *Planck*[65], *Langheineken*[66], *Seuffert-Walsmann*[67] und *Goldschmidt*[68] sowie das OLG München[69] sind davon ausgegangen, daß der Streitgegenstand der Vollstreckungsgegenklage nicht durch die einzelnen Einwendungen individualisiert wird mit der Folge, daß die Vorschriften über die Klageänderung nicht angewendet werden könnten. *Rosenberg*[70] hat dann ebenfalls § 264 ZPO für unanwendbar erklärt, ohne freilich zum Streitgegenstand ausdrücklich Stellung zu nehmen. Erst *Bötticher*[71] hat dieser Gegenposition zur herrschenden Meinung wieder Gehör verschafft und *Schwab*[72] sowie *Baumgärtel-Scherf*[73] sind an seine Seite getreten.

Innerprozessual ergibt sich aus diesem „*globalen Streitgegenstand*"[74] für alle nicht in der Klageschrift enthaltenen Einwendungen folgendes: Sie können nurmehr — mit der Folge des endgültigen Verlustes — unter den Voraussetzungen zurückgewiesen werden, die auch sonst für verspätetes Vorbringen gelten (§§ 279, 279 a, 529 Abs. 2 ZPO)[75]. Anders als sonst soll freilich der Aufrechnungseinwand behandelt werden, für den bereits in erster Instanz wegen des Vorprozesses § 529 Abs. 5 ZPO analog herangezogen wird[76]. Beim Aufrechnungseinwand zeigt sich somit im Ergebnis kein Unterschied zur gegenwärtigen Rechtsprechung, steht doch seine Zulassung gemäß § 264 ZPO unter den gleichen Voraussetzungen. Aber auch hinsichtlich der sonstigen Einwendungen wird sich die Handhabung schwerlich ändern. Das Gericht wird von der Zurückweisung eines Einwands als nicht sachdienlich sicherlich nicht eher Gebrauch machen als von den anderen innerprozessualen Präklusionsnormen, die zudem verschärft werden sollen. Für den Gläubiger, der auch nach der herrschenden Meinung damit rechnen muß, daß der Schuldner mit nachträglich vorgebrachten Einwendungen gehört wird, ist es von Vorteil, daß solche Einwendungen nicht nur als nicht sachdienlich gemäß § 264 ZPO aus dem Prozeß herausgehalten und damit einer zweiten Klage überlassen werden.

---

[65] Deutsches Civilprozeßrecht II, S. 701.
[66] Der Urteilsanspruch, S. 182 f.
[67] ZPO, § 767 Anm. 1 b und 5.
[68] Zivilprozeßrecht, S. 337.
[69] OLGZ 29, 228 f.
[70] Zivilprozeßrecht, § 183 III 2, S. 963.
[71] MDR 1963, 933 ff.; JZ 1966, 615 ff.
[72] ZZP 79, 463 f.
[73] JR 1968, 368 ff.
[74] Ausdruck von *Bötticher*, Festgabe für Rosenberg, S. 92.
[75] *Bötticher*, MDR 1963, 934; JZ 1966, 617; *Schwab*, ZZP 79, 463.
[76] *Bötticher*, MDR 1963, 935; JZ 1966, 616 f.; *Schwab*, ZZP 79, 463 f.

Problematisch wird freilich für den *außerprozessualen* Bereich das Verhältnis von § 767 Abs. 3 ZPO zu den allgemeinen Rechtskraftgrundsätzen. Denn die Gegenmeinung verlagert die Zäsur vollständig auf die letzte Tatsachenverhandlung. Dieser Zeitpunkt ist aber auch für die zeitlichen Grenzen der materiellen Rechtskraft maßgebend, so daß sich § 322 ZPO und § 767 Abs. 3 ZPO überschneiden. *Die Präklusion ist nicht mehr rechtskraftfremd.* Die Konzeption des Gesetzgebers war demgegenüber, wie dargestellt ganz anders: *rechtskraftfremde subjektive* Präklusion gemäß § 767 Abs. 3 ZPO von in der Klageschrift schuldhaft nicht geltend gemachten Einwendungen, *objektive Rechtskraft-Präklusion* von vorgetragenen Einwendungen und *keine* Präklusion von sonstigen Einwendungen.

Ausgangspunkt für die Lösung des Konflikts sollte sein, daß die Wertung des Gesetzgebers nicht deswegen völlig außer acht gelassen werden darf, weil eine von seiner Vorstellung abweichende Streitgegenstandsauffassung sachgerechter ist. Aus diesem Grunde kann *Planck*[77] und *Goldschmidt*[78] nicht zugestimmt werden, wenn sie annahmen, es würden von der Rechtskraft des Urteils *alle* Einwendungen erfaßt, die bis zur letzten mündlichen Verhandlung *objektiv* entstanden waren[79]. Sollte der Schuldner ursprünglich nur mit solchen Einwendungen präkludiert werden, die er *schuldhaft* nicht in die Klageschrift aufgenommen hat, so muß dies *subjektive* Präklusionsprinzip erst recht gelten, wenn es sich um später bekannt gewordene oder entstandene Einwendungen handelt[80]. Die Verschärfung beschränkt sich demnach auf die Ausweitung hinsichtlich des Streitstoffes, was den Schuldner dazu nötigt, *alle* Einwendungen vorzutragen, zu deren Vorbringen er im Verlauf des Prozesses imstande ist[81]. Diese Konzentration — in § 767 Abs. 3 ZPO nur im Keim angelegt — ist aus dem *Zweck* der Norm im Lauf der Zeit fortentwickelt worden und korrespondiert am Ende dieser Entwicklung mit dem globalen Streitgegenstandsbegriff. Die allgemein befürwortete Konzentration ist mit anderen Worten nicht aus dem Begriff geboren, sondern das Ergebnis verdient den Begriff[82].

---

[77] Deutsches Civilprozeßrecht II, S. 701.

[78] Zivilprozeßrecht, S. 337.

[79] Beide sahen in § 767 Abs. 3 ZPO — insoweit dem Willen des Gesetzgebers entsprechend — eine auf den Zeitpunkt der Klageerhebung vorgezogene, jedoch zusätzliche Zäsur, die milderen Gesetzen gehorcht.

[80] In diesem Sinne *Baumgärtel-Scherf*, JR 1968, 370; *Bötticher*, JZ 1966, 617; *Zeuner*, ZZP 74, 192 (hierzu oben S. 75 mit Fn. 54).

[81] *Schwab*, Streitgegenstand, S. 163 f., ist dieser primären Verschärfung nicht gerecht geworden, sondern hat die erst daran anknüpfende Frage nach objektiver oder subjektiver Präklusion in den Vordergrund gestellt.

[82] Dem Anliegen *Böttichers*, die mit dem Gesetz nicht mehr vereinbare Fortentwicklung durch die h. M. systematisch zu erfassen, wird *Schlechtriem*

II. Rechtskraftfremde Präklusion

Läßt sich auf der einen Seite das objektive Präklusionsprinzip für neue, bisher nicht vorgetragene Einwendungen nicht rechtfertigen, so wird es für die Vollstreckungsgegenklage doch nicht vollständig von seinem Platz verdrängt. Vielmehr steht § 322 ZPO ohne die Modifikation durch § 767 Abs. 3 ZPO der *wiederholten* Behandlung einer bereits in der ersten Vollstreckungsgegenklage geltend gemachten Einwendung auch dann entgegen, wenn der Schuldner diese konkrete Einwendung nunmehr mit Erfolg auf ihm bis dahin ohne sein Verschulden unbekannte Tatsachen stützen könnte[83]. Die Lage ist nicht anders zu beurteilen, als wäre innerprozessual durch ein Zwischenurteil nach § 303 ZPO a. F. ein Einwand vorweg erledigt worden. Diese partielle objektive Präklusion, die zugunsten des Gläubigers seit Inkrafttreten der ZPO gewirkt hat[84], kann nicht im Sinne einer vereinfachenden Gleichbehandlung verneint werden.

Aus dieser historisch gewachsenen Situation, die wegen der Skala der Präklusionsvarianten für diese Untersuchung lehrreich, aber für Streitgegenstand und materielle Rechtskraft nicht exemplarisch ist, haben *Schwab* und *Habscheid* entgegengesetzte Schlüsse gezogen. Schwab hat gerade mit Hilfe von § 767 Abs. 3 ZPO nachzuweisen versucht, daß mit seinem weiten, nur am Antrag orientierten Streitgegenstandsbegriff[85] noch nicht eine ebenso weitreichende objektive Präklusionswirkung vermacht ist[86]. Neues Vorbringen, das mit dem Prozeßstoff des ersten Prozesses nicht im Zusammenhang stehe, werde nur präkludiert, wenn dies ausdrücklich angeordnet sei, wie sich aus der Sonderstellung der §§ 616, 767 Abs. 3 ZPO und des § 17 MSchG zwingend ergebe[87]. Demgegenüber meint Habscheid, daß es sich bei den verschiedenen Einwendungen um selbständige Streitgegenstände handeln müsse, weil „Rechtskraft und allgemeine Prä-

---

nicht gerecht, wenn er meint, der Streitgegenstandsbegriff sollte nicht ohne Not ins Spiel gebracht werden (NJW 1967, 109). Mit § 767 Abs. 3 ZPO allein lassen sich die Probleme ohnehin nicht mehr lösen.

[83] A. A. *Schwab*, Streitgegenstand, S. 171: „Die Ausschlußwirkung der §§ 616, 767 Abs. 3 ZPO und des § 17 MSchG ist aber dann eine Wirkung der Rechtskraft und nicht rechtskraftfremde Präklusion, wenn die vorgetragenen Tatsachen auf eine abweichende Feststellung des Prozeßstoffs des ersten Verfahrens hinzielen."

[84] Vgl. oben S. 75 f., 78.

[85] „Streitgegenstand ist das Begehren der im Klageantrag bezeichneten Entscheidung" (Streitgegenstand S. 191), während der Sachverhalt nur zur Auslegung des Antrags dient (a.a.O., S. 185).

[86] Vgl. S. 163 ff. Damit kann der Streitgegenstandsbegriff nicht die von *Schwab* selbst gesetzte Aufgabe (Streitgegenstand, S. 73) erfüllen, auch für die objektiven Grenzen der Rechtskraft die entscheidenden Maßstäbe zu setzen (vgl. *Nikisch*, Zur Lehre vom Streitgegenstand im Zivilprozeß, AcP 154, 269, 279 ff.; ferner *Bötticher*, MDR 1954, 767).

[87] Streitgegenstand, S. 165; vgl. ferner oben S. 66 Fn. 2.

klusion[88] ihre Grenzen nach objektiven Gesichtspunkten bestimmen, während die §§ 54 PatentG, 616 ZPO, 17 MSchG und 767 Abs. 3 ZPO auf Tatsachen — und damit auf prozessuale Ansprüche — abstellen, die hätten geltend gemacht werden können"[89]. Das Nebeneinander von subjektivem und objektivem Präklusionsprinzip, das für den Fall der Vollstreckungsgegenklage zwar nicht geleugnet werden kann, aber noch nicht zu der Verneinung *eines* Streitgegenstandes zwingt, will Schwab für sämtliche Verfahrensarten gesetzlich verankert sehen[90], während es Habscheid außerdem nur für die Klage auf Auflösung der Ehe bzw. des Mietverhältnisses oder für die Klage wegen einer Patentverletzung anerkennt[91].

III. Rechtskraft-Präklusion

Bereits bei der Erörterung der innerprozessualen Bindung gemäß § 318 ZPO ist die Frage aufgeworfen worden, auf welche Weise diese Bindung zu erklären ist. Dort hat allein diejenige prozessuale Deutung überzeugt, wonach alles Vorbringen, gleichgültig, ob vorgetragen oder nicht, als unzulässig präkludiert ist, insoweit es den entschiedenen Streitpunkt betrifft. Die Präklusion ist das prozessuale Instrument, mit dessen Hilfe die Bindung gewährleistet wird. Die innerprozessuale Bindungswirkung ist primär Präklusionswirkung[92]. Gegenstand der folgenden Überlegungen wird nun das Verhältnis von materieller Rechtskraft als außerprozessualer Bindung, die ein widersprechendes Urteil in einem Folgeprozess verhindern soll, und Präklusion sein.

Um die Rolle der Präklusion auszuloten, sollen zunächst die drei hauptsächlich vertretenen Rechtskrafttheorien, nämlich die materiellrechtliche Deutung sowie die beiden prozessualen Theorien, mit den folgenden drei Fragen konfrontiert werden:

1. Auf welche Weise werden widersprechende Urteile bei identischem Streitgegenstand verhindert?
2. Wie erklärt sich die „Präjudizwirkung"[93]?

---

[88] Sie sorgt nach der Ansicht *Habscheids* dafür, daß auch der nicht vorgebrachte Prozeßstoff, der demselben Streitgegenstand zugeordnet ist, für eine zweite Klage ausgeschlossen bleibt (Streitgegenstand, S. 291 ff., 295 f.). Vgl. hierzu unten S. 93 ff.

[89] Streitgegenstand, S. 301.

[90] Streitgegenstand, S. 198.

[91] Streitgegenstand, S. 300.

[92] Vgl. oben S. 66 Fn. 2.

[93] Vgl. *Pohle*, Gedanken über das Wesen der Rechtskraft, Sonderdruck aus: „Scritti giuridici in memoria di Piero Calamandrei", S. 20. Gemeint ist die Rechtskraftwirkung für Vorfragen des Folgeprozesses.

III. Rechtskraft-Präklusion

3. Wie ist die Nichtbeachtung von Prozeßstoff zu erklären, der bereits im Vorprozeß vorgebracht werden konnte?

Diese Fragen sind sowohl von den Anhängern eines engen wie auch weiten Streitgegenstandsbegriffs zu beantworten, so daß es nicht erforderlich ist, sich auf eine bestimmte Streitgegenstandslehre festzulegen, was nicht ausschließt, daß diese oder jene Perspektive — wie im Fall des § 767 Abs. 3 ZPO — für eine sachgerechte Bestimmung des Streitgegenstandes Rückschlüsse erlaubt. So stellt sich die Frage nach dem Ausschluß nicht vorgetragenen Prozeßstoffes sicher um so dringender, je weiter der Streitgegenstandsbegriff gefaßt ist.

1. Zur Verhinderung des zweiten Prozesses mit identischem Streitgegenstand

Die Untersuchung soll jedoch an dem einfach gelagerten Fall einsetzen, daß der *Streitgegenstand* des zweiten Prozesses *identisch* ist und daß keine anderen Tatsachen als im Vorprozeß vorgetragen werden.

a) Überlegt man, *wie* der Konflikt widersprechender Urteile vermieden werden kann, dann verdient nur diejenige Rechtskrafttheorie die Bezeichnung *materiell*, die den Konflikt mit *materiellrechtlichen Mitteln* verhindert[94]. Dagegen ist nicht entscheidend, ob dem Urteil ein Einfluß auf die materielle Rechtslage „als eine *Folgewirkung*, als ein Reflex dieser *prozessualen* Bindung"[95] eingeräumt wird. Daher ist die prozessuale Deutung des „Wie", der instrumentalen Seite der Rechtskraft[96], durchaus mit der Anerkennung materiellrechtlicher Folgen vereinbar[97].

Für den Fall des identischen Streitgegenstandes findet sich bei *Pagenstecher* — dem hervorragenden Verteidiger der materiellen Rechtskrafttheorie — folgende Bemerkung[98]: „Man muß zwischen der negativen und der positiven Funktion der Rechtskraft unterscheiden. Die *negative* Funktion verhindert *wiederholte* Entschei-

---

[94] Vgl. *Bötticher*, Kritische Beiträge, S. 97 ff.
[95] *Bötticher*, Kritische Beiträge, S. 98.
[96] Vgl. *Bruns*, Zivilprozeßrecht, § 43 V 2, S. 401.
[97] Auf diese Frage kann hier nicht näher eingegangen werden. Nur so viel sei gesagt: Der Zweck der materiellen Rechtskraft, den Rechtsfrieden herzustellen, wird durch eine nur auf das Prozeßgeschehen gerichtete Sicht nur ungenügend gewährleistet. *Der Rechtsfrieden bliebe Gerichtsfrieden* (vgl. *Pohle*, Gedanken über das Wesen der Rechtskraft, S. 9). Aus dem rechtskräftigen Urteil muß daher für die Parteien die Verpflichtung folgen, das Urteil auch „privat" zu respektieren (vgl. *Nikisch*, Zivilprozeßrecht, § 104 II 1, S. 403 f.).
[98] Prozeßprobleme, S. 87.

dungen der eadem quaestio inter easdem personas. Sie tritt z. B. in Erscheinung, wenn der Kläger, der ein rechtskräftiges Urteil auf Zahlung von 1000 RM aus Darlehen erstritten hat, sofort dieselbe Klage nochmals erhebt. Diese muß dann durch sogenanntes *Prozeßurteil* („*als unzulässig*") abgewiesen werden. Die *positive* Funktion der Rechtskraft kommt dagegen zur Geltung, wenn der Kläger in einem späteren Prozeß Zinsen aus diesem Darlehen einklagt[99]." Pagenstecher gibt also bei identischem Streitgegenstand eine prozessuale Antwort: die Klage als Prozeßhandlung ist unzulässig, weil der Kläger sein Vorbringen nicht erneuern darf, er hiermit präkludiert ist. Auch *Kohler*, für den die Einrede der Rechtskraft in erster Linie materiellrechtlicher Natur ist[100], hat ihr außerdem eine prozessuale Wirkung zugesprochen: „Das Urtheil als anspruchsentscheidender Akt enthält zugleich das rechtliche Postulat, daß nicht ein zweites Mal über dieselbe Rechtssache prozedirt werden soll[101]." In den späteren Schriften Kohlers geht diese prozessuale Seite im Meinungsstreit mit der *Stein-Hellwigschen* Theorie unter[102].

Pohle, der die Rechtskraftwirkung allein dem materiellen Recht zugeordnet und definiert hat als „*eine unwiderlegbare Vermutung..., daß die vom Urteil ausgesprochene Rechtsfolge zu Recht besteht*"[103], hilft bei identischem Streitgegenstand mit dem *Rechtsschutzinteresse* als negativer Prozeßvoraussetzung, ohne Rücksicht auf Sieg oder Niederlage im Vorprozeß[104]. Die Verhinderung identischer Streitigkeiten ist also für ihn überhaupt keine Rechtskraftleistung. Dieses Ergebnis muß deswegen befremden, weil der materiellen Rechtskraft unter dem Gesichtspunkt der *Konsumtion* zunächst die „negative Funktion" allein vorbehalten war, während sich die „positive Funktion" erst im Zuge der geschichtlichen Entwicklung zu ihr gesellt hat[105].

Festgehalten zu werden verdient, daß die unterschiedliche *prozessuale* Antwort der drei Autoren zur Genüge beweist: mit materiellrechtlichem Handwerkszeug ist die allein sachgerechte Abhilfe durch eine Klageabweisung als unzulässig nicht möglich.

---

[99] Hervorhebungen vom Verfasser.
[100] Prozeßrechtliche Forschungen, S. 92.
[101] a.a.O., S. 97.
[102] Vgl. z. B. „Das materielle Recht im Urteil" in: Festschrift für Franz Klein, S. 1 ff.
[103] Gedanken über das Wesen der Rechtskraft, S. 12 und 21. Die prozessuale Bedeutung erschöpfe sich in der *Prüfung von Amts wegen* (a.a.O., S. 26).
[104] Ebenda, S. 24 ff.
[105] *Kaser*, Das römische Zivilprozeßrecht, § 55 III, S. 292 f., § 94 II, S. 503 f.; *Bötticher*, Kritische Beiträge, S. 167 ff.

III. Rechtskraft-Präklusion

b) Von den prozessualen Theorien sei zuerst auf die *Stein-Hellwig-sche* Lehre vom *Widerspruchsverbot* eingegangen. Nach ihr darf der Richter im Folgeprozeß zwar grundsätzlich erneut verhandeln und entscheiden, aber *nicht anders entscheiden* als im Vorprozeß[106].

Wie jede materiellrechtliche Theorie so kommt auch diese Lehre in Schwierigkeiten, wenn es darum geht, Prozesse mit gleichem Streitgegenstand zu verhindern. Ihre Anhänger ziehen sich für den Fall, daß der Kläger eine *nochmalige Verurteilung* erstrebt, auf das mangelnde *Rechtsschutzinteresse* zurück[107]. Sie wenden sich damit — wie *Pohle* — vom Rechtskraftgedanken ab, ohne auf die geschichtliche Entwicklung Rücksicht zu nehmen. Ist der Kläger im ersten Prozeß unterlegen, so fällt es noch dazu besonders schwer, ihm das Rechtsschutzinteresse abzusprechen[108]. Die zweite Klage müßte eigentlich als unbegründet abgewiesen werden, weil das Gericht im Ergebnis nicht anders entscheiden darf[109]. Indessen wollte *Hellwig* die Klage als unzulässig wegen Verstoßes gegen die Rechtskraft abweisen[110] und hat somit das „ne bis in idem" anscheinend wenigstens für die Klage des Unterlegenen anerkannt. Tut man diesen Schritt, dann ist es konsequenter, das Prinzip des „ne bis in idem" zumindest bei identischem Streitgegenstand für Sieger und Besiegten gleichmäßig zu bejahen[111] und hierin *Pagenstecher* und *Kohler* nachzufolgen wie beispielsweise —vermittelnd — *Lent-Jauernig*[112] und *Nikisch*[113].

c) Der *Lehre vom Wiederholungsverbot* („ne bis in idem") *liegt das Präklusionsprinzip zugrunde*. Aus dem Wesen der Rechtskraft ergibt sich primär eine prozessuale Verhaltensnorm, die dem Richter von vornherein jede neue Verhandlung und erst recht Entscheidung über

---

[106] *Stein-Jonas-Schönke-Pohle*, ZPO, § 322 Anm. II 2, VIII (vgl. aber Fußnote 22 a. E. für *Pohles* persönliche Ansicht); *Hellwig*, System des deutschen Zivilprozeßrechts I, S. 776; *Arwed Blomeyer*, Zivilprozeßrecht, § 88 III 2, S. 443 f. Ebenso verstehe ich auch *Schwab*, Streitgegenstand, S. 146.

[107] *Stein-Jonas-Schönke-Pohle*, ZPO, vor § 253 Anm. IV 2 b und § 322 Anm. VIII 5 (a. A. nunmehr *Stein-Jonas-Schumann-Leipold*, ZPO, vor § 253 Anm. III 4 a, die von einem Problem der Rechtskraft sprechen. *Schumann-Leipold* beziehen sich hierfür auf *Pohle*, Zur Lehre vom Rechtsschutzbedürfnis, in: Festschrift für Lent, S. 195 ff., 216, der dort zwar den Wiederholungsfall vom Rechtsschutzbedürfnis trennen will, aber doch nur als Spezialfall, wie sich aus den „Gedanken über das Wesen der Rechtskraft", S. 24 f., entnehmen läßt). *Hellwig*, Anspruch und Klagrecht, S. 109, 165 f., 167; *Arwed Blomeyer*, Zivilprozeßrecht, § 88 III 2, S. 443 f.

[108] *Bötticher*, Kritische Beiträge, S. 207 ff.

[109] Man vergleiche die Erwägung von *Pohle*, Festschrift für Lent, S. 216.

[110] Anspruch und Klagrecht, S. 167.

[111] Vgl. *Bötticher*, Kritische Beiträge, S. 222 f.

[112] Zivilprozeßrecht, § 62 III 1, S. 182.

[113] Zivilprozeßrecht, § 104 II 4, S. 406 f.

§ 4 Außerprozessuale Präklusion

die rechtskräftig entschiedene Streitfrage verbietet[114]. Das Vorbringen der Parteien, das die erledigte Streitfrage betrifft, ist daher als unzulässig zurückzuweisen[115]. Die Präklusion ist demnach das Mittel, mit dem auch die außerprozessuale Bindung verwirklicht wird[116].

Dieser Charakter der materiellen Rechtskraft ist bereits in folgenden Sätzen *Kloeppels* angedeutet[117]: „Den zutreffenden Unterscheidungsgrund [zwischen Privatrecht und Prozeßrecht] gibt die einfache Erwägung, ob eine Rechtsvorschrift das Verfahren des Richters bis zur Urteilsfällung oder ob sie den Inhalt seines Urteils bestimmen soll. Ersteres gilt von den Beweisregeln ... Es gilt aber auch von dem Satze der Rechtskraft des Urteils, wie schon sein ursprünglicher und engster Zusammenhang mit der Rechtshängigkeit zeigt: er untersagt dem Richter, das rechtskräftig festgestellte Rechtsverhältnis noch einmal seiner Beurteilung zu unterziehen."

Auch *Kohler*, für den die Einrede der Rechtskraft in erster Linie materiellrechtlicher Natur ist[118], hat anfänglich diese prozessuale Seite derart hervorgehoben[119], daß sich *Schwartz*[120], der entschiedenste Verfechter des „ne bis in idem" vor *Bötticher und Rosenberg*, auf ihn berufen konnte, als er ausführte: „Wir heute sind uns der öffentlichrechtlichen Natur der Rechtskrafteinrichtung voll bewußt ... Wir führen deshalb den negativen Gedanken der Rechtskraft durch, indem wir, mit bindender Kraft für unsere Gerichte, die abermalige

---

[114] *Bötticher*, ZZP 77, 481. Diese Lehre wird z. B. vertreten von *Baumbach-Lauterbach*, ZPO, Einf. §§ 322—327 Anm. 3 B; *Bruns*, Zivilprozeßrecht, § 43 III 1, S. 395 f.; *Rosenberg*, Zivilprozeßrecht, § 148 I 1, S. 735 und II 4, S. 739 (Anm. 1 mit zahlreichen weiteren Nachweisen); *Thomas-Putzo*, ZPO, § 322 Anm. 3 b, bb.

[115] Hierin stimmen auch *Lent-Jauernig*, Zivilprozeßrecht, § 62 III, IV, S. 182 f., zu, die in den „Präjudizfällen" nicht von „ne bis in idem" sprechen wollen, weil über die Vorfragen im zweiten Prozeß nicht formell entschieden werde. Diesem Einwand wird der Boden entzogen, wenn man das Wort „Beurteilung" verwendet, was an der Aussage nichts ändert. Im übrigen vergleiche *Bötticher*, Kritische Beiträge, S. 138, der sich den Einwand selbst gemacht hatte.

[116] *Bötticher*, ZZP 77, 481. Vgl. ferner bereits Kritische Beiträge, S. 198, wo *Bötticher* zwar den überkommenen Begriff der *Konsumtion* verwendet, der zugleich die Begründung für die Präklusion anklingen läßt, aber doch den Ausschluß des Vorbringens meint (a.a.O., S. 148 ff., 203 f.).

[117] Der Entwurf eines bürgerlichen Gesetzbuchs für das deutsche Reich, Gruchot 32, 611 ff., 643. *Bruns*, Zivilprozeßrecht, § 43 III 1, S. 396, hat auf diese bemerkenswerten Sätze aufmerksam gemacht.

[118] Prozeßrechtliche Forschungen, S. 92; Festschrift für Franz Klein, S. 1 ff.

[119] Prozeßrechtliche Forschungen, S. 90 und 97. Hierzu *Bötticher*, Kritische Beiträge, S. 224 f.

[120] Absolute Rechtskraft und heutiges Deutsches Recht, in: Festgabe für Dernburg, S. 309 ff., insbes S. 332 ff., 341. Vgl. auch *Bötticher*, Kritische Beiträge, S. 133 ff.

Aburtheilung einer bereits entschiedenen Frage für *staatsrechtlich unzulässig* erklären: bis de eadem quaestione ne judicetur[121]."

Das „ne bis in idem" nimmt bei identischem Streitgegenstand die Gestalt einer *negativen Prozeßvoraussetzung*[122] an und ergänzt auf diese Weise die Einrede der Rechtshängigkeit[123]. Diese Auffassung, die sich für das Strafprozeßrecht schon lange durchgesetzt hat[124], findet auch in der Rechtsprechung der anderen Gerichtszweige immer mehr Anklang[125].

Über dieser Einordnung der Einrede der Rechtskraft unter die negativen Prozeßvoraussetzungen sollte aber das Präklusionsprinzip nicht in Vergessenheit geraten, das oben im Anschluß an *Bötticher* als das prozessuale Mittel zur Durchsetzung der materiellen Rechtskraft bezeichnet worden ist. Sieht man genauer hin, so ist auch die negative Prozeßvoraussetzung nur Ausdruck des Präklusionsprinzips. Allerdings wird schon die Klage selbst für unzulässig erklärt, weil anderenfalls das *gesamte* Vorbringen ohnehin als unzulässig zurückgewiesen werden müßte. Eine Klage ohne zulässigen Sachvortrag zu gestatten, verbietet sich eben von vorherein.

2. Zur Präjudizwirkung

Nunmehr gilt es, die Frage zu beantworten, wie die Rechtskrafttheorien die *Präjudizwirkung* des ersten Urteils erklären[126]. Dabei

---

[121] a.a.O., S. 340 f. Im Gegensatz zum „bis de eadem re ne sit actio" der römisch-rechtlichen Konsumtionslehre, die den negativen Gedanken der Rechtskraft durchführte, „indem sie die Erneuerung des einmal eingeleiteten, bzw. entschiedenen Rechtsstreits *privatrechtlich unmöglich* macht".

[122] *Bötticher*, Kritische Beiträge, S. 220 ff.; *Rosenberg*, Zivilprozeßrecht, § 148 II 4 b, S. 740 ff.

[123] Vgl. *Schwartz*, Festschrift für Dernburg, S. 346 f.; *Bötticher*, Kritische Beiträge, S. 237 ff.

[124] *Eberhard Schmidt*, Lehrkommentar zur StPO und zum GVG I, Nr. 184 mit weiteren Nachweisen in der Fußnote 319 sowie Nr. 274 mit Fußnote 491.

[125] BGHZ 34, 235, 241 (für die anwaltliche Ehrengerichtsbarkeit); 34, 337, 339; 35, 338, 340 (Die Entscheidung bezieht sich freilich zu Unrecht auf RGZ 125, 159, 161; denn dort ist nur von dem Verbot einer abweichenden bzw. anderen Entscheidung die Rede); 36, 365, 367; BAGE 1, 196, 203; BVerwG MDR 1962, 427 — *unentschieden:* BGH NJW 1964, 1626 und BSG NJW 1961, 1499, 1501.

[126] Zum Umfang der Präjudizwirkung kann hier nicht Stellung genommen werden. Nach den Untersuchungen *Zeuners* über „Die objektiven Grenzen der Rechtskraft im Rahmen rechtlicher Sinnzusammenhänge" muß als gesicherte Erkenntnis davon ausgegangen werden, daß sich die Präjudizwirkung jedenfalls nicht auf die Fälle der Präjudizialität im Sinne einer rein „begrifflichen Konstruktion" beschränkt (*Zeuner*, a.a.O., S. 15 ff., 28 ff.). Vgl. *Arwed Blomeyer*, Zivilprozeßrecht, § 89 V 4, S. 460 ff. Für den Fall des Verhältnisses von Unterlassungs- und Schadensersatzklage (*Zeuner*, a.a.O., S. 2 f., 58 ff.)

sei auch hier zunächst davon ausgegangen, daß der zur Vorfrage erneut vorgetragene Tatsachenstoff sich von dem im Vorprozeß zur Hauptfrage vorgetragenen überhaupt nicht unterscheidet.

a) Die Präjudizwirkung, die positive Funktion der Rechtskraft, erklären die *materiellrechtlichen Rechtskrafttheorien* in auf den ersten Blick bestechend einfacher Weise rein materiellrechtlich. Ausgangspunkt ist die These, daß das rechtskräftige Urteil unmittelbar die materielle Rechtslage beeinflußt. Nach *Pagenstechers* Auffassung besteht die Rechtskraftwirkung darin, „daß die Rechtsbeziehungen der Parteien — im Falle sie noch nicht so sind — so werden, wie das Urteil sie (als bestehend) deklariert"[127]. *Pohle* erreicht denselben Erfolg, indem er die *„unwiderlegbare Vermutung ...*, daß die vom Urteil ausgesprochene Rechtsfolge zu Recht besteht", eingreifen läßt[128]. Im zweiten Prozeß kann der Urteilsinhalt dann als materielles Recht zugrunde gelegt werden[129].

Auch die materiellrechtliche Sicht führt letztlich über den Weg der „authentischen Deklaration"[130] oder die „unwiderlegbare Vermutung" dazu, daß alte Tatsachen und Rechtsausführungen bezüglich der Vorfrage nicht mehr mit Erfolg vorgetragen werden können. Diese Unbeachtlichkeit bleibt jedoch allein in der Ebene des materiellen Rechts: Tatsachen und Rechtsausführungen sind überholt, weil sich die materielle Rechtslage durch das rechtskräftige Urteil geändert hat[131], und daher *irrelevant*[132]. Eine *prozessuale* Verhaltensnorm, nach der das Vorbringen von vornherein *unzulässig* ist, wird nicht anerkannt, so daß von einer prozessualen Präklusion nicht gesprochen werden kann.

Gerade dieser Umstand nimmt aber gegen die materiellrechtlichen Theorien ein. Müssen sie doch in der Wirkung nicht nur zwischen identischem Streitgegenstand und den Präjudizfällen unterscheiden, sondern vor allem die inner- und außerprozessuale Bindung völlig verschieden erklären. Und bleibt man im außerprozessualen Bereich, so folgt aus § 767 Abs. 2 ZPO bei dem noch nicht rechtskräftigen

---

hat dies der BGH jüngst anerkannt (BGHZ 42, 340 ff. und hierzu *Zeuner*, Zur Rechtskraftwirkung des Unterlassungsurteils für den nachfolgenden Schadensersatzprozeß, JuS 1966, 147 ff.).

[127] Zur Lehre von der materiellen Rechtskraft, S. 341.

[128] Gedanken über das Wesen der Rechtskraft, S. 12, 21.

[129] *Pagenstecher*, Zur Lehre von der materiellen Rechtskraft, S. 341 f.; *Pohle*, Gedanken über das Wesen der Rechtskraft, S. 20 f.

[130] Vgl. *Pagenstecher*, Die praktische Bedeutung des Streites über das Wesen der Rechtskraft, ZZP 37, 1 ff., 12 Anm. 42.

[131] *Pagenstecher*, ZZP 37, 11 f.

[132] *Pagenstecher*, Nochmals: Die praktische Bedeutung des Streites über die Rechtskraft, Rheinische Zeitschrift 6, 489 ff., 515.

Urteil eine prozessuale Präklusion, beim rechtskräftigen eine materiellrechtliche Irrelevanz.

b) Hat sich bei dem Vergleich zwischen den materiellrechtlichen Theorien und der prozessualen Lehre vom *Widerspruchsverbot* schon insofern eine Gemeinsamkeit gezeigt, als beide Richtungen der wiederholten Klage ohne das Präklusionsprinzip des „ne bis in idem" nicht überzeugend entgegentreten können, so wird eine weitere Verwandtschaft sichtbar, wenn man die Begründung für die Präjudizwirkung in Augenschein nimmt. Genauso wie bei den materiellrechtlichen Theorien ist die *Bindung an den Inhalt* des ersten Urteils das *Primäre*[133]. Es besteht keine Verhaltensnorm, sondern nur eine reine — allerdings prozessuale — Entscheidungsnorm für den Richter, die ihm verbietet, in seiner Entscheidung vom rechtskräftigen Urteil abzuweichen[134], bzw. die gleiche Entscheidung der Vorfrage gebietet[135]. Das Vorbringen ist nicht etwa unzulässig, sondern „eben unbeachtlich und zwecklos"[136]. Wenn nach *Hellwigs*[137] Auffassung die Unbestreitbarkeit durch die Parteien die Folge oder Kehrseite der inhaltlichen Bindung sein soll, dann hat er damit ebenso wie *Stein* nur gemeint, daß dem Bestreiten der Erfolg versagt bleibt[138]. Diesen Unterschied verwischt *Hoegen*, wenn er Unbestreitbarkeit und Präklusion gleichsetzt[139], denn nach der *Stein-Hellwigschen* Lehre ist das Vorbringen nur *aussichtslos*[140].

Als Ergebnis ist festzuhalten, daß nach der Lehre vom Widerspruchsverbot das Präklusionsprinzip bedeutungslos ist, wenn es gilt, die Wirkungsweise der materiellen Rechtskraft zu beschreiben. Wenn von Präklusion gesprochen wird, so ist sie *nicht das Mittel* zur Durch-

---

[133] *Hellwig*, System I, S. 777; *Stein-Jonas-Schönke-Pohle*, ZPO, § 322 Anm. II 2 und 3 — kritisch zu dieser Verwandtschaft *Böttcher*, Kritische Beiträge, S. 141 ff.

[134] *Arwed Blomeyer*, Zivilprozeßrecht, § 88 III 2, S. 442.

[135] *Arwed Blomeyer*, a.a.O., S. 443.

[136] *Arwed Blomeyer*, a.a.O., S. 444.

[137] *Hellwig*, System I, S. 777.

[138] *Stein-Jonas-Schönke-Pohle*, ZPO, § 322 Anm. II 3.

[139] S. 49. Daher sieht *Hoegen* auch nicht, daß die Unbestreitbarkeit für *Stein* eine andere Bedeutung hatte als für *Böttcher*. Freilich ging es *Hoegen* nur darum, ob eine von der Rechtskraftwirkung unabhängige Präklusionswirkung anzuerkennen sei, und nicht um die Einstufung des Präklusionsgedankens im Rahmen der einzelnen Rechtskrafttheorien.

[140] *Hellwig*, Lehrbuch des Deutschen Civilprozeßrechts I, S. 46. — *Pagenstecher*, ZZP 37, 9 Anm. 33, hat dies als Zeitgenosse folgendermaßen registriert: „Die Wirkung der Rechtskraft besteht also ... nicht etwa darin, daß der Richter die Parteianführungen contra rem iudicatam ‚zu ignorieren' hat, so daß unter Umständen (vgl. § 331 Abs. 2 ZPO) die Klage (z. B. auf Zinsen für die Zeit nach rechtskräftiger Aberkennung der Hauptforderung) *wegen mangelnder Substanzierung* abzuweisen wäre."

setzung der materiellen Rechtskraft, sondern allenfalls die *Folge* des Zwanges, ebenso zu entscheiden[141].

c) Die Lehre vom *Wiederholungsverbot* verwehrt hingegen dem Richter bereits jede erneute Verhandlung und damit Beurteilung der rechtskräftig entschiedenen Vorfrage[142]. Deshalb ist die Partei mit ihrem Vorbringen insoweit präkludiert, als es die Vorfrage betrifft[143]. Hierdurch wird erreicht, daß der Richter die Entscheidung des Vorprozesses *ungeprüft* zugrunde legen muß[144], wie es § 565 Abs. 2 ZPO ausdrücklich für die zwischeninstanzliche innerprozessuale Bindung anordnet[145]. Diese positive Funktion ist demnach erst die Folge der negativen Präklusionswirkung[146]. Die Lehre vom Widerspruchsverbot sieht das Verhältnis von Präklusion und positiver Funktion gerade umgekehrt: für sie ist die Präklusion nur eine Folge.

3. Zur Unbeachtlichkeit alten, aber nicht vorgetragenen Tatsachenstoffes

Auf der Grundlage der bisherigen Überlegungen kann der dritten Frage nachgegangen werden, wie nämlich die verschiedenen Theorien die *Unbeachtlichkeit von Tatsachenstoff* erklären, *der bereits im Vorprozeß vorgebracht werden konnte.*

a) Für die *materiellrechtlichen Theorien* liegt auf der Hand, daß neben der durch das Urteil bewirkten Veränderung der materiellen Rechtslage für eine selbständige Präklusionswirkung kein Raum ist. Die „authentische Deklaration" bzw. die „unwiderlegbare Vermutung" gelten selbstverständlich ebenfalls, wenn der Tatsachenvortrag im ersten Prozeß unvollständig war. Denn diese Urteils-

---

[141] *Stein-Jonas-Schönke-Pohle*, ZPO, § 322 Anm. VIII am Anfang und VIII 3.

[142] *Bötticher*, Kritische Beiträge, S. 148, 198, sowie Die Bindung der Gerichte an Entscheidungen anderer Gerichte, in: Festschrift Hundert Jahre deutsches Rechtsleben I, S. 511 ff., 527 f.; *Rosenberg*, Zivilprozeßrecht, § 148 II 4 und 4 a, S. 738 ff.

[143] *Bötticher*, Kritische Beiträge, S. 150 mit Anm. 10; *Rosenberg*, Zivilprozeßrecht, § 148 II 4 a, S. 740 und § 150 III 2, S. 755 f.

[144] *Schwartz*, Das Billigkeitsurteil des § 829 BGB, S. 49 Anm. 4; *Bötticher*, Kritische Beiträge, S. 198; *Rosenberg*, Zivilprozeßrecht, § 148 II 4 a, S. 740.

[145] Wenn *Hellwig*, System I, S. 777, sich zur Rechtfertigung seiner Lehre ebenfalls auf § 565 Abs. 2 ZPO berufen hat, so deswegen, weil er die Präklusionsfunktion dieser Vorschrift zu gering geachtet hat (vgl. oben S. 58). Das gleiche gilt von § 68 ZPO: „Der Nebenintervenient wird ... mit der Behauptung *nicht gehört*", dem *Hellwig*, a.a.O., trotz seines Wortlauts keine primäre Präklusionswirkung zuspricht.

[146] *Schwartz*, Festgabe für Dernburg, S. 338; *Bötticher*, Kritische Beiträge, S. 170 und 198; *Rosenberg*, Zivilprozeßrecht, § 148 II 4, S. 739.

wirkung hängt nicht davon ab, *wie* das Tatsachenmaterial aufbereitet worden ist[147].

b) Geht man von der Lehre vom *Widerspruchsverbot* aus, so leuchten zwei Folgerungen von *Stein-Jonas-Schönke-Pohle* ein: „Verboten ist die *anderweitige rechtliche Würdigung* des i d e n t i s c h e n[148] Tatbestandes ..."[149] sowie, „eine *abweichende Feststellung des Tatbestandes* vorzunehmen, um das Gegenteil der früher festgestellten oder abgelehnten Rechtsfolge jetzt auszusprechen"[150]. Dagegen stellt die dritte Folgerung, die Rechtskraft bewirke „die *Abschneidung* (Präklusion) des n i c h t v o r g e b r a c h t e n[151] Prozeßstoffes im zweiten Prozeß, wie sie § 318 im anhängigen bewirke"[152], einen Fremdkörper dar, soll doch den Parteien das Wort gerade nicht abgeschnitten werden[153]. Man würde aber Stein-Jonas-Schönke-Pohle nicht gerecht, wenn man ihnen Inkonsequenz vorwerfen würde. In Wahrheit erkennen sie nicht etwa an, daß jedenfalls der *nicht vorgebrachte* Prozeßstoff im zweiten Prozeß als unzulässig zurückzuweisen sei, sondern auch diese „Abschneidung" ist nur eine *Folge* des „Zwanges, ebenso zu entscheiden"[154].

Eine Entscheidung in der Sache selbst will indessen diese Lehre bei identischem Streitgegenstand — wie dargestellt — dadurch vermeiden, daß sie das Rechtsschutzinteresse verneint. Hiergegen bestehen erst recht Bedenken, wenn der Unterlegene zusätzlich anderen Tatsachenstoff vorträgt. Denn allenfalls wäre vorstellbar, daß das Rechtsschutzinteresse für eine mehrfache Beurteilung des unveränderten Sachverhalts fehlt, weil ihm nur *einmal* Rechtsschutz gewährt werden soll. Abgesehen davon, daß die Verweigerung des Rechtsschutzes damit auf das Prinzip des „ne bis in idem" hinausläuft, wird das Interesse des Klägers durch das Interesse des Staates ersetzt[155].

c) Ist die Rechtskraftwirkung jedoch *primär Präklusionswirkung*[156] — wie die Lehre vom *Wiederholungsverbot* annimmt —, dann stellt auch die Präklusion des nicht vorgebrachten Prozeßstoffes keine Besonderheit dar. Die Partei ist mit *jeglichem* Vorbringen zur gleichen Streit-

---

[147] Vgl. *Pohle,* Gedanken über das Wesen der Rechtskraft, S. 16 ff.
[148] Hervorhebung vom Verfasser.
[149] ZPO, § 322 Anm. VIII 1.
[150] a.a.O., Anm. VIII 2.
[151] Hervorhebung vom Verfasser.
[152] a.a.O., Anm. VIII 3.
[153] a.a.O., Anm. II 2. Vgl. zu dieser Diskrepanz schon *Bötticher,* Kritische Beiträge, S. 148 ff.
[154] a.a.O., Anm. VIII am Anfang.
[155] *Bötticher,* Kritische Beiträge, S. 211.
[156] *Bötticher,* ZZP 77, 485.

frage ausgeschlossen. Der Richter hat daher nur zu prüfen, ob die Partei etwa wirklich *neue*, nach der letzten mündlichen Verhandlung entstandene Tatsachen vorzubringen hat. Ist das nicht der Fall, so ist das Vorbringen unzulässig, gleichgültig, ob die Tatsachen im Vorprozeß vorgetragen worden waren oder nicht.

4. Zur Beschränkung der Präklusionswirkung des § 322 ZPO auf vorgetragene Tatsachen durch Rosenberg, Schwab und Habscheid

Trotz aller Unterschiede läßt sich zusammenfassend feststellen, daß im Grunde alle Theorien die Unbeachtlichkeit nicht vorgetragener Tatsachen der materiellen Rechtskraft und damit dem § 322 ZPO zuordnen. Freilich ist die Präklusion nur nach der Lehre vom Wiederholungsverbot das prozessuale Mittel, während für die anderen Theorien das Vorbringen infolge der materiellen Veränderung bzw. des Widerspruchsverbots zwecklos ist.

a) Diesen Zusammenhang hat *Rosenberg*[157] in seinem Aufsatz über „Die Präklusionswirkung von Urteilen"[158], wenn er in bezug auf nicht vorgetragene Tatsachen ausführt[159]: „... diese Präklusionswirkung ist nicht die Folge der sog. materiellen, sondern der sog. formellen Rechtskraft, ja nicht einmal der Rechtskraft, da die Präklusion die Folge der letzten mündlichen Verhandlung in der Berufungsinstanz ist[160]." „... Der Grund der Präklusionswirkung ist in § 767 Abs. 2 ZPO ... zu suchen[161]." „... Mit derartigen Einwendungen ist die Partei präkludiert, selbst wenn diese Einwendungen durch die Rechtskraft im Sinn von § 322 Abs. 1 ZPO nicht ausgeschlossen wären."

In Wahrheit sind die von *Rosenberg* für die selbständige Präklusionswirkung sodann unter III, 2[162] angeführten Entscheidungen des Reichsgerichts sämtlich typische Beispiele für die Rechtskraft-Präklusion[163]. Bezeichnenderweise unterscheidet Rosenberg selbst unter IV[164] bei der Behandlung des § 616 ZPO zwischen *echter* Rechtskraftwirkung und

---

[157] SJZ 1950, 313 ff.
[158] Vgl. *Hoegen*, S. 129 ff.; ferner *Schwab*, Streitgegenstand, S. 41.
[159] Unter III 1, a.a.O., 314.
[160] Hier hat *Rosenberg* den Grund der Präklusion (materielle Rechtskraft) mit dem Umfang der Präklusion (zeitliche Grenze) vertauscht.
[161] Vgl. oben S. 67 ff.
[162] a.a.O., 314 f.
[163] Vgl. *Hoegen*, S. 117 ff.; im übrigen ordnet *Rosenberg*, Zivilprozeßrecht, § 150 III 2, S. 755 f., die Beispielsfälle RGZ 144, 220 ff., 222 f., RG ZZP 59, 424 ff., 428 und RGZ 72, 143 ff., 145 f. inzwischen wieder selbst unter die Rechtskraft-Präklusion ein.
[164] a.a.O., 317 f.

III. Rechtskraft-Präklusion

echter Präklusion, ohne daß die Grenzlinie zwischen vorgetragenen und nicht vorgetragenen Tatsachen verliefe: „Infolgedessen ist es echte Rechtskraftwirkung, wenn eine neue *Scheidungs*klage auf die im Vorprozeß geltend gemachten *oder* möglichen Scheidungsgründe, eine neue *Aufhebungs*klage auf die im Vorprozeß geltend gemachten *oder* möglichen Aufhebungsgründe gestützt wird, hingegen Präklusion, wenn die Aufhebungs- oder Scheidungsklage zum ersten Male erhoben wird[165]." Eine ähnlich schwankende Haltung zeigt sich auch, wenn man die 4. und 5. Auflage des Rosenbergschen Lehrbuchs mit früheren und späteren Auflagen vergleicht. So erscheint die Präklusionswirkung in der 4. und 5. Auflage als „Nebenwirkung des Urteils"[166], während sie davor und danach „infolge der Rechtskraft" eintritt[167]: „Die Parteien sind ... *infolge der Rechtskraft präkludiert* mit *allen* Behauptungen und Einwendungen, die im Widerspruch zu den Feststellungen des Urteils stehen, sofern sie vor dem Schluß der letzten Tatsachenverhandlung entstanden waren, *auch wenn sie nicht vorgebracht sind* ...[168]." Zwischen Rechtskraftwirkung und Präklusionswirkung unterscheidet Rosenberg nur noch in den Fällen der §§ 616 ZPO bzw. 17 MSchG und 54 PatentG, auf die bei der rechtskraftergänzenden Präklusion einzugehen sein wird.

b) Gleich *Rosenberg* in seinem Aufsatz hält auch *Schwab* den Ausschluß nicht vorgetragener Tatsachen aufgrund des § 322 ZPO nicht für möglich[169]. Diese Auffassung ist um deswillen eher verständlich, weil Schwab im Gegensatz zu Rosenberg sich an die Lehre vom Widerspruchsverbot anlehnt[170]. Und in der Tat hätte das Präklusionsprinzip des „ne bis in idem" angesichts des weiten Streitgegenstandsbegriffs zu einer Präklusion auch dort geführt, wo Schwab die Ausschlußwirkung deswegen verneint, weil ein völlig anderer Sachverhalt vorliege[171]. Hervorgehoben sei als bemerkenswertes Beispiel die Bejahung der Identität des Streitgegenstandes für Kaufpreis- und Wechselanspruch trotz der Verneinung der Präklusionswirkung, falls nur über einen Anspruch entschieden ist[172].

---

[165] Hervorhebung des Verfassers.
[166] § 152 III 2, S. 693 (4. Aufl. 1949) und § 150 III 2, S. 695 f. (5. Aufl. 1951).
[167] § 76 III 4 b, S. 232 und § 156 III 2, S. 531 (3. Aufl. 1931) sowie § 150 III 2, S. 711 f. (6. Aufl. 1954).
[168] § 150 III 2, S. 755 — Hervorhebung vom Verfasser.
[169] Streitgegenstand, S. 162.
[170] Die „bindende Wirkung der Rechtskraft verhindert eine *andere* Feststellung und eine *andere* rechtliche Beurteilung des Sachverhalts ...". Vgl. Streitgegenstand, S. 146, unter Bezugnahme auf *Stein-Jonas-Schönke* (Hervorhebungen vom Verfasser).
[171] *Streitgegenstand*, S. 167, 171 ff.
[172] S. 91, 112 f., 126 ff. einerseits und S. 172 f. andererseits.

§ 4 Außerprozessuale Präklusion

Das „ne bis in idem", das *Bötticher* ganz allgemein auf den *Streitgegenstand* des Vorprozesses bezieht[173], wird von *Schwab* nicht erwähnt, vielmehr setzt er sich allein mit den Ausführungen Böttichers über den Streitgegenstand im Eheprozeß auseinander. Dort kommt indes das Prinzip des „ne bis in idem" ganz allgemein in folgenden, von Schwab[174] zum Teil wörtlich wiedergegebenen Sätzen zum Ausdruck: „Daß im Rahmen des Streitgegenstandes implicite auch über Fragen entschieden wird, die nicht vorgebracht sind, zeigt sich bei der Rechtskraftwirkung hinsichtlich etwaiger Einwendungen des Beklagten. Je weiter der Streitgegenstand, desto größer der Bereich dessen, worüber implicite entschieden ist — und umgekehrt[175]."

Dem hat *Schwab* folgendes entgegengehalten[176]: Zwar sei es richtig und unbestreitbar, daß die Entscheidung über den prozessualen Anspruch ergehe. Grundlage der Entscheidung sei aber der Prozeßstoff. *Böttichers* Lehre löse die Entscheidung von ihrer Grundlage. Er stelle sich damit in Widerspruch zu dem Wesen der Entscheidung. Aus dem Wesen der Entscheidung ergebe sich, daß über den prozessualen Anspruch *nur insoweit* entschieden werden könne, als der Prozeßstoff reiche. Ob mit den Worten „nur insoweit als" in § 322 Abs. 1 ZPO vom Gesetzgeber tatsächlich dieser Sinn verbunden worden sei, spiele dabei keine Rolle, weil sich dieser Sinn aus der Natur der Entscheidung notwendig ergebe. Der Ausschluß nicht vorgetragener Tatsachen habe seinen Grund also nicht darin, daß über sie etwa schon entschieden wäre; er könne, wenn er überhaupt begründet sei, nur auf eine besondere Ausschlußwirkung, die von der „Entscheidungswirkung" scharf zu trennen sei, zurückgeführt werden.

Erschöpft sich demnach die „Entscheidungswirkung" offenbar in dem Ausschluß bereits vorgetragener Tatsachen, so folgt daraus, daß sich *Schwab* ein „ne bis in idem" allenfalls bei *identischem Sachverhalt* vorstellen kann, obwohl doch gerade er den Sachverhalt aus dem Streitgegenstandsbegriff vollständig eliminiert hat[177]. Diese Meinungsverschiedenheit hat ihre Ursache genau besehen in einer Akzentverschiebung. Geht man mit Schwab — und *Habscheid* stimmt ihm hierin zu[178] — vom Wesen der Entscheidung aus und damit vom Urteil als richterlicher *Handlung,* so wird man sich an dem Satz stoßen, daß über nicht vorgetragene Tatsachen implicite mitentschieden sei. Sieht man aber

---

[173] Vgl. z. B. Kritische Beiträge, S. 139 f. und S. 220 f.
[174] Streitgegenstand, S. 162.
[175] Festgabe für Rosenberg, S. 95.
[176] Streitgegenstand, S. 162.
[177] Streitgegenstand, S. 190.
[178] Streitgegenstand, S. 289, 291 ff. — vgl. hierzu unten S. 96 f.

III. Rechtskraft-Präklusion

auf das Urteil als *Ergebnis* der Rechtsfindung — und hierauf kommt es für die materielle Rechtskraft allein an — so erledigen sich auch solche Streitpunkte, mit denen sich der Richter nicht befaßt hat und nicht hat befassen können. Denn im Ergebnis entscheidet das Gericht *über den prozessualen Anspruch* aufgrund von Tatsachen aber *nicht über Tatsachen*. Nichts anderes wollte *Bötticher* zum Ausdruck bringen; das „ne bis in idem" mit seiner umfassenden Präklusionswirkung bezieht sich nicht auf die Beurteilung des Prozeßstoffes durch den Richter, sondern auf den abschließenden Urteilsspruch über den Streitgegenstand.

Auch *Schwab* erkennt schließlich an, daß alles Vorbringen, das auf eine abweichende Darstellung oder Beurteilung des Prozeßstoffes des rechtskräftig entschiedenen Prozesses abziele, im neuen Prozeß ausgeschlossen sei[179]. Diese Ausschlußwirkung sei eine notwendige *Folge* der bindenden Wirkung der Rechtskraft, die ohne die ausschließende Wirkung ihre Bedeutung verlöre[180]. Eine von der Rechtskraft unabhängige Präklusion bejaht Schwab nur in den Fällen der §§ 616, 767 Abs. 3 ZPO und § 17 MSchG[181] unter der Voraussetzung, daß die Tatsachen mit dem Prozeßstoff des ersten Prozesses nicht im Zusammenhang stehen[182]. Im übrigen wird nicht in Zusammenhang stehender Prozeßstoff de lege lata nicht präkludiert[183], also nicht der Wechselanspruch, wenn nur der Kaufpreisanspruch vorgetragen war[184]. Trotz der Anlehnung an die Lehre vom Widerspruchsverbot unterscheidet sich Schwabs Auffassung von ihr insofern, als ihm die Bindung gemäß § 322 ZPO nicht genügt, weil die objektive Grenze der Rechtskraft nicht allein vom Streitgegenstand her bestimmt wird, sondern zusätzlich von den *behandelten Stoffkomplexen* abhängt.

c) Auch *Habscheid*[185] hat den Gedanken *Rosenbergs* aufgegriffen und sich bei aller Kritik[186] an der Begründung doch zu dessen — wieder aufgegebener — These bekannt, daß materielle Rechtskraft und Präklusion zwei verschiedene Dinge seien und daß die materielle Rechtskraft nur die geltend gemachten Tatsachen erfasse[187]. Habscheid be-

---

[179] Streitgegenstand, S. 167.
[180] Streitgegenstand, S. 169.
[181] Zu § 616 ZPO vgl. unten S. 107 ff., 168 ff.
Zu § 767 Abs. 3 ZPO vgl. oben S. 73 ff.
Zu § 17 MSchG vgl. unten S. 109.
[182] Streitgegenstand, S. 170 f.
[183] Streitgegenstand, S. 167 und S. 198.
[184] Ebenda, S. 172 f.
[185] Die Präklusionswirkung des rechtskräftigen Urteils, AcP 152, 169 ff.; Heimtrennungsklage, S. 22 ff.; Streitgegenstand, S. 289 ff.
[186] AcP 152, 171 ff.; Heimtrennungsklage, S. 24 ff.
[187] AcP 152, 171; Heimtrennungsklage, S. 26; Streitgegenstand, S. 291 f.

zeichnet den Ausschluß nicht vorgebrachter Tatsachen im Rahmen desselben Streitgegenstandes als „*allgemeine Präklusion*"[188] im Gegensatz zu der „besonderen Präklusion" in den Fällen der §§ 54 PatentG, 616, 767 Abs. 3 ZPO und § 17 MSchG[189]. Diese Ansicht, die den Ausschluß nicht vorgetragener Tatsachen im Unterschied zu *Schwab* nicht einmal mittelbar auf die materielle Rechtskraft zurückführt, muß sich zwei Fragen stellen: Weshalb eine Rechtskraftwirkung ausscheidet und woraus die Präklusionswirkung herzuleiten ist, wenn nicht aus der materiellen Rechtskraft.

aa) Aus *Habscheids* Aufsatz über „Die Präklusionswirkung des rechtskräftigen Urteils" läßt sich für die *Verneinung der Rechtskraftwirkung* nicht viel entnehmen, zumal er zu den Rechtskrafttheorien nicht Stellung nimmt. Immerhin wirft er *Nikisch* Inkonsequenz vor, wenn dieser zum Klagegrund nur die *vorgebrachten* Tatsachen zähle, aber die Rechtskraftwirkung nicht auf diese Tatsachen beschränke[190]. Deutlicher wird die eigene Position Habscheids in der Abhandlung über „Die Wiederholung der abgewiesenen Heimtrennungsklage". Hier bekennt er sich zwar zum Prinzip des „ne bis in idem"[191], definiert aber den prozessualen Anspruch im Sinne des § 322 Abs. 1 ZPO für den Eheprozeß als die „allgemein aufgestellte Rechtsbehauptung, dem Kläger stehe ein Scheidungsrecht aus dem *vorgetragenen*[192] Sachverhalt zu"[193]. Die durchaus konsequente Schlußfolgerung lautet denn auch: „Wenn der Kläger nunmehr eine neue Klage erhebt, in ihr den Antrag des

---

[188] AcP 152, 171; Heimtrennungsklage, S. 23; Streitgegenstand, S. 297.
[189] Streitgegenstand, S. 297 ff.
[190] AcP 152, 171. *Nikisch* kam es nicht auf die einzelnen Tatsachen an, sondern nur auf die Kennzeichnung des *Lebensvorgangs* als solchen. So heißt es bei *Nikisch*, Der Streitgegenstand im Zivilprozeß, S. 134, eindeutig:
„Der Kläger genügt seiner Pflicht, den Anspruch zu begründen und damit in unseren Fällen gleichzeitig zu individualisieren, wenn sich seinen Angaben deutlich genug entnehmen läßt, *welcher konkrete Vorgang* gemeint ist. Alle späteren Hinzufügungen, die die *Identität* des Vorgangs unberührt lassen, die nur die ursprüngliche Darstellung berichtigen oder ergänzen, enthalten keine Änderung des Klagegrundes ..."
Und weiter S. 135: „Nicht anders ist schließlich die Frage zu entscheiden, ob mehrere in verschiedenen Klagen erhobenen Ansprüche — immer prozessual gesehen — im Hinblick auf ihre Begründung gleich oder verschieden sind. Sie sind gleich, wenn sie aus dem gleichen tatsächlichen Vorgang abgeleitet werden, mag dieser auch in Einzelheiten abweichend dargestellt werden. Dem später erhobenen Anspruch steht deshalb in diesem Falle die Rechtshängigkeit des früher erhobenen Anspruchs und die Rechtskraft des darüber ergangenen Urteils entgegen. Und zwar muß das auch dann gelten, wenn die spätere abweichende Darstellung die Heranziehung von rechtlichen Gesichtspunkten ermöglicht, die bei der früheren Darstellung nicht in Betracht kamen."
[191] Ebenda, S. 14.
[192] Hervorhebung des Verfassers.
[193] Ebenda, S. 21.

III. Rechtskraft-Präklusion

Vorprozesses wiederholt und zur Begründung seiner Rechtsbehauptung *Tatsachen* anführt, *die er im Vorprozeß nicht geltend gemacht hat, obwohl sie bereits vorlagen,* so werden diese facta *von der materiellen Rechtskraft* nicht mitumfaßt; denn sie gehören eben nicht zum *Klagegrund* des ersten Rechtsstreits, und daher muß trotz des gleichen Antrags die *Identität des Streitgegenstandes verneint* werden[194]."

Indessen ist eine Streitgegenstandslehre, die sich an den vorgetragenen Tatsachen orientiert, nicht praktikabel. *Habscheid* identifiziert daher den Klagegrund in seiner umfassenden Untersuchung über den „Streitgegenstand im Zivilprozeß und im Streitverfahren der Freiwilligen Gerichtsbarkeit" mit Recht nicht mehr mit den vorgetragenen Tatsachen, sondern mit dem *vom Kläger zugrunde gelegten Lebenssachverhalt*[195]. *„Innerhalb des in der Klage abgegrenzten Lebenssachverhalts kann der Kläger neue Tatsachen vorbringen, ohne daß eine Klageänderung vorliegt*[196]." Man erwartet nun, daß Habscheid für die Bestimmung des Umfangs der Rechtskraft die gleiche Schlußfolgerung zieht[197], richtet sich doch das von ihm nach wie vor gebilligte „ne bis in idem"[198] nach dem Streitgegenstand, und dieser wird durch ergänzenden Tatsachenvortrag nicht verändert. Überraschenderweise hält Habscheid aber trotzdem an dem Nebeneinander von Rechtskraftwirkung und „allgemeiner Präklusion" fest[199].

Die Beschränkung der Rechtskraftwirkung auf die vorgetragenen Tatsachen wird nunmehr an Hand einer Kette von drei Beispielen folgendermaßen begründet: *Habscheid* geht *zunächst* von dem einfachen Fall aus, daß der Kläger DM 1000 fordert, das Gericht aber nur DM 500 zuspricht, ohne über die Mehrforderung zu entscheiden[200]. Hier handelt es sich eindeutig um ein Teilurteil, das selbstverständlich auch „nur insoweit" (§ 322 Abs. 1 ZPO) in Rechtskraft erwächst. Im *zweiten* Beispiel hat das Gericht den *vorgetragenen* Sachverhalt nur unter dem Gesichtspunkt des Kaufpreisanspruchs geprüft und die Klage abgewiesen, ohne den ebenfalls vorgetragenen Verbrauch der gelieferten Ware zu berücksichtigen[201]. Die Annahme eines Teilurteils scheidet nach Habscheids Streitgegenstandslehre schon deswegen aus, weil es

---

[194] Ebenda, S. 22.
[195] Ebenda, S. 206 ff., insbes. S. 217. Ob *Habscheid* in der Abgrenzung des Lebenssachverhalts stets zu folgen ist, bedarf hier keiner Auseinandersetzung.
[196] Ebenda, S. 217.
[197] *Habscheid* kennzeichnet den Angelpunkt sehr deutlich auf S. 286.
[198] Ebenda, S. 283.
[199] Ebenda, S. 289 ff.
[200] Ebenda, S. 289.
[201] Ebenda, S. 289.

sich um *einen* Streitgegenstand handelt[202]. Trotzdem soll die Entscheidung „nur insoweit", als das Gericht den Prozeßstoff berücksichtigt hat, in Rechtskraft erwachsen, weil nur über einen Teil des Klagegrundes entschieden sei[203]. Für diese Lösung fehlt es an einer einleuchtenden Begründung, denn es ist „quantitativ"[204] zur Gänze über den Streitgegenstand entschieden worden. Vermag man Habscheid nicht darin zu folgen, daß sogar vorgetragene Tatsachen nicht notwendig von der materiellen Rechtskraft erfaßt werden, so kann auch die weitere Schlußfolgerung für das *dritte* Beispiel nicht überzeugen: die materielle Rechtskraft könne erst recht den mit dem Warenverbrauch zusammenhängenden Tatsachenkomplex *nicht* ergreifen, wenn dieser — obschon existent — dem Richter nicht einmal zur Entscheidung unterbreitet worden sei[205].

Hält diese Kette zu dem „nur insoweit" des § 322 Abs. 1 ZPO nach allem nicht, so bleibt als Argument gegen die Rechtskraftwirkung nur noch der im Anschluß an *Schwab* erhobene Vorwurf übrig, die herrschende Meinung verkenne das *Wesen der Entscheidung;* denn *entschieden werde* nicht über einen objektiv abzusteckenden Lebenssachverhalt, sondern *über den mit Tatsachen aufgefüllten Klagegrund*[206]. Daß diese Betrachtungsweise auf einer für die Bestimmung des Umfangs der Rechtskraft-Präklusion unzulässigen Akzentverschiebung von dem maßgeblichen Entscheidungsergebnis auf die Entscheidungstätigkeit beruht, ist schon oben bei der Auseinandersetzung mit Schwab dargelegt worden[207]. *Entschieden ist* nämlich *über den Streitgegenstand*[208], also — folgte man *Habscheid* in seiner Definition — über „die Rechtsbehauptung des Klägers, ihm sei in dem eingeschlagenen Verfahren die begehrte Rechtsfolge auf Grund eines bestimmten Lebenssachverhaltes zuzusprechen"[209].

Bemerkenswerterweise kommt *Habscheid* letztlich hinsichtlich des Präklusionsumfangs zu demselben Ergebnis, indem er bezüglich der nicht vorgetragenen Tatsachen die „allgemeine Präklusion" eingreifen läßt[210]. Eigentlich müßte sie auch für die vorgetragenen Tatsachen

---

[202] Ebenda, S. 207 — Selbst bei der Annahme einer alternativen Klagenhäufung läge eine endgültige Abweisung der Klage vor.

[203] Streitgegenstand, S. 289.

[204] Streitgegenstand, S. 288.

[205] Streitgegenstand, S. 289.

[206] Streitgegenstand, S. 289.

[207] Vgl. oben S. 92 f.

[208] *Bötticher*, Streitgegenstand und Rechtskraft unter besonderer Berücksichtigung der Wiederholung der Ehescheidungsklage, FamRZ 1957, 409 ff., 411 f. — vgl. auch § 121 VwGO.

[209] Streitgegenstand, S. 221 f.

[210] Streitgegenstand, S. 295, 296.

gelten, die bei der Entscheidung nicht berücksichtigt worden sind; denn Habscheid erkennt ja in beiden Fällen keine Rechtskraftwirkung an (Beispiel 2 und 3).

bb) Sieht man einmal von den Zweifeln an der Prämisse *Habscheids* ab, so ist als weitere Frage zu prüfen, woraus Habscheid die „allgemeine Präklusion" ableitet.

Habscheid hat sich auf die §§ 323 Abs. 2, 580 und 767 Abs. 2 ZPO berufen[211]. In anderem Zusammenhang ist bereits dargetan oder wird dargestellt werden, welche Besonderheiten die §§ 323 Abs. 2[212] und § 767 Abs. 2[213] ZPO aufweisen, und zwar vor allem deswegen, weil sie sogar *rechtskraftfremde* Präklusionswirkungen äußern. Verneint man den Ausschluß nicht vorgebrachter Tatsachen als Wirkung der materiellen Rechtskraft, so dürfte es nicht schwerfallen, beide Normen zu Sondervorschriften zu erklären, die allein die Abänderungs- und die Vollstreckungsgegenklage einschränken sollen[214]. Und § 580 ZPO ließe sich so interpretieren, daß er die richtige Beurteilung bereits vorgetragener Tatsachen ermöglichen will, indem z. B. nachträglich aufgefundene Urkunden zum Beweis zugelassen werden[215]. Man muß also erst die Präklusion des nicht vorgebrachten Prozeßstoffes als allgemeines Prinzip rechtfertigen, bevor man es in den §§ 323 Abs. 2, 580, 767 Abs. 2 ZPO — wenn auch mit Abwandlungen — bestätigt findet. Während sich diese Rechtfertigung für die recht verstandene Lehre des „ne bis in idem" aus dem Wesen der Rechtskraft ergibt und die Präklusion nach den anderen Theorien wenigstens eine selbstverständliche Folge der Rechtskraftwirkung darstellt, rechtfertigt Habscheid seine von der materiellen Rechtskraft unabhängige „allgemeine Präklusion" mit dem *„Prinzip der endgültigen Rechtsfeststellung"* und der *„Verhandlungsmaxime"*[216].

---

[211] Streitgegenstand, S. 291.
[212] Vgl. unten S. 120 ff.
[213] Vgl. oben S. 67 ff.
[214] Vgl. *Schwab*, Streitgegenstand, S. 162 f.
[215] § 580 ZPO hatte *Habscheid* in AcP 152, 172 und Heimtrennungsklage, S. 27, besonders hervorgehoben. Zu § 580 ZPO vergleiche auch unten S. 143.
[216] Streitgegenstand, S. 291. Auf der Seite zuvor weist *Habscheid* auf die Verhandlungsmaxime als Rechtfertigung für sein Verständnis von der materiellen Rechtskraft hin. *Jauernig*, Verhandlungsmaxime, Inquisitionsmaxime und Streitgegenstand, S. 8, bemerkt hierzu, die Verhandlungsmaxime führe [bei Habscheid] ein Doppelleben, weil sie gleichzeitig erreiche, daß die unerwähnten Tatsachen *nicht ausgeschlossen* seien (durch materielle Rechtskraft) und daß sie *ausgeschlossen* seien (durch die allgemeine Präklusion). *Jauernig* will aber die Verhandlungsmaxime bereits zur Abgrenzung des Streitgegenstandes und damit auch der Rechtskraftwirkung heranziehen, vermeidet indessen eine Divergenz von Streit- und Urteilsgegenstand (vgl. S. 51 ff.) — vgl. hierzu auch unten S. 105 mit Fn. 264.

5. Exkurs: Zum Einfluß der Verhandlungs- und Untersuchungsmaxime auf die Präklusion nicht vorgetragener Tatsachen

Die Berufung *Habscheids* auf die *Verhandlungsmaxime*[217] macht einen *Exkurs* erforderlich, gibt sie doch dem gefährlichen Umkehrschluß Raum, daß in Verfahren mit *Untersuchungsmaxime* nur zum Gegenstand der Verhandlung gemachte Tatsachen präkludiert werden könnten. Dieser Gedanke liegt deswegen nicht so fern, weil die entsprechende Anwendung der punktuellen innerprozessualen Präklusionsnormen wie §§ 279, 279 a, 283 Abs. 2, 529 Abs. 2 und 3 ZPO unter Hinweis auf die Untersuchungsmaxime für den Verwaltungsprozeß mit Recht abgelehnt wird[218].

Habscheid hat für die *Streitverfahren der Freiwilligen Gerichtsbarkeit* anfänglich in der Tat jede außerprozessuale Präklusionswirkung wegen der Geltung der Untersuchungsmaxime verneint[219]. Inzwischen läßt er immerhin die *schuldhafterweise* nicht vorgebrachten Tatsachen präkludieren, stützt sich hierfür aber auf den abgelegenen § 44 MSchG[220], der sich mit der Wiederholung eines Antrags an das Mieteinigungsamt befaßt[221]. Auch der BGH hat dieses subjektive Präklusionsprinzip nicht etwa schlechthin für alle Streitverfahren der Freiwilligen Gerichtsbarkeit anerkannt[222], sondern speziell § 37 Abs. 3 Satz 1 der Verfahrensordnung für Landwirtschaftssachen (LVO)[223] subjektiv ausgelegt[224]. Für diese Auslegung könnte sprechen, daß sogar diejenigen präkludiert sein

---

[217] Außer Streitgegenstand, S. 291, siehe auch S. 306.

[218] *Baumbach-Lauterbach*, ZPO, § 279 Anm. 4, § 279 a Anm. 5, § 283 Anm. 5; § 529 Anm. 6; *Ule*, Verwaltungsgerichtsbarkeit, § 86 Anm. V; *Ziemer-Birkholz*, Finanzgerichtsordnung, § 155 Anm. 9.

[219] Schiedsverfahren und Freiwillige Gerichtsbarkeit, ZZP 66, 188 ff., 203.

[220] Die Vorschrift lautet: „Wer mit einem Antrag endgültig abgewiesen ist, kann den gleichen Antrag nicht mehr auf Tatsachen gründen, die er in einem früheren Verfahren geltend gemacht hat oder geltend machen konnte. Tatsachen, auf die der Antrag nicht mehr gegründet werden kann, dürfen zur Unterstützung eines auf andere Tatsachen gegründeten Antrags geltend gemacht werden."

[221] Streitgegenstand, S. 308 f.; *Lent-Habscheid*, Freiwillige Gerichtsbarkeit, § 28 I 3, S. 166 f.; § 28 IV 4, S. 174 f.; zustimmend *Pikart-Henn*, Lehrbuch der Freiwilligen Gerichtsbarkeit, S. 100; a. A. z. B. *Bärmann*, Freiwillige Gerichtsbarkeit, § 22 I 4 b, S. 159.

[222] In diesem Sinne könnte die Bemerkung *Habscheids*, Freiwillige Gerichtsbarkeit, § 28 IV 4, S. 175, mißverstanden werden.

[223] Die Vorschrift lautet: „Ist im Feststellungsverfahren rechtskräftig entschieden worden, so können diejenigen, die sich am Verfahren beteiligt haben oder von dem Verfahren ... verständigt worden sind, einen neuen Antrag nicht auf Tatsachen gründen, die in dem früheren Verfahren geltend gemacht worden sind oder von ihnen dort geltend gemacht werden konnten."

[224] BGH LM Nr. 2 zu § 37 LVO = Nr. 6 zu § 58 LVO jeweils Leitsatz a) ohne Begründung.

III. Rechtskraft-Präklusion

sollen, die sich am Verfahren gar nicht beteiligt haben, sondern nur von ihm verständigt worden sind[225].

Das Verhältnis von Untersuchungsmaxime und Präklusion sollte aber nicht nur für die heterogene Freiwillige Gerichtsbarkeit beleuchtet werden. Schon für die *Ehenichtigkeitsklage* gilt z. B. vollen Umfangs die Untersuchungsmaxime (§ 622 Abs. 1 ZPO), und gleichwohl ist die Präklusion des nicht vorgebrachten Prozeßstoffes unabhängig vom Verschulden als Rechtskraftwirkung zu bejahen[226].

Gedacht werden muß ferner der anderen Verfahrensordnungen für die nur die Inquisitionsmaxime gilt. So sollte für den *Strafprozeß* unbezweifelbar sein, daß nicht ermittelte Tatumstände ebenfalls ausgeschlossen sind[227], sofern sie zu dem historischen Ereignis gehören, auf den die Anklage hinweist[228].

Das BVerwG ist für das *verwaltungsgerichtliche* Verfahren ebenfalls der Auffassung, die Rechtskraft bewirke „die Abschneidung (Präklusion) aller Behauptungen, Einwendungen und Einreden, ..., sofern sie vor Schluß der letzten Tatsachenverhandlung entstanden waren, sogar dann, wenn sie nicht vorgebracht waren"[229]. Dies gilt nach Auffassung des

---

[225] Für § 68 ZPO ist dies freilich unerheblich.
[226] *Bötticher*, FamRZ 1957, 412; vgl. insbesondere auch *Jauernig*, Verhandlungsmaxime, S. 55 ff. *Jauernig* geht insoweit weiter als *Bötticher*, als er die Nichtigkeit der Ehe schlechthin zum Streitgegenstand erklärt und deswegen auch nur *einen* Ehenichtigkeitsprozeß für möglich hält, während *Bötticher* den einzelnen Nichtigkeitsgrund als Streitgegenstand behandelt (vgl. Festgabe für Rosenberg, S. 94 Anm. 19). Es ist hier nicht der Ort, zu dieser Frage eingehend Stellung zu nehmen. Immerhin ist die Ausgangsthese *Jauernigs*, das Gericht dürfe auch nicht geltend gemachte Nichtigkeitsgründe von Amts wegen berücksichtigen, nicht unbezweifelbar (so, a.a.O., S. 58; vgl. z. B. *Stein-Jonas-Schlosser*, ZPO, § 622 Anm. III 3). Ist der Streitgegenstand aber enger, so gilt § 622 Abs. 1 ZPO und damit die Untersuchungsmaxime nur für den vorgetragenen Nichtigkeitsgrund.
Keinesfalls ergibt sich für *Bötticher* folgende Perspektive: „Beim *Nichtigkeitsprozeß* darf das Gericht auch solche Nichtigkeitsgründe seinem klagabweisenden Urteil zugrunde legen, die der Kläger *nicht vorgebracht* hat (§ 622 I ZPO); dennoch ist Streit- und Urteilsgegenstand nur der vom Kläger vorgebrachte Nichtigkeitsgrund. Argument: Unanwendbarkeit des § 616 ZPO" (Jauernig, S. 60 f.). Entscheidet das Gericht zu Unrecht über einen ihm — nach *Böttichers* Auffassung — gar nicht unterbreiteten Streitgegenstand, so bindet diese Entscheidung selbstverständlich trotzdem, wenn sie formell rechtskräftig wird. In den kranken Fällen — bei Verletzung des § 308 Abs. 1 ZPO — decken sich Streitgegenstand und Urteilsgegenstand nicht.
[227] Vgl. *Jauernig*, Verhandlungsmaxime, S. 26 bis 35 mit weiteren Nachweisen.
[228] *Eberhardt Schmidt*, Lehrkommentar zur StPO und zum GVG I, Anm. 295 ff., insbes. Anm. 298.
[229] BVerwGE 16, 36, 38 f.; vgl. ferner BVerwGE 14, 359, 362: „Es kommt nicht darauf an, ob das Urteil des Vorprozesses überzeugt und ob damals alle Tatsachen vorgetragen und gewürdigt worden sind." Siehe auch *Jauernig*, Verhandlungsmaxime, S. 24 f., sowie *Ule*, Verwaltungsgerichtsbarkeit, § 121 Anm. II 2 b und c.

BVerwG grundsätzlich auch dann, wenn die Behörde einen Zweitbescheid erlassen hat, weil die Bindungswirkung der materiellen Rechtskraft unverzichtbar sei[230]. Dort hatte der Kläger die erneute Ablehnung eines Antrags durch die Behörde zum Anlaß für eine zweite *Verpflichtungs*klage genommen, obwohl er mit der ersten bereits gescheitert war[231]. Aber auch dann, wenn die Behörde einen zweiten belastenden Verwaltungsakt erläßt, nachdem der inhaltsgleiche erste Verwaltungsakt bereits aufgrund einer *Anfechtungs*klage rechtskräftig aufgehoben worden war, muß das Gericht in dem neuen Prozeß an das erste Urteil gebunden sein, sofern sich die Sachlage (bzw. Rechtslage) nicht *nachträglich* geändert hat. Anders als bei der Verpflichtungsklage ist der Streitgegenstand nach meiner Ansicht zwar nicht identisch[232], wofür auch spricht, daß die zweite Anfechtungsklage gegen den wiederholten Bescheid zulässig ist. Die neue Tatsache des Zweitbescheides darf aber nicht darüber hinwegtäuschen, daß über die eigentliche Streitfrage, nämlich die Berechtigung zum Erlaß des Verwaltungsakts, bereits verbindlich entschieden ist[233]. Für den ähnlich gelagerten Fall der wiederholten Arbeitgeberkündigung hat *Bötticher* frühzeitig darauf aufmerksam gemacht[234]. Die zweite Anfechtungsklage muß daher aufgrund der *Präjudizwirkung* des rechtskräftigen Urteils Erfolg haben[235].

Im Gegensatz zum BVerwG hat das BSG für das *sozialgerichtliche* Verfahren die Ansicht vertreten, die Behörde könne mittels eines Zweitbescheides dem Gericht die Grundlage für die Berücksichtigung alter, aber nicht vorgetragener Tatsachen *zugunsten des Bürgers* ermöglichen[236]. Und im *finanzgerichtlichen* Verfahren soll sogar eine refor-

---

[230] JR 1964, 355 f. — anders dagegen, wenn es sich nur um die *Bestandskraft* eines unanfechtbaren Verwaltungsakts handelt (DVBl. 1960, 857).

[231] Trotz der rechtskräftigen Entscheidung kann die Behörde selbstverständlich einen wirksamen, aber fehlerhaften begünstigenden Verwaltungsakt erlassen, für den sich dann kein Kläger findet. Sie kann das Gericht indessen nicht durch einen Zweitbescheid bei im Ergebnis unverändert ablehnender Haltung zu einer neuen Würdigung zwingen, indem sie auf die Rechtskraftwirkung verzichtet. Vgl. auch unten S. 147 f.

[232] Vgl. zu der Frage der Identität auch *Arens*, Streitgegenstand und Rechtskraft im aktienrechtlichen Anfechtungsverfahren, S. 117 f.

[233] Vgl. *Bötticher*, Festschrift für Herschel, S. 195 m. Anm. 4, sowie Festschrift für Dölle I, S. 61 f.; *Zeuner*, Die objektiven Grenzen der Rechtskraft, S. 116 und S. 119 ff.

[234] Festschrift für Herschel, S. 193 f. (S. 197: „Trotzkündigung") sowie Festschrift für Dölle I, S. 62 ff.; vgl. ferner *Zeuner*, Die objektiven Grenzen der Rechtskraft, S. 118 f., 132 f.

[235] Das Urteil ist ein Sachurteil. A. A. *Müffelmann*, Die objektiven Grenzen der Rechtskraft steuergerichtlicher Urteile, S. 131 m. Anm. 79 (vgl. auch S. 106 f., S. 130 f.).

[236] BSGE 10, 248 ff. — zustimmend *Haueisen*, Die Bedeutung der Rechtskraft verwaltungsgerichtlicher Urteile, NJW 1960, 313 ff., 315; ablehnend *Peters-Sautter-Wolff*, Kommentar zur Sozialgerichtsbarkeit, § 141 Anm. 3 b bb Blatt II/252 mit weiteren Nachweisen.

III. Rechtskraft-Präklusion

matio *zu Lasten des Bürgers* möglich sein, wenn die Behörde aufgrund nachträglich ermittelter alter Tatsachen einen neuen Bescheid erläßt[237].

Der von der Rechtskraft handelnde § 110 FGO rechtfertigt diese Abweichung nicht[238]. Auch gemäß § 110 Abs. 1 Satz 1 FGO, dessen Wortlaut darin mit § 121 VwGO übereinstimmt, binden rechtskräftige Urteile die Beteiligten ... so weit, als über den Streitgegenstand entschieden worden ist. Zwar bleiben nach Abs. 2 die Vorschriften der Reichsabgabenordnung und anderer Steuergesetze über die Zurücknahme, Ersetzung und Änderung von Verfügungen sowie über die Nachforderung von Steuern unberührt, *aber nur, soweit sich aus Abs. 1 Satz 1 nichts anderes ergibt*. Der unbefangene Leser findet hierin den Vorrang der Rechtskraft bestätigt[239], sieht sich jedoch alsbald auf § 100 Abs. 1 Satz 1, 2. Halbsatz FGO verwiesen[240], wonach die Finanzbehörde an die rechtliche Beurteilung des den Verwaltungsakt *aufhebenden* Urteils gebunden ist, an die *tatsächliche* so weit, *als nicht neu bekannt werdende Tatsachen und Beweismittel eine andere Beurteilung rechtfertigen*. Man fühlt sich an § 565 Abs. 2 ZPO erinnert, als handele es sich um die Zurückverweisung innerhalb eines als *Einheit* gedachten Verwaltungs- und Gerichtsverfahrens, das mit der Aufhebung des Verwaltungsakts noch nicht abgeschlossen ist. Und in der Tat hat der BFH von einer „Zurückverweisung" an die Finanzbehörde im Zusammenhang mit der Frage gesprochen, inwieweit das Finanzgericht bei einem auf Geldleistung gerichteten Verwaltungsakt die Neufestsetzung

---

[237] Vgl. die Kritik *Jauernigs*, Verhandlungsmaxime, S. 35 ff.; ferner *Vogel*, Berichtigung von Steuerbescheiden nach Erlaß eines rechtskräftigen steuergerichtlichen Urteils, DStR 1966, 387 ff.; *Barske-Woerner*, Finanzgerichtsordnung, S. 115 f.; *Görg-Müller*, Finanzgerichtsordnung, § 110 Anm. 3 Rdnr. 596, S. 381 f. und § 100 Anm. 2 B Rdnr. 522, 523; *Ziemer-Birkholz*, Finanzgerichtsordnung, § 110 Rdnr. 51 ff.

[238] Zur Rechtslage vor Inkrafttreten der FGO vergleiche die Dissertation von *Müffelmann*, Die objektiven Grenzen der materiellen Rechtskraft steuergerichtlicher Urteile, insbes. S. 33 ff., S. 191 ff. *Müffelmann* will entgegen der Praxis neue Tatsachen oder Beweismittel, die nach der rechtskräftigen Entscheidung bekannt werden, nur in den Grenzen des § 580 ZPO berücksichtigen (S. 194) und glaubt, seine Ansicht in den Entwürfen zur FGO bestätigt zu finden.
Mit dieser Auffassung ist die Bestimmung des *Streitgegenstandes* des steuergerichtlichen Verfahrens durch den Großen Senat des BFH gut vereinbar: „Streitgegenstand ... ist nicht das einzelne Besteuerungsmerkmal, sondern die Rechtmäßigkeit des die Steuer ... festsetzenden Steuerbescheids ..." Vgl. Leitsatz b) NJW 1968, 1948, 1949 sowie die Anmerkung von *Baltzer*.

[239] Demgegenüber meinen *Barske-Woerner*, Finanzgerichtsordnung, S. 115, schon die Erwähnung der Berichtigungsvorschriften in § 110 Abs. 2 FGO deute auf eine Abänderungsmöglichkeit bei Bekanntwerden alter Tatsachen hin.

[240] *Barske-Woerner*, Finanzgerichtsordnung, S. 115; *Ziemer-Birkholz*, Finanzgerichtsordnung, § 110 Rdnr. 56.

selbst vornehmen muß (§ 100 Abs. 2 FGO)[241]. Trotz der Untersuchungsmaxime (§ 76 Abs. 1 FGO) ist das Finanzgericht hierzu nämlich dann nicht verpflichtet, wenn es wesentliche Verfahrensmängel feststellt und eine weitere, einen erheblichen Aufwand an Kosten und Zeit erfordernde Aufklärung für nötig hält (§ 100 Abs. 2 Satz 2 FGO)[242]. Daß in den Fällen der „Zurückverweisung" die Berücksichtigung neu ermittelter Tatsachen nicht gegen das Prinzip des „ne bis in idem" verstößt und durchaus gleichfalls zugunsten des Bürgers ausfallen kann, bedarf keiner näheren Begründung[243].

Die Literatur[244] will — mit dem Regierungsentwurf[245] — die Berücksichtigung nachträglich bekannt gewordener Tatsachen indessen darüber hinaus gestatten, wenn das Gericht den Sachverhalt *abschließend* feststellen und beurteilen wollte. Ganz deutlich wird dies bei *Vogel*, der aus diesem Grunde § 100 Abs. 1 Satz 1 FGO analog auch dann anwenden will, wenn die Anfechtungsklage *abgewiesen* worden ist, damit auch eine Verbesserung zugunsten des Bürgers möglich werde[246]. Es wird abzuwarten sein, wie der BFH die Rechtskraftgrenzen absteckt. Keinesfalls sollte der Antwort aber *ohne gesetzlichen Anhalt*[247] eine subjektive Wendung gegeben werden, wie sie *Görg-Müller*[248] vorschlagen: „Betreibt die FinBeh die Sacherforschung ohne die gebotene und zumutbare Intensität, so sind jedenfalls alle die Tatsachen neu im Sinne von § 100 Abs. 1, zu deren Aufweis der Stpf. nach den §§ 166 ff. AO verpflichtet war, wenn er dieser Verpflichtung nicht genügt hat. § 100 Abs. 1 Satz 1 2. Halbsatz ist eine Schutzbestimmung für den Stpfl. Er verwirkt aber diesen Schutz, wenn er die ihm nach den §§ 166 ff. AO obliegenden Mitwirkungspflichten nicht erfüllt. *Tatsachen, die die FinBeh bei zumutbarer Sacherforschung hätte aufklären können* und hinsichtlich deren auch *keine Mitteilungspflicht des Stpfl. o. ä. bestand*, sind dagegen, auch wenn sie objektiv erst nach dem Aufhebungsbeschluß bekannt werden, *keine neuen Tatsachen* ..."

Bezeichnenderweise ist selbst bei diesem Vorschlag von der Aufklärungspflicht des *Gerichts* nicht die Rede. *Ziemer-Birkholz* haben zu Recht empfunden, daß die Untersuchungsmaxime außerprozessual

---

[241] NJW 1967, 598 = BB 1967, 105.
[242] Dies beachtet *Jauernig*, Verhandlungsmaxime, S. 36 f., nicht genügend (mit Hinweis in Anm. 83 auf den BFH BB 1967, 105).
[243] Vgl. zum Bescheidungsurteil nach § 113 Abs. 4 Satz 1 VwGO z. B. BVerwGE 29, 1 ff.
[244] Vgl. *Vogel*, DStR 1966, 389; *Ziemer-Birkholz*, Finanzgerichtsordnung, Rdnr. 51 ff. zu § 110.
[245] Bundestagsdrucksache IV/1446, S. 56 zu § 106 E.
[246] DStR 1966, 389 f.
[247] Im Unterschied zu §§ 616, 767 Abs. 3 ZPO, 17 MSchG, 54 PatentG.
[248] Finanzgerichtsordnung, § 100 Anm. 2 B Rdnr. 523, S. 339.

eigentlich eher mit einer umfassenden Präklusionswirkung korrespondieren müßte[249]; denn unabhängig von den Prozeßparteien, die in ihrem eigenen Interesse auf vollständigen Tatsachenvortrag bedacht sein werden, ist außerdem das Gericht verpflichtet, *aktiv* weitere Tatsachen zu ermitteln. Die Antwort auf die Frage, unter welchen Voraussetzungen neu bekannt gewordene Tatsachen noch berücksichtigt werden dürfen, läßt sich indessen überhaupt nicht zwingend aus der Geltung der Untersuchungsmaxime *ableiten,* geht es doch letztlich allein darum, ob und inwieweit der Gesetzgeber der *Steuergerechtigkeit* vor der Rechtssicherheit den Vorrang eingeräumt hat. Diese Gerechtigkeit im Einzelfall hat dem Gesetzgeber in § 100 Abs. 1 Satz 1 FGO sicherlich vor Augen gestanden, und er hätte diese Vorschrift nicht anders gefaßt, wenn die Verhandlungsmaxime gelten würde. Ebenso hält das BSG um der *sozialen Gerechtigkeit* willen eine Verbesserung zugunsten des Bürgers für möglich, wenn die Behörde durch einen Zweitbescheid den Rechtsweg erneut eröffnet.

Die Untersuchungsmaxime ist nur besser geeignet, wenn es gilt, im öffentlichen Interesse der Wahrheit schon im ersten Prozeß möglichst nahe zu kommen.

Setzt man allein die Verhandlungsmaxime und die Präklusion miteinander in Beziehung, so müßte die *Last*[250] der Parteien, im eigenen Interesse sämtliche Tatsachen vorzutragen, auch dort enden, wo *Habscheid* bei den Streitverfahren der Freiwilligen Gerichtsbarkeit mit der Untersuchungsmaxime anlangt: nämlich bei den Tatsachen, die die Parteien *subjektiv* vortragen konnten. Denn die bloß theoretische Möglichkeit des Tatsachenvortrags, die ja auch in den Verfahren mit Untersuchungsmaxime gegeben ist, kann die weitergehende Präklusion nicht rechtfertigen. Die Präklusion ist also nicht von der jeweiligen Verfahrensmaxime abhängig, sondern sie findet ihre Rechtfertigung in der *Rechtsfriedensfunktion der materiellen Rechtskraft.*

6. Ergebnis

Nichts anderes als diese Funktion der Rechtskraft ist auch das „Prinzip der endgültigen Rechtsfeststellung", das *Habscheid* als zweiten Rechtfertigungsgrund für seine „allgemeine Präklusion" anführt[251]. Soll doch die Rechtsordnung mit diesem Prinzip dafür sorgen, „daß ein Rechtsstreit einmal ein Ende findet, und so den Rechtsfrieden und die Rechtssicherheit gewährleisten"[252]. Deswegen kann es keine einleuch-

---

[249] Finanzgerichtsordnung, § 110 Rdnr. 52, 53.
[250] Vgl. unten S. 132 ff.
[251] Streitgegenstand, S. 291; vgl. ferner Heimtrennungsklage, S. 28 ff.
[252] Heimtrennungsklage, S. 29.

tende Begründung dafür geben, daß diese Aufgabe — innerhalb eines Streitgegenstandes — auf die „Schwesterprinzipien"[253] materielle Rechtskraft und „allgemeine Präklusion" zu verteilen sei. Damit wird die *herkömmliche Bedeutung der materiellen Rechtskraft nicht nur unnötig geschmälert, sondern sogar geleugnet,* wenn sie ihre Bewährungsprobe zu bestehen hat, weil nachträglich nicht vorgetragener Tatsachenstoff auftaucht.

Diese Erkenntnis ist nicht neu[254]. Sie verdient aber, so lange unter anderem Blickwinkel überprüft und erneut begründet zu werden, bis die Unsicherheit, die auch die Rechtsprechung zu erfassen droht[255], endet. Denn es handelt sich trotz der übereinstimmenden Ergebnisse nicht etwa um eine unfruchtbare Streitigkeit, sondern um die Erfüllung einer für die Prozeßrechtswissenschaft wesentlichen Pflicht, nämlich die prozessualen Institute für Lehre und Praxis *einsichtig* zu machen, damit sie desto leichter gehandhabt werden können.

IV. Rechtskraftergänzende Präklusion

Unter rechtskraftergänzender Präklusion ist diejenige Ausschlußwirkung zu verstehen, die zwar *formelle Rechtskraft voraussetzt,* aber nicht mehr als Rechtskraft-Präklusion bezeichnet werden kann, weil sie *über den Streitgegenstand hinausreicht,* so daß das Prinzip des „ne bis in idem" die Präklusion nicht mehr rechtfertigen kann. In dieser abstrakten Abgrenzung steht die rechtskraftergänzende Präklusion auf einer Stufe mit der „besonderen Präklusion" *Habscheids*[256] und *Hoegens*[257] bzw. der „Präklusion" *Henckels*[258].

1. Der Streitgegenstand als Grundbegriff

Wer den *Streitgegenstand zur Abgrenzung* der Rechtskraft-Präklusion benutzen will, konnte noch vor nicht allzu langer Zeit mit ungeteilter

---

[253] Heimtrennungsklage, S. 24.

[254] Für sie ist bereits *Hoegen* in seiner Dissertation eingetreten, der sich mit den Arbeiten von *Habscheid* und *Schwab* noch nicht auseinandersetzen konnte. Später haben sich insbes. *Bötticher* (FamRZ 1957, 409, 411 f.; ZZP 77, 477, 480 f.), *Henckel* (Parteilehre und Streitgegenstand im Zivilprozeß, S. 302 mit Anm. 188) und *Nikisch* (AcP 154, 279 ff.; AcP 156, 71, 76 f.) gegen die Aufspaltung gewandt.

[255] Vgl. etwa BGH ZZP 74, 374, 376 mit Anmerkung von *Schwab;* BGH JZ 1962, 542, 543 mit Anmerkung von *Bötticher;* OLG Celle, JZ 1961, 384 f. mit Anmerkung von *Zeuner,* der der Präklusionswirkung ebenfalls nicht den Charakter einer selbständigen Urteilswirkung zuerkennt.

[256] AcP 152, 174 ff.; Streitgegenstand, S. 297 ff., insbes. S. 300.

[257] Ebenda, S. 148.

[258] Parteilehre und Streitgegenstand im Zivilprozeß, S. 303.

IV. Rechtskraftergänzende Präklusion

Zustimmung rechnen. Denn fast einstimmig wurde die Auffassung bekräftigt, der Streitgegenstandsbegriff bilde das Rückgrat des Prozesses, er sei als *Grundbegriff* für Rechtshängigkeit, Klageänderung, Klagenhäufung und Rechtskraft in gleicher Weise maßgeblich[259]. Diese Vorstellung wird in Zweifel gezogen[260], ja als Dogma bekämpft[261], wobei dem Streitgegenstand vor allem ein besonderer Urteilsgegenstand gegenübergestellt wird. Wenn *Jauernig*, Verhandlungsmaxime, Inquisitionsmaxime und Streitgegenstand, es ein nicht minder wichtiges Ziel seiner Untersuchung nennt, die Idee zu zerstören, der Begriff des Streitgegenstandes sei überall derselbe, und von dem „Phantom eines Einheitsbegriffs" spricht[262], so zweifelt er den Einheitsbegriff unter einem ganz anderen Aspekt an. Sein Angriff zielt nämlich nicht, wie die folgenden Überlegungen zeigen, gegen die Annahme eines einheitlichen Begriffs für die *verschiedenen Verfahrensstadien*[263]; sein Bestreben geht vielmehr dahin nachzuweisen, daß der Streitgegenstand für die einzelnen *Klage- und Verfahrensarten* unterschiedlich bestimmt werden müßte[264].

---

[259] *Bötticher*, Festgabe für Rosenberg, S. 92; *Habscheid*, Streitgegenstand, S. 135 f.; *Lerche*, Ordentlicher Rechtsweg und Verwaltungsrechtsweg, S. 57 mit Anm. 191, S. 153; *Schwab*, Streitgegenstand, S. 3, 73.

[260] *Lerche*, Zum Stand der Lehre vom Streitgegenstand im Verwaltungsprozeß, BayVerwBl. 1956, 295 f. und 297 f.

[261] *Arwed Blomeyer*, Zivilprozeßrecht, § 89 III 1, S. 452; vgl. ferner *Baur*, Studien zum einstweiligen Rechtsschutz, S. 88 mit Anm. 28 und S. 97; *Stein-Jonas-Pohle*, ZPO, Einl. E IV 2 b jeweils mit weiteren Nachweisen.

[262] Ebenda, S. 6 f.

[263] Vgl. S. 22, 28, 53 f.

[264] Es ist hier nicht der Ort, zu *Jauernigs* differenzierender Streitgegenstandsbestimmung näher Stellung zu nehmen. Doch sei die Frage erlaubt, ob *Jauernig* die Bedeutung der Verhandlungs- und Untersuchungsmaxime für die Begrenzung des Streitgegenstandes richtig einschätzt (vgl. z. B. S. 10 f. und 22 — kritisch hierzu *Grunsky*, Überlegungen zum Streitgegenstand nach deutschem Prozeßrecht, in: Studi in memoria di Angelo Gualandi, S. 316 ff., 318 ff., insbes. S. 321 f.). Nach herkömmlicher Vorstellung betreffen diese Maximen nur die Frage, *wie* der Prozeßstoff zusammengetragen wird. Dagegen ist es Sache der dem Kläger auch im Inquisitionsprozeß vorbehaltenen Disposition, den Streitgegenstand zu bestimmen. Zu dieser auch von *Jauernig* anerkannten „Dispositions*last*" (S. 11) gehört m. E. bei dem von ihm angeführten Beispiel — die Geltung der Untersuchungsmaxime unterstellt — der Übergang vom Tatsachenkomplex Kaufpreisanspruch zum Komplex Bereicherungsanspruch wegen Verbrauchs, wenn man nicht auch für den Prozeß mit Verhandlungsmaxime den einheitlichen Streitgegenstand bejaht. Problematisch ist nämlich nicht der Fall, daß der Verbrauch infolge der richterlichen Untersuchung zutage kommt. Dann kann der Richter dem Kläger durch Ausübung seines Fragerechts die Möglichkeit zur Disposition geben. Fraglich ist indessen die richtige Lösung für den Fall, daß der Verbrauch *nicht* zur Sprache kommt. Diejenigen, die für den Prozeß mit Verhandlungsmaxime die Rechtskraft verneinen möchten, verneinen auch die Identität des Streitgegenstandes. Die Antwort darf aber im Prozeß mit Untersuchungsmaxime nicht anders lauten (vgl. hierzu *Jauernig*, S. 10 ff., 16 ff.). Dasselbe gilt von dem von *Jauernig* erörterten Anspruch auf Herausgabe aufgrund

§ 4 Außerprozessuale Präklusion

Jauernig empfindet zu Recht, daß auch *Zeuner* nicht unter die Gegner eines einheitlichen Streitgegenstandsbegriffs für die verschiedenen Stadien eines Prozesses gezählt werden kann[265]. Wenn Zeuner am Ende seiner Untersuchung zu dem Ergebnis gelangt, daß der Streitgegenstand nicht der einzige Faktor sei, der den Umfang der Rechtskraft bestimme[266], so ist damit die Bedeutung des Streitgegenstandes für die Ermittlung der Rechtskraft-Präklusion zwar gemindert, aber nicht geleugnet. Zeuner hat ja auch gar nicht danach gefragt, wann derselbe Streitgegenstand vorliegt. Ihn hat vielmehr die Frage interessiert, in welchen Fällen außer denen der Präjudizialität das rechtskräftige Urteil des Vorprozesses kraft des Sinnzusammenhangs im Folgeprozeß beachtet werden muß[267]. Die *Basis* bleibt aber die Entscheidung über den Streitgegenstand des Vorprozesses. Dies zeigt sich deutlich bei den Grenzen der Präklusionswirkung auch in der Fallgruppe des beachtlichen Sinnzusammenhangs. Darf wegen neuer Tatsachen sogar eadem res erneuert werden, so kann der Sinngehalt des ersten Urteils ebenfalls nicht mehr in einem Prozeß mit anderem Streitgegenstand ohne erneute Prüfung zugrunde gelegt werden.

Auch folgende Überlegung mag die enge Beziehung zur Streitgegenstandsbegrenzung vor Augen führen: Nimmt man an, daß das Urteil über eine Teilklage keine Präklusionswirkung hinsichtlich des Restes äußert, und zwar weder zugunsten des siegreichen Teilklägers noch zugunsten des obsiegenden Beklagten, so kann sein Sinngehalt auch nicht in anderem Zusammenhang tragfähig sein[268]. Ist beispielsweise die Teilklage eines Verkäufers wegen einer von dem Käufer erklärten Anfechtung abgewiesen worden, so kommt eine Bindung zugunsten des Käufers, wenn dieser eine von ihm geleistete Anzahlung zurückfordert, nur in Betracht, sofern auch der Verkäufer mit einer Klage auf den restlichen Kaufpreis ohne weiteres abgewiesen werden müßte, weil die Wirksamkeit der Anfechtung rechtskräftig feststeht. *Zeuner* verneint konsequent die Präklusionswirkung in beiden Fällen[269].

---

zweier Tatsachenkomplexe (S. 44 ff.). Der Streitgegenstand ist jedenfalls im Prozeß mit Untersuchungsmaxime *nicht zwangsläufig* weiter (so aber Jauernig, S. 45) als im Prozeß mit Verhandlungsmaxime.

[265] a.a.O., S. 28 Anm. 52.
[266] Die objektiven Grenzen der Rechtskraft, S. 175 ff., insbes. S. 176.
[267] Vgl. z. B. a.a.O., S. 13. Auf den folgenden Seiten weist *Zeuner* überzeugend nach, daß die Bindung durch Rechtskraft von Rechtsprechung und Literatur auch dort bejaht wird, wo von Präjudizialität nicht mehr gesprochen werden kann. Auf die von *Zeuner* neu abgesteckten Grenzen der Präjudizwirkung ist hier nicht einzugehen, weil das Instrument dasselbe bleibt: Die Bindungswirkung wird mittels der Rechtskraft-Präklusion erzielt, die eine Erneuerung des Streits über eine Vorfrage verhindert.
[268] Vgl. *Zeuner*, a.a.O., S. 89 f., S. 115 f., sowie unten S. 110 ff.
[269] Vgl., a.a.O., S. 115 f. — Für die im ersten Prozeß *anerkannte* Wandlung kommt *Bötticher* zum entgegengesetzten Ergebnis. Er bejaht hier die Bindung,

IV. Rechtskraftergänzende Präklusion

Der Kampf gegen den Streitgegenstandsbegriff als Zentralbegriff ist verständlich und berechtigt, soweit er kritiklos als Lösungsschlüssel benutzt wird. Auf der anderen Seite sollte aber die Bedeutung des einheitlichen Streitgegenstandsbegriffs als Orientierungshilfe für Lehre und Praxis des Prozeßrechts nicht unterschätzt werden. Der Begründungszwang für Ausnahmen dient der Rechtssicherheit mehr als die jeweilige Festlegung des Streitgegenstandes für die einzelnen Verfahrensstadien nach Zweckmäßigkeitsgesichtspunkten. Hiervon hat sich auch *Henckel* leiten lassen, wenn er die Kritik am Einheitsbegriff zwar notierte, ihn aber nicht verwarf[270].

2. Der Klageantrag als Grenze der Rechtskraft-Präklusion

Diese Orientierungshilfe leistet die Streitgegenstandslehre angesichts der Meinungsunterschiede gegenwärtig nicht immer dort, wo die Eingrenzung des maßgeblichen Sachverhalts in Frage steht. Aber für die Bestimmung des Streitgegenstandes ist ja der gestellte Antrag in der Regel viel bedeutsamer. Und gerade die Suche nach rechtskraftergänzenden Präklusionsnormen muß dort einsetzen, wo sich die Präklusionswirkung nicht im Rahmen des Antrags hält. Als Richtschnur ist davon auszugehen, daß das, *was dem Kläger zugesprochen werden darf*, zugleich die *äußerste Grenze* des Streitgegenstandes darstellt.

a) Geht man hiervon aus, so ist in § 616 ZPO eine rechtskraftergänzende Präklusion insofern angeordnet, als der Kläger mit der Aufhebungsklage präkludiert ist, auch wenn er im ersten Prozeß

---

weil er den Wandlungsvollzug auf die Wirkung eines *verdeckten Gestaltungsurteils* zurückführt und sich deswegen nicht durch die Rechtskraftgrenzen beschränkt sieht (Die Wandlung als Gestaltungsakt, S. 47 f.).
Eine solche umfassende Gestaltung scheidet indessen aus, wenn im ersten Prozeß das Recht zur Wandlung *verneint* worden ist. Dann kommt nur eine Bindung qua *Rechtskraft* in Frage. Zeuner bejaht die Rechtskraftwirkung zugunsten des Verkäufers, wenn im ersten Prozeß der Kaufpreis *voll* eingeklagt war und jetzt vom Käufer zurückgefordert wird (vgl. S. 99 ff.).
Für den Fall der *Teilklage* würde das bedeuten, daß der Käufer auch die Mehrforderung des Verkäufers nicht mehr mit der Einrede der Wandlung bekämpfen könnte. Dies liefe jedoch auf eine Rechtskraftwirkung der Entscheidungsgründe hinaus. Im Fall der Teilklage stände sich der Verkäufer, der sich mit Erfolg gegen die Wandlung verteidigt hat, demnach schlechter als der Käufer, der die Wandlung durchgesetzt hat. Es fragt sich, wie diese Ungleichbehandlung behoben werden kann. Vielleicht durch eine Beschränkung der Gestaltungswirkung des verdeckten Gestaltungsurteils für den Fall der Teilklage? Damit wäre auch den Bedenken *Ermans* Rechnung getragen, den an *Bötticher* Wandlungstheorie vornehmlich das Mißverhältnis von Streitwert (und damit auch sachlicher Zuständigkeit) und Gestaltungswirkung gestört hat (Zu den Rechten des Stückkäufers aus Mängeln der Sache, JZ 1960, 41, 44 f.).
[270] Parteilehre und Streitgegenstand im Zivilprozeß, S. 292 f., 303.

nur die Scheidung der Ehe beantragt hatte, die Aufhebung vom Gericht also gar nicht ausgesprochen werden konnte (und umgekehrt). Das gleiche gilt für die Scheidungsgründe des Beklagten, der seinerseits nicht mittels der Widerklage die Scheidung begehrt hatte. Zumindest in diesen Fällen unterscheidet sich § 616 ZPO von § 322 ZPO, auch wenn man von den subjektiven Voraussetzungen der Präklusion absieht, weil verschiedene Streitgegenstände vorliegen.

Dieser durchaus herrschenden Auffassung[271] steht *Bötticher*s These gegenüber: „Soweit der neue Streit gesperrt ist, reicht die Rechtskraft des früheren Urteils, *und soweit auch sein Gegenstand*[272]." Konsequent hat Bötticher daher die Scheidungsgründe des Beklagten sowie die Aufhebungsgründe in den Streitgegenstand des vom Kläger in Gang gesetzten Scheidungsprozesses einbezogen[273]. Diese Bestimmung des Streitgegenstandes speziell für den Eheprozeß aufgrund der Rechtsfolgen ist sicherlich möglich. Auch steht einer Begriffsbildung nichts im Wege, die die Verhinderung neuer Prozesse schlechthin unter dem Stichwort „materielle Rechtskraft" anpackt. Aber es fragt sich, ob diese am Eheprozeß orientierte Bestimmung von Streitgegenstand und Rechtskraft nicht vermeidbare Mißverständnisse hervorrufen kann. An sich ist für jede Streitgegenstandsdefinition, so unterschiedlich sie im übrigen auch sein mag, der Antrag unverzichtbar. Verzichtet man hier auf den Antrag, dann liegt es nahe, auch in anderem Zusammenhang, etwa bei der Teilklage, dem Antrag geringere Bedeutung beizumessen. Ähnlich steht es mit dem Begriff der materiellen Rechtskraft. Ist *über ein Begehren* schon einmal geurteilt worden, so leuchtet ein, daß eine Wiederholung nur unter engen Voraussetzungen zugelassen werden darf. Hierbei spielt es mit Recht keine Rolle, inwieweit im ersten Prozeß alle bereits vorliegenden Tatsachen berücksichtigt worden sind. Die Situation verändert sich dagegen von Grund auf, wenn eine bisher noch gar nicht erhobene Klage blockiert wird. Dann fällt es schwer, von einem „ne bis in idem" zu sprechen. Dies ist zumindest einer der Gründe, weswegen die Interventionswirkung des § 68 ZPO nicht mehr als besondere Rechtskraftwirkung gekennzeichnet wird, obwohl sie ebenfalls formelle Rechtskraft voraussetzt[274]. Man sollte daher von

---

[271] *Habscheid*, Streitgegenstand, S. 299; *Hoegen*, S. 97; *Stein-Jonas-Schlosser*, ZPO, vor § 614 Anm. I; *Schwab*, Streitgegenstand, S. 198 f.; *Rosenberg*, Zivilprozeßrecht, § 150 III 2, S. 756 f.

[272] Festgabe für Rosenberg, S. 92 (Hervorhebung vom Verfasser).

[273] a.a.O., S. 91 f. Auf S. 91 bejaht *Bötticher* ausdrücklich die Verzahnung von Klage und Widerklage zu einem Streitgegenstand.

[274] RGZ 159, 86, 88; BGH VersR 1958, 762, 763; *Wieser*, Die Interventionswirkung nach § 68 ZPO, ZZP 79, 246 ff., 282 — dies wird bei *Arwed Blomeyer*, Zivilprozeßrecht, § 112 III 3, S. 624 f., und *Stein-Jonas-Pohle*, ZPO, § 68 Anm. I 1, nicht deutlich. Man könnte von rechtskraftergänzender Präklusion

IV. Rechtskraftergänzende Präklusion

§ 616 ZPO jedenfalls nicht nur als einer Rechtskraftnorm sprechen. Mit dieser Stellungnahme ist aber keineswegs notwendig vermacht, daß § 616 ZPO überhaupt nicht als Rechtskraftnorm bezeichnet werden kann und daß § 322 ZPO gleichberechtigt neben § 616 ZPO tritt[275].

b) Es verdient festgehalten zu werden, daß *§ 17 MSchG* jedenfalls keine Präklusion *über den Klageantrag* hinaus anordnet. Von einer rechtskraftergänzenden Präklusion könnte daher nur dann gesprochen werden, wenn man die einzelnen Aufhebungsgründe als selbständige Streitgegenstände anspräche[276]. Zu dieser die Streitgegenstandslehre betreffenden Frage soll hier nicht Stellung genommen werden[277].

c) Auch *§ 54 PatentG* will eine Vervielfältigung der Prozesse verhindern. Macht der Kläger im ersten Prozeß einen Unterlassungsanspruch hinsichtlich des Patents I und im zweiten Prozeß einen Unterlassungsanspruch wegen des Patents II gemäß § 47 Abs. 1 PatentG geltend, so folgt schon aus den Anträgen, daß die Verhinderung des zweiten Prozesses gemäß § 54 PatentG nicht eine Frage der Rechtskraft, des „ne bis in idem", sein kann[278].

Nicht so eindeutig läßt sich diese Frage für den Schadensersatzanspruch beantworten (§ 47 Abs. 2 PatentG), von dem *Habscheid* ausgeht[279]. Hier folgt der Anspruch ja nicht abstrakt aus der Verletzung der Patente I und II, vergleichbar etwa der Beschädigung der Gegenstände A und B. Ausgangspunkt ist vielmehr konkret die Herstellung eines bestimmten Produkts. Wird dieses Produkt vertrieben und werden dadurch die Patente I und II verletzt, so liegt es durchaus nahe, von einem einheitlichen Schadensersatzanspruch auszugehen und damit auch von einem Streitgegenstand. Selbst bei der Unterlassungsklage ist eine solche Gestaltung möglich, wenn der Antrag lautet, einen bestimmten Gegenstand schlechthin nicht mehr zu produzieren, statt

---

i. S. einer Erweiterung der subjektiven Grenzen der Rechtskraft sprechen, doch dürfte die Bezeichnung Interventionswirkung der besonderen Ausgestaltung des § 68 ZPO besser Rechnung tragen.

[275] Vgl. unten § 8 II.

[276] So vor allem *Bettermann*, Kommentar zum Mieterschutzgesetz, vor §§ 2—4 Anm. 69 ff.; ferner *Habscheid*, Streitgegenstand, S. 299 f.; *Henckel*, Parteilehre und Streitgegenstand im Zivilprozeß, S. 303; a. A. *Bötticher*, FamRZ 1957, 409, 414; ZZP 77, 477, 485.

[277] Man vergleiche jedoch die Ausführungen zu dem Vorbild des § 17 MSchG, dem § 616 ZPO, unten S. 168 ff., wo es um die Frage geht, ob § 322 ZPO und § 616 ZPO nebeneinander anzuwenden sind.

[278] Vgl. *Benkard-Löscher*, Patentgesetz, § 54 Anm. 2; *Habscheid*, Streitgegenstand, S. 297 f.; *Henckel*, Parteilehre und Streitgegenstand im Zivilprozeß, S. 303.

[279] Streitgegenstand, S. 298.

den Gegenstand nicht mit den geschützten Merkmalen I und II herzustellen[280].

Man sieht, daß die §§ 616 ZPO, 17 MSchG und 54 PatentG wie auch der bereits behandelte § 767 Abs. 3 ZPO[281] sich erheblich unterscheiden, obwohl sie häufig in einem Atemzug genannt werden, so daß die für eine Norm gefundene Antwort nicht ohne weiteres übertragbar ist.

3. Zur Präklusionswirkung im Fall der Teilklage

Orientierungshilfe leistet die Frage, was dem Kläger im ersten Prozeß hätte zugesprochen werden können, auch bei der Ermittlung von Streitgegenstand und Rechtskraftwirkung im Fall der *Teilklage*[282].

a) Hierbei sei zunächst an die Fälle gedacht, in denen die erste Klage schon als Teilklage *gekennzeichnet* war und sich dieser *Vorbehalt* aus den Entscheidungsgründen ergibt. Hier war Streit- und Urteilsgegenstand nur der eingeklagte Teil. Hat der Kläger voll obsiegt, so ist ihm nach einhelliger Ansicht die Nachforderungsklage nicht verwehrt. Ist der Kläger allerdings ganz oder teilweise unterlegen, so erscheint es logisch widersinnig, daß dem Kläger zwar der zuerst eingeklagte Betrag nicht (voll) zustehen soll, wohl aber eine später darüber hinaus geforderte Summe zugesprochen werden kann. Es nimmt daher nicht wunder, daß man versucht hat, diesen logischen Widerspruch mittels der Rechtskraft selbst dann zu vermeiden, wenn der Kläger sich die Nachforderung vorbehalten hatte. *Zitelmann*[283] glaubte nachweisen zu können, daß eadem res vorläge. Bevor das Gericht nämlich die Teilklage abweise, müsse es jede Einheit der Gesamtforderung daraufhin überprüfen, ob sie die Klage rechtfertige[284]. Dies ist zwar richtig, entschieden

---

[280] Vgl. BGH GRUR 1961, 79 ff. mit Anm. von *Moser v. Filseck*. *Bötticher* hat nicht nur für diesen Fall den einheitlichen Streitgegenstand bejaht, sondern aus § 54 PatentG auch bei unterschiedlich formulierten Anträgen auf einen oktroyierten Streitgegenstand geschlossen, der sich in der Rechtsbehauptung widerspiegle, man könne schlechthin als Patentinhaber Unterlassung verlangen (FamRZ 1957, 414). Gegen diese Streitgegenstandsbestimmung bestehen im Zusammenhang mit § 54 PatentG nicht nur terminologische Bedenken. Handelt es sich nämlich notwendig um einen Streitgegenstand, so ist auch kein Teilurteil wegen der Verletzung des Patents I mehr möglich. Dies wäre aber für die Praxis durchaus unerwünscht, wie *Moser v. Filseck*, a.a.O., meines Erachtens überzeugend dargelegt hat.

[281] Vgl. oben S. 73 ff.

[282] Man vergleiche hierzu: *Habscheid*, Probleme der Teilklage, FamRZ 1962, 352 ff.; *Pohle*, Erstreckung der Rechtskraft auf nicht vorbehaltene Nachforderungen des siegreichen Klägers, ZZP 77, 98 ff.; *Zeiss*, Rechtskrafterstreckung bei Teilklagen, NJW 1968, 1305 ff.

[283] Rechtskraft bei Theilforderungen, ZZP 8, 254 ff., 264 ff.

[284] a.a.O., S. 265.

IV. Rechtskraftergänzende Präklusion

wird indessen über den prozessualen Anspruch, der auf den Teilbetrag ausdrücklich beschränkt ist[285].

Die von *Windscheid*[286] ebenfalls bejahte Frage, ob nicht auch das Mehr aberkannt sei, wenn das Gericht das Minder verneine, legt immerhin die Erwägung nahe, ob nicht etwa wegen des *Sinnzusammenhangs* die frühere rechtskräftige Entscheidung als Präjudiz beachtet werden müsse, obwohl ein neuer Streitgegenstand vorliegt. Denn der Zusammenhang zwischen dem Mehr und dem Weniger *eines* bürgerlich-rechtlichen Anspruchs ist sicherlich nicht geringer als der zwischen dem Anspruch auf Naturalrestitution und auf Schadensersatz in Geld, in welchem Fall z. B. *Arwed Blomeyer*[287] und *Zeuner*[288] die Rechtskraftwirkung bejahen. Zwischen der Teil- und der Nachforderungsklage besteht aber keine „vom objektiven Recht her gegebene ... Sinnbeziehung"[289]. Entweder ist nämlich davon auszugehen, daß der *Gesetzgeber* in § 322 ZPO diese Sinnbeziehung verneint hat[290], oder man kann nicht umhin, mit *Bötticher* zumindest von einer *gewohnheitsrechtlichen* Zulassung einer risikogeminderten Prozeßführung zu sprechen[291].

Bruns ist allerdings anderer Meinung[292]. Die Abweisung der Teilklage als (teilweise) unbegründet sei für weitere Teile der Forderung grundsätzlich ebenso maßgeblich[293], wie die zusprechende Entscheidung eine Feststellung über den Grund treffe[294]. Bruns räumt freilich ein, daß die Rechtsfolgen einer solchen Entscheidung nicht im angemessen

---

[285] Vgl. *Lindacher*, Individualisierte und nichtindividualisierte Teilklagen, ZZP 76, 451 ff., 455 f. mit zahlreichen Nachweisen in Anm. 22 auf S. 456; ferner *Zeiss*, NJW 1968, 1306.

[286] Lehrbuch des Pandektenrechts, Bd. 1, § 130 3 mit Anm. 13, S. 373.

[287] Zivilprozeßrecht, § 89 V 4 b, S. 461.

[288] Die objektiven Grenzen der Rechtskraft, S. 164 ff.

[289] Formulierung von *Zeuner*, a.a.O., S. 44. Daß Zeuner der gleichen Ansicht ist, folgt aus seinen Überlegungen zur Bedeutung der Ausgleichszusammenhänge bei Teilklagen, S. 86 ff., insbes. S. 90.

[290] So im Ergebnis *Zeuner*, a.a.O., S. 90. Hierfür spricht, daß der Gesetzgeber unter „Anspruch" zunächst den bürgerlich-rechtlichen verstanden hat, den man sich materiellrechtlich als einheitlichen Anspruch denkt. Daher war es notwendig zu sagen, daß die Rechtskraft nicht den erhobenen Anspruch zur Gänze, sondern nur insoweit erfaßt, als über ihn entschieden ist.

[291] ZZP 77, 482.

[292] Zivilprozeßrecht, § 44 II 1, S. 412 ff., und III, S. 415 ff.

[293] a.a.O., S. 413.

[294] a.a.O., S. 414. Wenn *Bruns* sich darüber beklagt, daß sogar ein Grundurteil betreffend den Teilanspruch nicht hinsichtlich der Restforderung zugunsten des Klägers wirken soll, so setzt er sich darüber hinweg, daß das Grundurteil gerade keine Rechtskraft macht. Bei der Abweisung negativer Feststellungsklagen ist es deswegen anders (vgl., a.a.O., Anm. 22), weil hier das Rechtsverhältnis total erfaßt wird. Vergleiche zur Präklusionswirkung des Grundurteils auch oben S. 53 ff.

§ 4 Außerprozessuale Präklusion

Verhältnis zum Aufwand stehen könnten[295], und gerade unter diesem Aspekt hatte schon frühzeitig das Reichsgericht die Begrenzungsfunktion des Antrags betont[296]. Daher schlägt er vor, die Rechtskraftwirkung bei Teilklagen unter dem Gesichtspunkt der *Zumutbarkeit einzuschränken*, wie er andererseits auch für die Rechtskraft*erstreckung* unter diesem Gesichtspunkt in den Fällen des Sinnzusammenhangs[297] eintritt. Rechtskraft und Billigkeit bilden indes ein zu ungleiches Paar, als daß man sie in diesem Umfang gleichberechtigt vor einen Wagen spannen sollte; denn die *Rechtssicherheit* könnte allzu leicht Schaden nehmen[298].

b) Da die Verneinung der Rechtskraftwirkung gegenwärtig für den Fall des Vorbehalts fast einhellig Zustimmung findet, wird die Begrenzungsfunktion des Antrags (§ 308 Abs. 1 ZPO), die sich in dem „insoweit" der Rechtskraftwirkung (§ 322 Abs. 1 ZPO) widerspiegelt, erst dort recht eigentlich auf die Probe gestellt, *wo es an einem Vorbehalt fehlt*.

Nimmt man einmal an, der Kläger hat DM 5 000 Schmerzensgeld eingeklagt und voll zugesprochen erhalten. Nachdem ihm die Rechtsprechung anderer Gerichte bekannt geworden ist, fordert er weitere DM 5 000 Schmerzensgeld. *Pagenstecher* hat diese Fallgruppe 1925 mit den Worten: „*Rechtskraftwirkung gegen den siegreichen Kläger?*" prägnant erfaßt[299] und die Frage auch in seinen weiteren Abhandlungen zum gleichen Thema stets bejaht[300]. Begründet hat Pagenstecher diese Rechtskraftwirkung nicht damit, daß der Kläger denselben Anspruch zum zweiten Mal als Streitgegenstand einführe. Zum Tragen kommt nach seiner Auffassung vielmehr die „positive Funktion" der Rechtskraft[301], also die Präjudizwirkung. Im ersten Prozeß soll der Kläger die eingeklagte Forderung durch den geforderten Betrag individualisiert haben[302]. Mit dem rechtskräftigen Urteil sei das Be-

---

[295] a.a.O., S. 415 f.
[296] RGZ 49, 33, 36: „Das Gesetz geht davon aus, daß die Parteien eine Entscheidung über den durch den Antrag der Klage oder Widerklage begrenzten Anspruch verlangen, und daß sie danach in Angriff und Verteidigung ihren Aufwand von Mühe und Kosten bemessen."
[297] a.a.O., S. 417.
[298] Um diese Gefahr zu bannen, hat *Zeuner* unter dem Leitmotiv des Sinnzusammenhangs verschiedene Fallgruppen gebildet, die von der Praxis gehandhabt werden könnten. Ein Beispiel ist die Entscheidung BGHZ 42, 340 ff. zur Rechtskraftwirkung im Verhältnis von Unterlassungs- und Schadensersatzklage. Vgl. hierzu aber auch *Zeuner*, JuS 1966, 147 ff.
[299] JW 1925, 712.
[300] Die Einrede der Rechtskraft im Aufwertungsprozeß; Prozeßprobleme, S. 79 ff.; Die Rechtskraftwirkung gegenüber dem Kläger als gesetzgeberisches Problem, HansRGZ 1931 A 561 ff.
[301] Vgl. Prozeßprobleme, S. 87.
[302] JW 1925, 712; Prozeßprobleme, S. 89.

stehen der derart individualisierten Forderung verbindlich festgestellt[303], weshalb kein Gericht später davon ausgehen dürfe, die Forderung könne niedriger oder höher sein[304]. Diese Lösung erklärt sich sicherlich nicht zuletzt aus Pagenstechers Rechtskraftlehre, nach der ja — wie oben dargestellt[305] — das rechtskräftige Urteil die materielle Rechtslage authentisch deklariert, auch wenn Pagenstecher selbst diesen Zusammenhang verneint hat[306]. Pagenstecher hätte nur dann Recht, wenn die Feststellung, der Beklagte schulde nicht DM 5 000, sondern DM 10 000 als *aliud* angesprochen werden müßte, während es in Wahrheit nur um ein Mehr oder Weniger geht. Wollte es man mit der Individualisierung wirklich ernst nehmen, so müßte das Gericht von sich aus einen Vorbehalt machen, wenn es die Forderung für höher hält. Denn es darf ja außer im Falle des Anerkenntnisurteils keine nach seiner Überzeugung unzutreffende Feststellung über die vom Kläger individualisierte Forderung treffen[307]. Pagenstecher weicht dieser Konsequenz aus, indem er sich hier an den Antrag gebunden sieht[308]. Enthalte dieser keinen Vorbehalt, so dürfe der Richter keinen Vorbehalt hinzufügen. Praktisch hieße dies auch — im Gegensatz zum erwünschten Ergebnis — den zweiten Prozeß geradezu herauszufordern.

Auch *Lent* ist zur Bejahung der Rechtskraftwirkung gegen den siegreichen Kläger dadurch gelangt, daß er das Begehren und die richterliche Entscheidung bei fehlendem Vorbehalt mit einem *anderen* Sinn erfüllt. Das Begehren des Klägers soll nämlich dahin gehen, daß ihm *nur* der geforderte Betrag zustehe[309]. Und wie soll das Gericht entscheiden, wenn es diese Rechtsbehauptung als unrichtig erkennt? Lent hat sich diese Frage im Gegensatz zu *Pagenstecher* nicht gestellt, und sie stellt sich für das Gericht ebensowenig, und zwar deswegen, weil der Zusatz „nur" eine Fiktion[310] darstellt. Weder der Kläger noch das Gericht ist an einer Feststellung dieses Inhalts interessiert. Für die Klagen auf wiederkehrende Leistungen aber, die Lent zu seinen Betrachtungen angeregt haben, hat § 323 Abs. 2 ZPO zu Lasten des Klägers eine Sonderregelung getroffen, die eine Nachforderungsklage ausschließt, wie alsbald darzulegen sein wird[311].

---

[303] Prozeßprobleme, S. 91 f.
[304] Prozeßprobleme, S. 93.
[305] Vgl. oben S. 86 f.
[306] Prozeßprobleme, S. 87.
[307] Im Falle des Versäumnisurteils muß wenigstens der Klägervortrag die Feststellung tragen.
[308] Vgl. Prozeßprobleme, S. 89.
[309] Erhöhung von Unterhaltsrenten, NJW 1955, 1865, 1866.
[310] Vgl. *Pohle*, ZZP 77, 104.
[311] Vgl. unten S. 118 ff., insbes. S. 122 ff.

Bötticher, der ebenfalls mehrfach für die Rechtskraftwirkung gegen den siegreichen Kläger eingetreten ist, falls dieser im Prozeß keinen Vorbehalt gemacht hat, ist von Anfang an *nicht* von einer *inhaltlichen* Bindung an das erste Urteil ausgegangen[312]. Bötticher meint vielmehr, daß mit der Nachforderungsklage *derselbe* Streitgegenstand erneut dem Richter unterbreitet werde[313]. Wie beim Eheauflösungsprozeß verliert damit der Antrag seine begrenzende Funktion[314]. Zu dieser Auffassung ist Bötticher über eine Reihe von Stationen gelangt, die den Leitgedanken deutlich werden lassen: *die abschließende Beurteilung des Rechtsverhältnisses in einem Prozeß.*

Der erste Schritt hierzu war bereits mit der Abkehr von den einzelnen privatrechtlichen Ansprüchen bzw. Erwerbsgründen zu dem *prozessualen Anspruch* getan[315]. Bötticher tat den zweiten Schritt, indem er auch die Gestaltungsklage vom einzelnen Gestaltungsrecht zu lösen versuchte[316] und für den Eheprozeß aus den einzelnen Normen sogar auf einen oktroyierten globalen Streitgegenstand der Auflösbarkeit der Ehe überhaupt schloß[317].

Solcher durchaus erwünschten Konzentration steht in einer nicht geringen Zahl von Fällen die *Teilzuständigkeit* im Wege, gleichgültig, ob sie als Gerichtsstandsproblem (z. B. der Gerichtsstand des Delikts, § 32 ZPO), als Frage der sachlichen Zuständigkeit im Verhältnis von Arbeits- und Zivilgerichtsbarkeit oder gar als Rechtswegproblem

---

[312] Anmerkung zu BGH MDR 1962, 723, 724 f.; ZZP 77, 482; Anmerkung zu BAG MDR 1967, 336, 337.

[313] MDR 1967, 337: „Problematisch sind nur die Voraussetzungen, unter denen einem siegreichen Kläger entgegengehalten werden kann, daß sein zusätzliches Klagbegehren den *bereits ermedigten Streitgegenstand* (Hervorhebung vom Verfasser) erneut aufgreife." — Im Ergebnis ebenso BGHZ 34, 337, 340 ff. für einen Entschädigungsanspruch = NJW 1961, 917, 918 (ablehnend *Habscheid,* FamRZ 1962, 355) und BGHZ 36, 365 ff., 369 für den Anspruch auf Übertragung eines Miteigentumsanteils = FamRZ 1962, 359 f. (ablehnend *Habscheid,* FamRZ 1962, 355) = JZ 1963, 176 f. mit ablehnender Anmerkung von *Arwed Blomeyer* = MDR 1962, 723 f. mit zustimmender Anmerkung von *Bötticher* = NJW 1962, 1109 f. mit ablehnender Anmerkung von *Brox,* NJW 1962, 1203 f. Vgl. ferner BAG AP Nr. 10 zu § 322 ZPO mit kritischer Anmerkung von *Pohle* = MDR 1967, 336 f. mit im Ergebnis zustimmender Anm. von *Bötticher* = NJW 1966, 2330 für die Einordnung in eine bestimmte Tarifgruppe.

[314] Vgl. oben S. 107 ff.

[315] Dies betont *Bötticher,* MDR 1962, 725, und deswegen wendet er sich (ZZP 77, 492) so energisch gegen die von *Brox* in seinem Aufsatz „Die objektiven Grenzen der materiellen Rechtskraft", JuS 1962, 121 ff., vertretene, die Rechtskraft-Präklusion wieder einschränkende Auffassung.

[316] Festgabe für Rosenberg, S. 89 ff.; Streitgegenstand und Rechtskraft im Kündigungsschutzprozeß, in: Festschrift für Herschel, S. 181, 187; ZZP 77, 485.

[317] Festgabe für Rosenberg, S. 92.

IV. Rechtskraftergänzende Präklusion

(z. B. Zuständigkeit von Zivil- und Verwaltungsgerichten) erscheint. *Baur*[318] hat vorgeschlagen, diese Hürden als überholt einfach beiseite zu schieben und das zu Recht angegangene erste Gericht über den einheitlichen Streitgegenstand[319] abschließend entscheiden zu lassen. *Bötticher* erkennt dagegen die Zuständigkeitsverteilung de lege lata durchaus an, verlangt aber vom Kläger, daß er auch zuständigkeitsfremde Ansprüche „anmelde"[320], damit das zuerst angerufene Gericht die Klage insoweit abweisen oder verweisen könne[321]. Nur auf diese Weise werde klargestellt, daß das Gericht nicht endgültig über den Streitgegenstand entschieden habe[322]. Man könnte von einem *Vorbehalt* zugunsten zuständigkeitsfremder Ansprüche sprechen, der in der Entscheidung sogar formell zum Ausdruck käme.

Wenn das Gericht aber in der Regel über ein Rechtsverhältnis abschließend urteilt, so bedarf — und das ist der letzte Schritt — auch die *Teilklage* des Vorbehalts, will der Kläger nicht den Rest mitverspielen. *Bötticher* spricht hier ebenfalls von einem aufoktroyierten Streitgegenstand[323], den der Kläger zwar kraft Gewohnheitsrechts beschränken dürfe, aber auch beschränken müsse[324]. Während sich der Oktroi jedoch für die Eheauflösungsklage mit § 616 ZPO belegen läßt

---

[318] Zuständigkeit aus dem Sachzusammenhang? in: Festschrift für Fritz von Hippel, S. 1 ff., 25. M. E. kann es nicht Aufgabe der Rechtsprechung sein, eine solche Gesetzeskorrektur vorzunehmen. Ob eine solche „Patentlösung" (*Bötticher*, Anmerkung zu BAG AP Nr. 30 zu § 2 ArbGG 1953 „Zuständigkeitsprüfung") de lege ferenda für alle Fallgruppen empfehlenswert ist, bedürfte näherer Prüfung. Zweifelhaft erscheint mir auch, ob ein Verwaltungsgericht ohne Änderung von Art. 34 GG über Amtshaftungsansprüche entscheiden dürfte, bevor die ordentlichen Gerichte ihre Zuständigkeit irrtümlich verneint haben (vgl. *Baur*, a.a.O., S. 14 f.).

[319] *Baur*, a.a.O., S. 13; *Henckel*, Parteilehre und Streitgegenstand im Zivilprozeß, S. 278; a. A. z. B. *Habscheid*, Streitgegenstand, S. 154 ff., der indessen die Rechtsbehauptung in Verfahrens- und Rechtsfolgenbehauptung zergliedert (a.a.O., S. 151 — kritisch hierzu *Bötticher*, FamRZ 1957, 409 ff. unter II).

[320] Festschrift Hundert Jahre deutsches Rechtsleben I, S. 535 ff., 543. Dieses „Anmelden" kann selbstverständlich nur bedeuten, daß der vorgetragene Sachverhalt auch für weitere Ansprüche Raum läßt. Die rechtliche Qualifizierung muß wie stets das Gericht vornehmen.

[321] Ebenso im Ergebnis *Habscheid*, Streitgegenstand, S. 161 ff., und später *Henckel*, Parteilehre und Streitgegenstand im Zivilprozeß, S. 279 f. Sicher darf die Ab- oder Verweisung nicht durch Teilurteil erfolgen; wirksam würde sie daher erst mit dem rechtskräftigen Abschluß des Verfahrens vor der zuerst angerufenen Gerichtsbarkeit. Die Judikatur lehnt die Verweisung ab, weil über den Klaganspruch nur einmal entschieden werden dürfe. Das Nacheinander aber läßt sie zu, obwohl sich der Streitgegenstand dadurch nicht verändert (vgl. BVerwG MDR 1966, 170 f.; BAG NJW 1964, 1435, 1436 = BAG AP Nr. 26 zu § 2 ArbGG 1953 „Zuständigkeitsprüfung" mit kritischer Anmerkung von *Bötticher*; BGH NJW 1964, 45).

[322] Festschrift Hundert Jahre deutsches Rechtsleben I, S. 544.

[323] MDR 1962, 725.

[324] ZZP 77, 482.

und er für konkurrierende materiellrechtliche Ansprüche (bzw. Entstehungsgründe) aus dem anerkannten Begriff des prozessualen Anspruchs gefolgert werden kann, ist ein solcher Zwang zur Gesamtklage nach meiner Auffassung nicht nachweisbar, weil die Teilklage erlaubt ist.

Die Vorstellung, ohne Vorbehalt werde trotz des begrenzten Antrags quantitativ der gesamte Anspruch zum Streitgegenstand, legt zudem eine Identifizierung des prozessualen mit dem materiellrechtlichen Anspruch nahe. Dies erinnert an das klassische römische Recht[325], wo die Klagenkonsumtion das privatrechtliche Klagerecht und damit den Anspruch selbst verzehrte[326]. Hierbei bedeutete es eine besondere Härte, daß schon mit der litis contestatio der Anspruch endgültig fixiert und das Klagerecht konsumiert wurde[327]. Mit dem Wegfall der konsumierenden Kraft der litis contestatio im nachklassischen Recht wurde die Konsumtion des Anspruchs überhaupt beseitigt[328] und zurück blieb nur die *Ausschlußwirkung*[329]. Gegenüber der Annahme, daß jedes Urteil, indem es zuerkenne, was es zuerkenne, das Mehr aberkenne, stellte daher *Windscheid* die Frage, ob dies nicht ein Rückfall in die Lehre von der konsumierenden Kraft des Urteils sei[330]. Wenn *Bötticher* für die negative Funktion der Rechtskraft, das „ne bis in idem", die Klagenkonsumtion, eingetreten ist, so gerade nicht unter der Flagge des Anspruchsverlusts, sondern der Unzulässigkeit der Klage[331]. Geht man ohne gesetzlichen Anhalt über das prozessuale Begehren bei der Bestimmung des Streitgegenstandes hinaus, so läuft man Gefahr, die prozessuale Lehre des „ne bis in idem" mit einer materiellrechtlichen Hypothek zu belasten[332].

Zu den dogmatischen Bedenken gegen die rechtskraftergänzende Präklusion im Fall der Teilklage gesellen sich Wertungsprobleme[333], die es angezeigt sein lassen, der Nachforderung nur in extrem gelagerten

---

[325] Vgl. *Kaser*, Das römische Zivilprozeßrecht, § 32 II 2, S. 173 f.

[326] *Kaser*, a.a.O., § 42 III 1, S. 227 ff., und § 43 I, S. 229 ff. Dort ist auch dargelegt, daß das Erlöschen des Rechts nicht bei allen Klageformeln in Betracht kam, weswegen man sich mit der exceptio rei iudicatae vel in iudicium deductae half.

[327] *Kaser*, a.a.O., § 42 II, S. 225.

[328] *Kaser*, a.a.O., § 90 IV 2, S. 483.

[329] *Kaser*, a.a.O., § 94 II 1, S. 503 f.

[330] Lehrbuch des Pandektenrechts I, § 130 6, S. 379 Anm. 24 a.

[331] Kritische Beiträge, S. 169 ff.

[332] Dies wird besonders deutlich, wenn man sieht, wie der Bundesgerichtshof die Einheitlichkeit des materiellen Anspruchs auf Entschädigung (BGHZ 34, 337, 341) bzw. auf einen Miteigentumsanteil (BGHZ 36, 365, 368 f.) betont. Weitere Nachweise zu diesen Entscheidungen oben S. 114 Fn. 313.

[333] Vgl. *Pohle*, ZZP 77, 110 ff.; *Zeiss*, NJW 1968, 1308 unter V.

IV. Rechtskraftergänzende Präklusion

Fällen auf materiellrechtlicher Ebene mit § 242 BGB zu begegnen[334]. *Pohle* hat zutreffend darauf hingewiesen, daß gerade der Laie im Rahmen des gestellten Antrags auf Vollständigkeit des Vortrags im Bewußtsein der Endgültigkeit des Urteils bedacht sein werde[335]. Bei der vorbehaltlosen Teilklage solle er jedoch Rechte verlieren, die ihm möglicherweise noch gar nicht bewußt geworden seien, ja von denen er nichts habe wissen können[336]. Ungerecht erscheint aber aus prozessualer Sicht vor allem, daß das Prozeßrisiko zwischen Kläger und Beklagtem nicht mehr gleichmäßig verteilt ist[337]. *Pagenstecher* hat nur auf das Ende des Prozesses und nicht auf den Einsatz der Parteien gesehen, als er es mißbilligte, daß der unterlegene Beklagte nicht geltend machen dürfe, er habe weniger geschuldet, wohl aber der Kläger nach seinem Sieg mehr fordern dürfe[338]. Die Gleichbehandlung der Parteien[339] zeigt sich nämlich darin, daß der *unterlegene* Kläger nicht geltend machen darf, seine Forderung sei begründet gewesen. Diese Parität des Risikos würde zu Lasten des Klägers besonders dann verändert, wenn sich Rechtskraft und Rechtskraftergänzung zum Nachteil des (teilweise) unterlegenen Klägers addieren würden[340]. Nimmt man das Ausgangsbeispiel noch einmal auf, so büßte der Kläger nicht nur seine Schmerzensgeldforderung in Höhe von DM 5 000 (teilweise) ein, sondern zusätzlich jede Nachforderungsmöglichkeit. Der Kläger verlöre also weit mehr als seinen Einsatz. Man sollte auch nicht übersehen, daß sich die Frage nach einer Rechtskraftwirkung gegen den siegreichen *Beklagten* gar nicht stellt, während eine solche Wirkung gegen den siegreichen Kläger beispielsweise bei Feststellungsklagen durchaus vorstellbar ist[341].

c) Zu denken ist an eine solche Rechtskraftwirkung aber gerade auch bei der *unbezifferten Leistungsklage*[342]. Wegen der Unbestimmt-

---

[334] *Pohle*, ZZP 77, 115, und *Zeiss*, NJW 1968, 1309, befürworten auch de lege ferenda keine prozessuale Präklusionsnorm und wollen sich ebenfalls mit § 242 BGB begnügen.
[335] ZZP 77, 113.
[336] ZZP 77, 114.
[337] Hierauf weist auch *Zeiss*, NJW 1968, 1306 f., hin.
[338] HansRGZ 1931 A 563.
[339] Vgl. *Bötticher*, Die Gleichheit vor dem Richter, S. 9 ff., insbes. S. 15 ff.
[340] *Lent-Jauernig*, Zivilprozeßrecht, § 63 II, S. 185, bejahen nur für diesen Fall die Rechtskraftwirkung und sprechen von einer „Anspruchsverneinung dem Grunde nach". Ein Grundurteil entfaltet jedoch keine Rechtskraftwirkung (vgl. hierzu auch oben S. 53 ff.) und ein Feststellungsurteil ergeht nicht.
[341] Vgl. *Bötticher*, MDR 1967, 338, für die Feststellung der Zugehörigkeit zu einer Tarifgruppe; *Pohle*, ZZP 77, 106 f., für die Feststellung eines bestimmten Miteigentumsanteils.
[342] Ebenso *Pohle*, ZZP 77, 108.

heit des Klageantrags ist ausnahmsweise die Gewinnchance der Höhe nach unbegrenzt. Demgemäß sollte der Kläger aber auch den vollen Einsatz verspielen können. Mit dieser Auffassung ist freilich nicht vereinbar, daß dem Kläger in der Regel bereits das Rechtsmittel verwehrt wird, weil keine Beschwer vorliege[343]. Aus der drohenden Rechtskraft-Präklusion folgt nämlich eine materielle Beschwer[344]. Von einer formellen Beschwer kann ohne Antrag im eigentlichen Sinn ohnehin nur bei einer Totalabweisung die Rede sein[345]. Verneint man aber mit dem BGH die Beschwer, so zwingt man die klagende Partei ohne Not in einen zweiten Prozeß. Dies verstößt nicht nur gegen die Prozeßökonomie, sondern verbindet die Zulassung des unbestimmten Antrags[346] mit inadäquaten nachteiligen Folgen.

V. Die besonderen Präklusionswirkungen des § 323 ZPO

Zum Abschluß der kritischen Bestandsaufnahme sei nun auf § 323 ZPO eingegangen, an dem sich die Spielarten außerprozessualer Präklusion noch einmal zusammenfassend demonstrieren lassen.

1. „Billigkeits-" und „Bestätigungstheorie"

Kennzeichnet man den § 323 ZPO mit den Worten *„Durchbrechung der Rechtskraft"*[347] oder *„Billigkeitsausnahme von den Regeln der*

---

[343] So BGHZ 45, 91 ff. = BGH LM Nr. 20 zu § 511 ZPO mit Anmerkung von *Schneider* = NJW 1966, 780 f.

[344] Zu dieser Abhängigkeit von Rechtskraftwirkung und Beschwer bei der vorbehaltlosen Teilklage vergleiche *Pagenstecher*, HansRGZ 1931 A 567 ff.; *Bötticher*, MDR 1962, 725. Auf demselben Grundgedanken beruht auch die Zulassung der Berufung für den siegreichen Kläger im Eheprozeß, wenn er erst in zweiter Instanz den ihm günstigeren Scheidungsgrund geltend machen kann (vgl. *Stein-Jonas-Grunsky*, ZPO, Allg. Einl. V 3 b vor §§ 511 ff.; BGHZ 39, 179 ff. = NJW 1963, 1353 ff.).

[345] Der Vorteil der formellen Beschwer, die leichte Ablesbarkeit des Ergebnisses an Hand der Anträge, kann hier auch die herrschende Meinung nicht für sich verbuchen. Die Rechtsprechung vergleicht die vom Kläger unverbindlich angegebene Größenordnung, den vorläufigen Streitwert oder den Klägervortrag mit dem Urteil, um die „formelle" Beschwer zu ermitteln (*Stein-Jonas-Grunsky*, ZPO, Allg. Einl. V 1 a vor §§ 511 ff.).

[346] Gegen diese Erleichterung zu Lasten des Beklagten hat *Pawlowski*, Die Problematik des unbezifferten Klageantrages, NJW 1961, 341 ff., beachtliche Bedenken vorgetragen, die auch den BGH offensichtlich beeindruckt haben (BGHZ 45, 91, 93 = NJW 1966, 780).

[347] *Brox*, Erhöhung wiederkehrender Leistungen durch Abänderungs- oder Zusatzklage, NJW 1961, 853 ff., 854; *Baumbach-Lauterbach*, ZPO, § 323 Anm. 1: „Beseitigung der inneren Rechtskraft". Schon *Oertmann*, Zur Lehre von der Abänderungsklage (§ 323 ZPO), AcP 109, 265 ff., 275 ff., nannte dies die herrschende Lehre.

V. Die besonderen Präklusionswirkungen des § 323 ZPO

Rechtskraft"[348], so liegt es nahe, diese Norm bei der Suche nach Präklusionsvorschriften unbeachtet zu lassen. Drängt sich doch die Vorstellung auf, als erschöpfe sich die Aufgabe des § 323 ZPO in der *Milderung* der sonst infolge des § 322 ZPO eingetretenen Präklusionswirkung: nämlich dem Ausschluß sämtlicher, selbst neu eintretender Tatsachen. Auch § 323 Abs. 3 ZPO, der die Änderung erst ab Klageerhebung zuläßt, erscheint als — freilich gebotene[349] — Begünstigung des Klägers, da ohne diese Bestimmung das zweite Urteil nur ex nunc — eventuell wegen seiner gestaltenden Wirkung sogar erst mit seiner Rechtskraft — abändern könnte[350].

Ganz anders ist der Blickwinkel der „Bestätigungstheorie"[351], nach der die Klage des § 323 ZPO gerade die *Folge* der zeitlichen Bestimmung der Rechtskraft ist[352]. Sie hebt hervor, daß neue Umstände, die nach dem Schluß der letzten mündlichen Verhandlung eintreten, immer eine andere Beurteilung ohne Verstoß gegen Rechtskraftgrundsätze gestatten[353]. So gesehen schafft § 323 Abs. 3 ZPO eine *rechtskraftfremde* Präklusionsnorm, denn die neuen Umstände sollen ja erst von der Klageerhebung an berücksichtigt werden dürfen. *Schwartz* hat diese Sicht besonders prägnant ausgedrückt: Allein im Abs. 3 des § 323 ZPO seien Zweck und Bedeutung des ganzen Paragraphen beschlossen[354]; § 323 ZPO führe zu einer *Verschärfung*, nicht einer Milderung[355].

---

[348] *Stein-Jonas-Schönke-Pohle*, ZPO, § 323 Anm. I; *Brox*, a.a.O., bezeichnet dies als wohl einhellige Auffassung im Schrifttum. Bereits in den Motiven heißt es, es sei ein Gebot der Billigkeit, daß jedem Teil das Recht gewährt werde, eine Abänderung zu verlangen (*Hahn*, Materialien VIII, S. 103).

[349] Dem Kläger darf eine von ihm nicht verschuldete Prozeßdauer nicht schaden. Anderenfalls würde der Beklagte geradezu aufgefordert, den Prozeß hinzuziehen.

[350] *Hellwig*, System I, S. 812. Zum gleichen Ergebnis gelangt auch *Oertmann*, AcP 109, 320, jedoch nur aufgrund seiner Prämisse, es handele sich schon bei der Verurteilung zu wiederkehrenden künftigen Leistungen um ein Gestaltungsurteil (vgl. S. 292, 298 ff.).

[351] Ausdruck von *Knecht*, Die Abänderungsklagen, S. 23, im Gegensatz zur h. M., die er als „Billigkeitstheorie" bezeichnet (S. 17 Anm. 1).

[352] *Bruns*, Zivilprozeßrecht, § 45 II 1, S. 422. Nach dieser Ansicht ist der § 323 ZPO „nichts als ein *Ausdruck allgemeiner*, auch ohnedies gültiger prozeßrechtlicher Grundbegriffe" (*Oertmann*, AcP 109, 269 ff. mit weiteren Nachweisen).

[353] *Schwartz*, Das Billigkeitsurteil des § 829 BGB, S. 45; *Richard Schmidt*, Zivilprozeßrecht, S. 757; *Knecht*, S. 47. — Auch *Bötticher*, Festgabe für Rosenberg, S. 77 Anm. 3, hebt dies hervor und sieht das Besondere in der Durchbrechung der „Bestandskraft" des ersten Urteils, das entgegen § 318 ZPO über die §§ 319—321 ZPO hinaus formell abgeändert werden könne. *Arwed Blomeyer*, Zivilprozeßrecht, § 87 IV 1, S. 433 f., ist hierin gefolgt. Zustimmung auch *Baur*, Studien zum einstweiligen Rechtsschutz, S. 92. Wenn *Bruns* an dieser Einordnung kritisiert, daß es sich bei § 323 ZPO nicht um eine Abänderung durch *dasselbe* Gericht handeln müsse (Zivilprozeßrecht, a.a.O., S. 422 Anm. 13) so vermag das nicht zu überzeugen.

[354] Billigkeitsurteil, S. 89.

[355] Billigkeitsurteil, S. 88.

Nimmt man mit der Bestätigungstheorie an, daß keine prozessual bindende Aussage für die Zukunft möglich ist, so gewinnt § 323 Abs. 3 ZPO sehr leicht *materiellrechtlichen* Charakter[356]. Er tritt damit an die Seite von § 1613 BGB, wonach der Unterhaltsberechtigte für die Vergangenheit nur von der Zeit an Erfüllung oder Schadensersatz verlangen kann, zu welcher der Verpflichtete in Verzug gekommen oder der Unterhaltsanspruch *rechtshängig* geworden ist.

Vor allem aber begünstigt die These, über zukünftige Tatsachen könne nicht mit Rechtskraftwirkung entschieden werden, die Auffassung, die nicht vorgebrachte Tatsachen nur aufgrund eines besonderen Präklusionsgrundsatzes präkludieren läßt. Der Satz: „Man kann die Entscheidung nicht auf Facta erstrecken, über die nicht entschieden ist!"[357], läßt außer acht, daß das Gericht *über den prozessualen Anspruch* aufgrund von Tatsachen, aber *nicht über Tatsachen* entscheidet[358]. Bei der Klage auf wiederkehrende Leistungen reicht der prozessuale Anspruch in die Zukunft und ebenso der bis zu seiner Aufhebung verbindliche Spruch des Gerichts. Ob sich das Gericht dabei über Tatsachen der Vergangenheit oder Zukunft irrt, gilt gleich[359].

Deswegen würde ein Urteil, das dem Gläubiger etwas gibt, was das erste Urteil versagt hat, oder etwas nimmt, was das erste Urteil zugesprochen hat, ohne § 323 ZPO mit der Rechtskraft des ersten Urteils kollidieren.

2. § 323 Abs. 2 ZPO

Indessen vermögen beide Theorien die *zusätzlichen* Präklusionswirkungen des *§ 323 Abs. 2 ZPO* nicht zu erklären.

a) Das Abänderungsurteil setzt — entgegen dem Schlagwort von der Durchbrechung der Rechtskraft — *kein formell rechtskräftiges* Urteil im ersten Prozeß voraus[360]. Das gebietet im Hinblick auf § 323 Abs. 3 ZPO das Interesse der Beteiligten, denen z. B. bei einem langwierigen Revisionsverfahren das Abwarten mit der erneuten Klageerhebung

---

[356] *Schwartz*, Billigkeitsurteil, S. 96; *Knecht*, S. 60. Nach *Knecht* paßt die materiellrechtliche Abänderungsnorm (hier § 323 ZPO) die materielle Rechtslage an die nach dem Urteil nur formell bestehende an (S. 62). Kritisch hierzu *Baumgärtel*, AcP 155, 81, 83 f.

[357] *Habscheid*, Streitgegenstand, S. 291.

[358] Vgl. hierzu oben S. 88 ff., insbes. S. 92 f.

[359] *Oppermann*, Änderungsklage (§ 323 ZPO), ZZP 38, 445, 450; *Rosenberg*, Zivilprozeßrecht, § 153 I 1, S. 764.

[360] *Arwed Blomeyer*, Zivilprozeßrecht, § 87 IV 4 a, S. 435; *Bruns*, Zivilprozeßrecht, § 45 II 1, S. 422; *Stein-Jonas-Schönke-Pohle*, ZPO, § 323 Anm. II 4; ebenso schon *Oertmann*, AcP 109, 314 ff. — a. A. RGZ 47, 405, 411 f.; *Rosenberg*, Zivilprozeßrecht, § 153 II 1, S. 767.

V. Die besonderen Präklusionswirkungen des § 323 ZPO

nicht angesonnen werden kann. Das folgt ferner aus § 323 Abs. 2 ZPO, der § 767 Abs. 2 ZPO nachgebildet ist: Nur der Einspruch hat vor der Abänderungsklage den — relativen[361] — Vorrang; dagegen kann zwischen Berufung und Abänderungsklage frei gewählt werden, wobei freilich letzterenfalls keine Tatsachen vorgetragen werden können, die bereits zur Zeit der letzten mündlichen Verhandlung des Vorprozesses objektiv vorlagen[362].

Wie § 318 ZPO innerprozessual kein rechtskräftiges Urteil voraussetzt, so äußert § 323 Abs. 2 ZPO seine Präklusionswirkung außerprozessual zunächst unabhängig von der formellen und damit auch der materiellen Rechtskraft: sie ist insoweit *rechtskraftfremd*.

b) Aber auch der *Umfang* der Präklusionswirkung ist im Vergleich zu § 322 ZPO *erweitert*. Dem Schuldner ist es für immer verwehrt, mit Tatsachen, die er schon im ersten Prozeß vorbringen konnte, den Anspruchsgrund zu bekämpfen[363]. Der Gläubiger, der mehr fordert, kann sich also insoweit auf das — vielleicht nicht einmal rechtskräftige — erste Urteil berufen, das damit im Unterschied zu dem Urteil über eine Teilklage ein Präjudiz über den zugesprochenen Betrag hinaus schafft.

Man könnte daher durchaus von rechtskraftergänzender Präklusion zu Lasten des Schuldners sprechen, wenn nicht die Vorstellung von einem *verdeckten Feststellungsurteil* über den Anspruchsgrund eine bessere Erklärung böte, dessen Wirkung im Gegensatz zum innerprozessualen Grundurteil nicht auf den eingeklagten Betrag begrenzt ist. Dem Gläubiger, der im ersten Prozeß DM 100 monatlich gefordert, aber nicht einmal erhalten hat, nützt die Feststellung des Anspruchsgrundes unbestritten auch insoweit, als die spätere zusätzliche Forderung über DM 100 hinausreicht. Das muß selbstverständlich auch gelten, wenn dem Gläubiger bereits im ersten Prozeß DM 100 zugesprochen worden sind, er also *vollständig obsiegt* hat[364]. § 323 ZPO behandelt den Anspruchsgrund eben nicht nur als bloßes Urteilselement. Deswegen ist in der Tat eine selbständige Feststellungsklage unzulässig[365], wenn sie

---

[361] Vgl. oben S. 69 ff., 72 f.

[362] Vgl. oben S. 68.

[363] A. A. *Brox*, Welche Einwendungen kann der Beklagte im Abänderungsrechtsstreit gemäß § 323 ZPO geltend machen?, FamRZ 1955, 66 ff.

[364] So im Ergebnis ebenfalls RGZ 86, 377, 381 ff.; BGHZ 34, 110, 115 ff. = NJW 1961, 871 ff. = JZ 1961, 546 ff. mit zustimmender Anmerkung von *Pohle* = FamRZ 1961, 263 ff. mit Anmerkung von *Grasmeher* (nur im Ergebnis zustimmend) und *Habscheid* (ablehnend); *Rosenberg*, Zivilprozeßrecht, § 153 I 1, S. 764 (anders die 8. Aufl., a.a.O.); a. A. *Brox*, NJW 1961, 855.

[365] Vgl. Leitsatz 2) des in Fn. 364 zitierten BGH-Urteils. A. A. *Brox*, NJW 1961, 855 f., der für die rechtskräftige Feststellung des Anspruchsgrundes immer eine selbständige Feststellungsklage fordert (vgl. FamRZ 1955, 67 f.).

nur die spätere Durchsetzung von höheren Rentenleistungen erleichtern und ihre Verjährung verhindern soll[366].

Wird die *Dauer der Leistung* im ersten Urteil begrenzt, so wirkt sich dies nach meiner Auffassung auf die Präjudizwirkung des verdeckten Feststellungsurteils bezüglich des Anspruchsgrundes ebenfalls nicht aus. Das Reichsgericht hat § 323 ZPO mit Recht in einem Fall angewendet, in dem der Kläger selbst zunächst die Rente nur bis zum 70. Lebensjahr gefordert hatte, und erklärt, es fehle an einem inneren Grund, die Rentendauer anders zu behandeln als den Rentenbetrag[367]. Ohne sich mit diesem Argument auseinanderzusetzen, hat der BGH die Anwendbarkeit des § 323 ZPO für den Fall verneint, daß im ersten Prozeß die Klage für die Zeit nach Vollendung des 65. Lebensjahres als zur Zeit unbegründet abgewiesen sei[368]. Mir scheint der BGH letztlich doch dem Schlagwort von der Durchbrechung der Rechtskraft erlegen zu sein, wenn er hervorhebt, das erste Urteil habe den anderen Teil des Anspruchs ausgeklammert[369], obwohl eine teilweise Abweisung der Höhe nach unschädlich ist. Die Lösung widerspricht auch der Interessenlage: Der Gläubiger muß den Anspruchsgrund unter Umständen nach Jahrzehnten erneut darlegen und beweisen; will man ihn sichern, so muß man ihm eine selbständige Feststellungsklage gestatten[370]. Gläubiger und Schuldner können sich außerdem gegen eine völlige Neufestsetzung der Rentenhöhe unabhängig von dem bisherigen Standard nicht wehren.

c) § 323 Abs. 2 ZPO richtet sich als Präklusionsnorm anders als § 767 Abs. 2 ZPO auch *gegen den Gläubiger*. Der Kläger kann, selbst wenn er vollständig obsiegt hat, die Mehrforderung nicht auf Tatsachen stützen, die er objektiv bereits im Vorprozeß vorbringen konnte. Dies ergibt sich aus folgendem, in der Diskussion über die Zulässigkeit der *Zusatzklage* viel zu wenig beachteten Passus des § 323 Abs. 2 ZPO:

---

[366] M. E. folgt aus der Anerkennung des verdeckten Feststellungsurteils zugleich, daß z. B. die Verjährungsvorschrift des § 852 BGB nicht anwendbar ist. Dies ist die Antwort auf die vom BGH etwas unglücklich formulierte Frage, ob der Abänderungsanspruch des § 323 ZPO überhaupt verjähre (BGHZ 34, 119 f.). Vgl. *Weimar*, Verjährung und Verwirkung bei der Abänderungsklage (§ 323 ZPO), JR 1965, 220 f. Der BGH (a.a.O.) behilft sich mit großzügiger Verneinung der Kenntnis von der wesentlichen Veränderung. Warum sollte der Kläger aber nicht der Verjährungsgefahr mit der selbständigen Feststellungsklage vorbeugen dürfen, wenn man das verdeckte Feststellungsurteil nicht genügen läßt?

[367] Vgl. RGZ 86, 377 ff., 381.

[368] BGH NJW 1967, 2403 f.

[369] a.a.O., S. 2404.

[370] Im Vorprozeß des vom BGH entschiedenen Falles war ein Feststellungsurteil tatsächlich erlassen worden. Dies — meiner Auffassung nach überflüssige Urteil — kann aber nicht die Bedeutung des Urteils auf wiederkehrende Leistungen schmälern.

V. Die besonderen Präklusionswirkungen des § 323 ZPO

„Die Klage ist nur insoweit zulässig, als die Gründe, auf die sie gestützt wird, erst nach Schluß der mündlichen Verhandlung, in der *eine Erweiterung des Klageantrages ... spätestens hätte erfolgen müssen*, entstanden sind ..." Das Gesetz *zwingt* den Kläger also zu einer Klageerweiterung, die gemäß § 268 Nr. 2 ZPO ohne jede Einschränkung gestattet ist, will er sein Recht nicht verlieren. Geht man, wie der Verfasser[371], davon aus, daß der Antrag zumindest die äußersten Grenzen des Streitgegenstandes umschreibt, so erstreckt § 323 Abs. 2 ZPO die Präklusion über den Streitgegenstand hinaus. Diesen Zwang kannte der § 7 Abs. 2 des Haftpflichtgesetzes vom 7. Juni 1871[372] — der Vorgänger des § 323 ZPO — noch nicht. Das Reichsgericht hatte aus diesem Grunde eine prozessuale *Verpflichtung* verneint, eine nach der Klageerhebung eingetretene wesentliche Veränderung im Wege der Klageerweiterung geltend zu machen[373]. Erst die Gesetzesänderung gewährleistet, daß *beide* Parteien im ersten Prozeß der angemessenen Basis-Rente möglichst nahekommen, die die Grundlage für spätere Abänderungsklagen bilden soll. Das Reichsgericht hat für Unfallrenten besonders anschaulich geschildert, wie sich erst die Summe der Einzelumstände zu einem Gesamtbild fügt, so daß eine Verteilung auf verschiedene Prozesse das Bild verzerren müßte[374]. Es hat daher sogar angenommen, daß der Schadensersatzanspruch seinem gesamten Umfang nach *rechtshängig* geworden sei[375]. Man fühlt sich an Böttichers These erinnert, „... soweit der neue Streit gesperrt ist, reicht die Rechtskraft des früheren Urteils, und soweit auch sein Gegenstand"[376]. Wie Bötticher die Auflösung der Ehe als globalen Streitgegenstand in den §§ 614 bis 616 ZPO angelegt sieht[377], die zur Erledigung des gesamten Streitstoffes in einem Prozeß zwingen, so könnte man auch hier von einem globalen Streitgegenstand sprechen, nämlich der Rentenforderung als solcher, weil um sie in einem Verfahren gestritten werden soll. Selbst wenn man entgegen Bötticher auf den Antrag zur Beschreibung des Streitgegenstandes nicht verzichten mag, kennzeichnet das Wort vom globalen oder aufoktroyierten[378] Streitgegenstand plastisch die Rechtslage.

Nicht ohne Grund hat *Pohle* in bezug auf § 323 ZPO von einer *Gesamtklage* gesprochen und gefragt, ob nicht bei wiederkehrenden

---

[371] Vgl. oben S. 104 ff., 107.
[372] RGBl. 1871 S. 207.
[373] RGZ 20, 122, 125.
[374] RGZ 47, 405, 409 f.
[375] a.a.O., S. 407 f.
[376] Festgabe für Rosenberg, S. 92.
[377] Festgabe für Rosenberg, S. 80.
[378] ZZP 77, 485.

Leistungen Teilklagen stets unzulässig seien[379]. Pohle hat diese Frage im Anschluß an den BGH[380] mit Recht für den Fall verneint, daß der Kläger ausdrücklich einen *Vorbehalt* gemacht hat oder sich ein solcher aus den Umständen ergibt. Der Kläger kann an einer Teilklage ein berechtigtes Interesse haben, z. B. wenn der Schuldner einen Teil der Rente freiwillig leistet.

Ohne einen solchen Vorbehalt verliert der Gläubiger aber auch dort, wo er mangels eines entsprechenden Antrags gar nicht hätte gewinnen können. Diese sich aus § 323 Abs. 2 ZPO ergebende — zunächst rechtskraftfremde — Präklusionswirkung verhindert auch nach Eintritt der formellen Rechtskraft des ersten Urteils jede Nachforderung aufgrund „alter", nicht vorgetragener Tatsachen. Sie ist *Rechtskraft-Präklusion*, soweit der Anspruch bereits im ersten Prozeß erhoben, aber abgewiesen worden ist, und deckt sich insofern mit § 322 ZPO. Sie ist *rechtskraftergänzende* Präklusion, soweit sie bisher nicht geltend gemachte zusätzliche Forderungen verhindert und auf diese Weise das Basisurteil absichert.

3. § 323 Abs. 3 ZPO

Fordert der Kläger im zweiten Prozeß einen *höheren* Betrag als im ersten Prozeß, und stützt er die Mehrforderung auf nachträglich entstandene Tatsachen, so handelt es sich sicher um einen neuen Streitgegenstand[381]. § 322 ZPO könnte daher einer Geltendmachung ex tunc, d. h. mit Wirkung auf den Zeitpunkt der Veränderung, nicht entgegenstehen. Hier greift aber *§ 323 Abs. 3* ZPO ein, der die Erhöhung stets nur *ex nunc* zuläßt, unabhängig davon, ob die erste Klage teilweisen oder vollen Erfolg hatte (wobei § 323 Abs. 1 ZPO außerdem eine *wesentliche* Veränderung verlangt). § 323 Abs. 3 ZPO schafft demnach eine zusätzliche *rechtskraftfremde* Präklusionswirkung dort, wo der Kläger im ersten Prozeß noch gar nichts verspielt hatte[382]. Diese Norm kann nicht dadurch umgangen werden, daß man die Klage als *Zusatzklage* deklariert, eine Möglichkeit, die auch der BGH verworfen hat[383].

---

[379] ZZP 77, 108.

[380] BGHZ 34, 110, 118 = NJW 1961, 871, 873 = JZ 1961, 546, 547 = FamRZ 1961, 263, 265.

[381] Hierin stimme ich *Brox*, NJW 1961, 854, und *Habscheid*, FamRZ 1961, 267 f., zu.

[382] Insofern hat die Bestätigungstheorie recht, wenn sie § 323 Abs. 3 ZPO als Verschärfung empfindet (vgl. oben S. 119).

[383] BGHZ 34, 110, 113 ff. = NJW 1961, 871 ff. = JZ 1961, 546 ff. mit zustimmender Anmerkung von Pohle = FamRZ 1961, 263 ff. mit Anmerkung von *Grasmeher* (im Ergebnis zustimmend) und *Habscheid* (ablehnend).

Ob § 323 Abs. 3 ZPO eine billige[384] oder unbillige[385] Regelung trifft, sollte daher nur de lege ferenda diskutiert werden. Freilich sollte man nicht übersehen, daß die Gleichbehandlung beider Parteien dazu führen müßte, daß auch der Schuldner erbrachte Leistungen ex tunc *zurückfordern* könnte.

4. § 323 Abs. 4 ZPO

Auch der Streit darüber, ob die Präklusionswirkung des § 323 Abs. 3 ZPO bei *Prozeßvergleichen und vollstreckbaren Urkunden (§ 323 Abs. 4)* eingreift, wird von dem Schlagwort von der Rechtskraftdurchbrechung überschattet, obwohl schon der Wortlaut des Abs. 4[386] („Die vorstehenden Vorschriften ...") eigentlich keinen Zweifel erlaubt.

Der BGH hat seine ablehnende Haltung für den Prozeßvergleich unter anderem damit begründet, daß die Abänderungsklage *zumeist*[387] einen Einbruch in die Rechtskraft bedeute[388]. Die Entstehungsgeschichte zeigt dagegen, daß durch § 323 Abs. 4 ZPO die Abänderung für Prozeßvergleiche *erleichtert* und den Urteilen *angepaßt* werden sollte[389]. Nur wegen der Erleichterung des „Ob" (pacta sunt servanda) und nicht des „Wie" war man 1919 daran interessiert klarzustellen, daß auch vor Inkrafttreten des § 323 Abs. 4 ZPO geschlossene Prozeßvergleiche erfaßt würden. Die Eröffnung des verfahrensmäßigen Weges, den der BGH allein sieht, war bloße Nebenfolge.

Wollte man aber den Prozeßvergleich dem Urteil lediglich *gleichstellen*, so mußte man auf § 323 Abs. 3 ZPO Bezug nehmen. War nämlich vor der Reform vor allem für den Gläubiger ein Urteil günstiger als ein Prozeßvergleich, da er die Abänderung leichter durchsetzen konnte, so müßte, folgte man dem BGH, sich jetzt der Schuldner besser verurteilen lassen, um sich vor Nachforderungen durch § 323 Abs. 3 ZPO zu schützen[390].

Dem Gesetzgeber ging es jedoch gerade um die Gleichstellung von Urteil und Prozeßvergleich, so daß die daraus folgende unterschiedliche Behandlung von gerichtlichem und außergerichtlichem Vergleich, die

---

[384] z. B. *Schwartz*, Billigkeitsurteil, S. 97 ff.
[385] *Brox*, NJW 1961, 853 f.; *Habscheid*, FamRZ 1961, 268.
[386] Eingefügt durch Gesetz vom 13. August 1919 (RGBl. 1919 S. 1448).
[387] Hervorhebung des Verfassers.
[388] BGH NJW 1963, 2076, 2078 f. = ZZP 77, 315 f. mit kritischer Anmerkung von *Grunsky*.
[389] Vgl. Verhandlungen der verfassunggebenden Deutschen Nationalversammlung, Bd. 328, S. 1552.
[390] Darauf weist auch *Grunsky*, ZZP 77, 317, hin.

der BGH als unerträglich empfindet, hinzunehmen ist. Schließlich wird in einem Prozeßvergleich eher die richtige Basisrente ermittelt werden als ohne jede richterliche Mitwirkung.

Zweiter Abschnitt

Zur Dogmatik der Präklusionsnormen

Nachdem im vorigen Abschnitt beleuchtet worden ist, wie mit Hilfe der Präklusion Rechtsstreitigkeiten in geordnete Bahnen gelenkt und zugleich begrenzt werden, sollen in diesem Abschnitt Struktur und Funktionen der Präklusionsnormen untersucht werden. Dabei wird sich zeigen, daß es *die* Präklusionsnorm nicht gibt. Gemeinsam sind indes die Fragen, die angesichts der Präklusionsnormen zu stellen sind, beispielsweise, ob sie personenbezogene, also subjektive Elemente enthalten und ob sie von der Parteidisposition abhängen. Diese Fragestellungen gilt es deutlich zu machen. Die Antwort kann nur für ausgewählte Präklusionsnormen gegeben werden.

§ 5 Zur Struktur der Präklusionsnormen

I. Gegenstand der Präklusion

Nach *Rosenberg* bedeutet Präklusion herkömmlicherweise, „daß die Partei im Zivilprozeß mit dem Vorbringen *neuer Behauptungen, Beweismittel und Beweiseinreden* von einem bestimmten Zeitpunkt an präkludiert (= ausgeschlossen) ist"[1]. Diese Bestimmung des Gegenstandes der Präklusion ist zunächst insofern zu eng, als nicht nur *neues* Vorbringen unzulässig ist, das in dem abgeschlossenen Verfahrensabschnitt bereits vorgebracht werden konnte[2]. Dies hat Rosenberg selbst eingeräumt, indem er in bezug auf Teil- und Zwischenurteile ausgeführt hat, daß *„alle Behauptungen, Beweismittel und Beweiseinreden* präkludiert seien, die sich mit dem im Urteil erledigten Teil des Streitgegenstandes oder des Streitstoffes beschäftigten"[3]. Das letztere gilt selbstverständlich erst recht für die außerprozessualen Präklusionsfälle.

Darüber hinaus muß jedoch der Präklusion von *Rechtsausführungen,* die man kaum erwähnt findet, gedacht werden, wie sie infolge des

---

[1] Die Präklusionswirkung von Urteilen, SJZ 1950, 313 — Hervorhebung vom Verfasser.
[2] *Bötticher,* Kritische Beiträge, S. 150 mit Anm. 10.
[3] SJZ 1950, 313 unten. Hervorhebung vom Verfasser.

§ 318 und des § 565 Abs. 2[4] ZPO sowie der außerprozessualen Präklusionsnormen (z. B. §§ 322, 323 Abs. 2, 616, 767 Abs. 2 ZPO) eintritt[5].

Bei identischem Streitgegenstand ist an die Stelle der Präklusion von Behauptungen, Beweismitteln, Beweiseinreden und Rechtsausführungen ein selbständiges Institut getreten: nämlich die Einrede der Rechtskraft als negative Prozeßvoraussetzung[6]. Es wäre nicht sinnvoll, die Klage erst zuzulassen, um dann sogleich jedes Vorbringen zur Sache selbst für unzulässig zu erklären, weil über sie schon entschieden ist. Will man diese negative Prozeßvoraussetzung näher kennzeichnen, so kann man durchaus von einer *Klagen-Präklusion* sprechen[7]: Die neue Klage als Prozeßhandlung wird präkludiert wie sonst das Vorbringen von Tatsachen usw. Während die Klage als unzulässig abgewiesen wird, wird das Vorbringen zurückgewiesen. Diese Betrachtungsweise unterscheidet sich grundlegend von der Vorstellung, es werde ein materiellrechtliches oder prozessuales Klagerecht[8], also die Klagbarkeit des Anspruchs oder der Rechtsschutzanspruch, konsumiert, eine Vorstellung, die vor allem die gemeinrechtliche Literatur so sehr beschäftigt hat[9]. Geht es doch nicht mehr um den Untergang einer materiellrechtlichen oder prozessualen Rechtsposition infolge der Rechtskraft, sondern um die schlichte Anwendung des Prinzips des „ne bis in idem", wenn die Zulässigkeit der neuen Klage in Frage steht.

Ähnlich der Klage unterliegen auch *spezielle prozessuale Anträge* der Präklusion. Dies gilt beispielsweise für das Ablehnungsgesuch wegen Besorgnis der Befangenheit eines Richters oder Sachverständigen

---

[4] Vgl. oben S. 60.

[5] *Schwab*, Streitgegenstand, S. 167, hebt dies für die Rechtskraft-Präklusion hervor.

[6] Vgl. oben S. 83 ff.

[7] In diesem Sinne hat *Bötticher* den Begriff Klagenkonsumtion verwandt (Kritische Beiträge, S. 167 ff., insbes. S. 169 ff., S. 200 f.), wobei er hervorhebt, daß man im Grunde nicht gut von einem Verbrauch der zweiten Klage als neuer und selbständiger Prozeßhandlung sprechen könne (a.a.O., S. 175 Anm. 16). Modern ausgedrückt bedeute der Begriff die Abschneidung bzw. Nichtzulassung eines zweiten Prozesses (a.a.O., S. 175).

[8] Vgl. zum Begriff des Klagerechts und des Rechtsschutzanspruchs *Hellwig*, System I, S. 291 ff., insbes. S. 293; ferner *Simshäuser*, Zur Entwicklung des Verhältnisses von materiellem Recht und Prozeßrecht seit Savigny, insbes. S. 53 ff., S. 101 ff., S. 133 ff. Auf die Problematik des Rechtsschutzanspruchs zu der kürzlich *Schwab* in seiner Abhandlung „Zur Wiederbelebung des Rechtsschutzanspruchs", ZZP 81, 412 ff., Stellung genommen hat, braucht hier nicht eingegangen zu werden.

[9] Vgl. *Keller*, Ueber Litis Contestation und Urtheil nach classischem Römischen Recht, S. 197 ff.; *Bekker*, Die processualische Consumption, insbes. S. 284 ff., sowie Die Aktionen des Römischen Privatrechts I, S. 317 ff., insbes. S. 349 ff.; *Wetzell*, System des ordentlichen Civilprozesses, S. 571 ff.; vgl. hierzu *Goldschmidt*, Der Prozeß als Rechtslage, S. 42 ff., S. 60 ff., S. 168 ff.; *Bötticher*, Kritische Beiträge, S. 167 ff., insbes. S. 178 ff.

gemäß den §§ 43, 406 Abs. 2 ZPO. Wird der Ablehnungsgrund verspätet geltend gemacht, so ist das Gesuch unzulässig[10], nicht aber wegen Erlöschens des „Ablehnungsrechts" unbegründet[11]. Auf der gleichen Ebene liegt die Präklusion von Rechtsmitteln wegen Versäumung der Rechtsmittelfristen, nur daß hier der Einschnitt nach dem Kalender ermittelt werden kann.

Schließlich verdient die Präklusion von *Rügen*[12] und echten *Prozeßeinreden*[13] hervorgehoben zu werden, zumal auf das Zusammenspiel von Präklusion und Rügelast noch näher einzugehen sein wird[14].

Zusammenfassend läßt sich feststellen, daß nicht nur Behauptungen, Beweismittel und Beweiseinreden Gegenstand der Präklusion sein können, sondern auch Rechtsausführungen, ferner sogar die Klage selbst, sonstige prozessuale Anträge sowie Rügen und Prozeßeinreden.

II. Prozessuale Verhaltensnormen — Parteipflichten oder Lasten

Nachdem über den Gegenstand der Präklusion Klarheit gewonnen ist, wird nunmehr zu überlegen sein, *welches Verhalten* die Präklusionsnormen regeln. Soweit neben dem Richter die Parteien als Adressaten in Betracht kommen, ist außerdem von Interesse, ob die Präklusionsnormen echte Rechtspflichten oder bloße Lasten begründen.

Wenn bereits in der Überschrift von *prozessualen* Verhaltensnormen gesprochen wird, so geschieht dies, um sie von vornherein von den Verhaltensnormen des *materiellen* Rechts abzugrenzen[15], die im Prozeß

---

[10] *Stein-Jonas-Pohle*, ZPO, § 46 Anm. II. Ebenso für den Strafprozeß bereits RGSt 54, 328 und *Eberhard Schmidt*, Lehrkommentar zur StPO und zum GVG II, § 24 Anm. 8, sowie jetzt ausdrücklich § 26 Abs. 1 Nr. 1 StPO n. F. — Die Folgerung des Reichsgerichts, der abgelehnte Richter dürfe bei der Verwerfung als unzulässig mitwirken, die von *Eberhard Schmidt* völlig zu Recht scharf kritisiert worden ist (a.a.O., § 27 Anm. 14), ist jetzt sogar in die StPO eingegangen (vgl. § 26 a Abs. 2 Satz 1 n. F.). Dies ist um so bedenklicher, als die Präklusion des § 25 StPO subjektiviert worden ist. Im Zivilprozeß hat der abgelehnte Richter nicht über die Zulässigkeit des Gesuchs zu entscheiden (so RG JW 1935, 2895; *Baumbach-Lauterbach*, ZPO, § 45 Anm. 1), es sei denn, das Gesuch sei mißbräuchlich.

[11] Ob das Ablehnungsrecht wirklich ein echtes Recht beinhaltet oder nur eine prozessuale Möglichkeit (so *Goldschmidt*, Der Prozeß als Rechtslage, S. 280; *Eberhard Schmidt*, Lehrkommentar zur StPO und zum GVG I, Nr. 68), ist daher unerheblich.

[12] Vgl. oben S. 36.
[13] Vgl. oben S. 34 f.
[14] Vgl. unten S. 144 ff.
[15] Nur mit ihnen befaßt sich z. B. *Bucher*, Das subjektive Recht als Normsetzungsbefugnis, wenn er die „materiellen Verhaltensnormen" dem prozessualen Aktionendenken entgegensetzt (S. 30 ff.), wobei er unter den „materiellen Verhaltensnormen" nur solche versteht, die „den Nebenmenschen zu

nur für den Richter bei der Entscheidung in der Sache selbst bedeutsam werden. Aber noch einem weiteren Mißverständnis gilt es vorzubeugen. Unter Verhaltensnormen werden vielfach allein solche Rechtssätze verstanden, die im Sinne der *Imperativentheorie*[16] durch Gebote oder Verbote Pflichten begründen[17]. Diese Einengung des Begriffs auf *Sollenssätze* ist für die Frage der allgemeinen Rechtslehre nach dem Wesen des Rechtssatzes und für das Bemühen, eine Stufenordnung des Rechts sichtbar zu machen, legitim. Im Rahmen dieser Untersuchung sind jedoch die gesetzlichen Regelungen ebenso bedeutsam, die keine Pflichten begründen, sondern unter Verzicht auf den Imperativ das Verhalten nur mittelbar beeinflussen — wie es etwa § 295 ZPO tut, wenn er der Partei nicht vorschreibt, daß sie rügen muß, sondern ihr nur sagt, bis wann sie rügen darf. Aus der Sicht der Imperativentheorie mag es sich um einen „unselbständigen Rechtssatz" handeln[18], der das Rügerecht begrenzt, und gleichwohl kann man in einem weiteren, allgemeineren Sinn von einer prozessualen Verhaltensnorm sprechen. Denn „in einem weitesten Sinne kann jedes menschliche Verhalten, das in einer normativen Ordnung als Bedingung oder Folge bestimmt ist, als durch diese Ordnung ermächtigt und in diesem Sinne als positiv geregelt gelten"[19].

Von den prozessualen Verhaltensnormen in dieser ganz allgemeinen Bedeutung will *Arwed Blomeyer* die Rechtssätze abheben, die gleich den Normen des materiellen Rechts *den Inhalt der richterlichen Entscheidung bestimmen*[20]. Sie zeichnen sich vor den übrigen Verhaltensnormen dadurch aus, daß sie für ein ganz spezielles richterliches Verhalten maßgeblich sind, nämlich die Entscheidung, weswegen sie Arwed Blomeyer auch als *„Entscheidungsnormen"* bezeichnet[21]. Jedoch kann eine prozessuale Entscheidungsnorm durchaus zugleich die Bedeutung einer sonstigen Verhaltensnorm haben, wenn sie bereits das Verhalten der Parteien oder des Richters bis zur Entscheidung regelt.

Arwed Blomeyer hat sich an *Goldschmidts* Begriff der „Streitentscheidungs-Norm" angelehnt, obwohl es diesem auf das Merkmal der

---

einem bestimmten Verhalten zwingen" (S. 190). Auch *Adomeit* geht in seiner Abhandlung über „Gestaltungsrechte, Rechtsgeschäfte, Ansprüche", S. 17 ff., nur auf materiellrechtliche Verhaltensnormen ein.

[16] Zum Meinungsstand vergleiche *Engisch*, Einführung in das juristische Denken, S. 22 ff., sowie *Larenz*, Methodenlehre der Rechtswissenschaft, S. 180 ff.

[17] Vgl. *Bucher*, S. 13; *Adomeit*, S. 17, mit weiteren Nachweisen.

[18] Vgl. auch *Bucher*, der die Rechtssätze, die ihrerseits keine normative (d. h. vorschreibende) Bedeutung haben, als „mittelbare" Normen bezeichnet.

[19] *Kelsen*, Reine Rechtslehre, S. 16.

[20] Zivilprozeßrecht, § 1 II 1, S. 3.

[21] Zivilprozeßrecht, § 1 II 1, S. 3.

II. Prozessuale Verhaltensnormen — Parteipflichten oder Lasten 131

„Inhaltsbestimmung" nicht ankam[22]. Goldschmidt setzte dem Denken in Imperativen[23] schlechthin die prozessuale Betrachtungsweise entgegen, nach der das *Recht als Maßstab* erscheine[24]. Aus dieser Sicht gewinnen für Goldschmidt sämtliche Rechtssätze den Charakter von „Streitentscheidungs-Normen", auch wenn sie nur für das Verfahren bis zur Entscheidung als Maßstab dienen: „Das Prozeßrecht kommt also insoweit vom Standpunkt der das Recht als Urteilsmaßstab ansehenden Anschauungsweise aus für den prozedierenden Richter ebensowenig als Befolgungsbefehl in Betracht wie für die prozedierenden Parteien[25]." Während Arwed Blomeyer prozessuale Imperative anerkennt (z. B. die Wahrheitspflicht oder die Pflicht des Richters zum Erlaß des Endurteils bei Entscheidungsreife)[26] und von prozessualen Handlungs*pflichten* und Lasten spricht[27], kann es nach Goldschmidts Auffassung auch für die Parteien von vornherein keine Rechte und Pflichten geben[28] und deshalb ebenfalls kein rechtmäßig oder rechtswidrig, sondern nur ein richtig oder falsch[29]. An diese prinzipielle Unterscheidung von materieller und prozessualer Betrachtungsweise hatte *Bötticher* angeknüpft, als er die Beweislastnormen zu „reinen" Entscheidungsnormen (des materiellen Rechts) erklärte, weil sie den Parteien *außerhalb des Prozesses* kein Verhalten vorschrieben[30].

Stellt man aber mit *Arwed Blomeyer* für den Begriff Entscheidungsnorm allein auf das Merkmal der Inhaltsbestimmung ab, so sollte man nicht übersehen, daß die Beweislastnormen *innerhalb des Prozesses* nicht erst bei der Urteilsfindung eine wichtige Rolle spielen, sondern z. B. das prozessuale Verhalten der Parteien insofern beeinflussen, als sie zumeist der beweisbelasteten Partei auch die Darlegungslast auferlegen und sie in ihrem eigenen Interesse zum Beweisantritt anhalten.

---

[22] Vgl. *Goldschmidt*, Der Prozeß als Rechtslage, S. 245, und *Arwed Blomeyer*, Zivilprozeßrecht, § 1 II 1, S. 3 mit Anm. 2.
[23] Der Prozeß als Rechtslage, S. 227 ff.
[24] Der Prozeß als Rechtslage, S. 245 ff. Das Recht — und zwar das materielle Recht wie das Prozeßrecht (vgl. S. 248 f.) — kann nach *Goldschmidts* Ansicht (S. 228) in zweierlei Weise betrachtet werden: entweder als „Inbegriff von sowohl an die Untertanen wie an die Staatsorgane oder vielmehr den Staat gerichtete Imperative" oder als „Maßstab für die Urteilstätigkeit des Richters". Die Wissenschaft des materiellen Justizrechts sei beider Betrachtungsweisen fähig.
[25] Der Prozeß als Rechtslage, S. 249. Vgl. hierzu auch *Eberhard Schmidt*, Lehrkommentar zur StPO und zum GVG I, Nr. 64 ff., insbes. Nr. 74 mit Fußnote 135.
[26] Zivilprozeßrecht, § 1 II 1, S. 3.
[27] Zivilprozeßrecht, § 30 VII, S. 142 ff.
[28] Der Prozeß als Rechtslage, S. 252 f.
[29] Der Prozeß als Rechtslage, S. 290 f.
[30] ZZP 68, 232.

§ 5 Zur Struktur der Präklusionsnormen

So gesehen stellen sie nicht nur „reine" Entscheidungsnormen, sondern auch Verhaltensnormen dar, haben also eine doppelte Bedeutung[31].

Auf dieser Grundlage läßt sich nunmehr für die *Präklusionsnormen* zunächst feststellen, daß sie jedenfalls insoweit prozessuale *Entscheidungsnormen* im Sinne *Arwed Blomeyers* sind, als sie den *Inhalt* der richterlichen Entscheidung mitbestimmen; denn der Richter muß bei jeder Entscheidung neben dem materiellen Recht das Prozeßrecht beachten. Es macht keinen Unterschied, ob ein Gericht die Sittenwidrigkeit eines Vertrages aus materiellrechtlichen Erwägungen verneint oder ob es das hierauf abzielende Vorbringen prozessual zurückweist, weil es verspätet sei bzw. weil das Bestehen des Vertrages bereits rechtskräftig festgestellt sei.

Zweifelhaft kann daher nur sein, inwieweit die Präklusionsnormen „reine" Entscheidungsnormen sind und inwieweit sie das Verhalten der Parteien und des Gerichts *bis zur Entscheidung* regeln. Während *Arwed Blomeyer* die Rechtskraftregeln zu „reinen" Entscheidungsnormen erklärt[32], rechnet sie *Bötticher* primär den prozessualen Verhaltensnormen zu, weil sich die Zwecklosigkeit erneuter Verhandlung nicht erst im Urteil herausstellen dürfe[33]. Auch die Stellungnahme zu diesem Meinungsstreit wird leichter fallen, wenn man den Blick zunächst auf den Regelungsgehalt *innerprozessualer* Präklusionsnormen richtet.

Hält man sich die §§ 279, 279 a, 283 Abs. 2 und 529 Abs. 2 ZPO vor Augen, so ist davon auszugehen, daß *die Parteien* wegen der drohenden Präklusion ihre Angriffs-, Verteidigungs- und Beweismittel in ihrem *eigenen Interesse* nach Möglichkeit vortragen und begründen werden. Insofern ist ihr prozessuales Verhalten durchaus Regelungsobjekt. *Arwed Blomeyer* bejaht sogar „eine *Pflicht*[34] zur sachgemäß *zeitigen* Vornahme von Parteihandlungen"[35]. Dem läßt sich sicher nicht entgegenhalten, daß eine Rechtspflicht erzwingbar sein müsse[36]. Selbst der Rechtspflichtcharakter der sanktionslosen „Wahrheitspflicht" wird heute bejaht, weil sich aus § 138 Abs. 1 ZPO ergibt, daß die „Rechtsordnung

---

[31] Wenn *Arwed Blomeyer* gleichwohl die Beweislastnormen im Anschluß an *Bötticher* zu reinen Entscheidungs- bzw. Beurteilungsnormen erklärt hat (Zivilprozeßrecht, § 1 II 1, S. 3 und § 69 II, S. 343 f.), so hatte er als Gegensatz ebenfalls nur das Verhalten der Parteien *außerhalb des Prozesses* vor Augen (a.a.O., § 69 II 2, S. 344).

[32] Zivilprozeßrecht, § 88 III 2 a, S. 443.

[33] ZZP 77, 481.

[34] Hervorhebung vom Verfasser.

[35] Zivilprozeßrecht, § 30 VII 1 d, S. 144 — ferner unter 2, S. 146.

[36] Vgl. *Henkel*, Einführung in die Rechtsphilosophie, S. 97 f.; *Lent*, Zur Unterscheidung von Lasten und Pflichten der Parteien im Zivilprozeß, ZZP 67, 344 ff., insbes. S. 348 ff.

II. Prozessuale Verhaltensnormen — Parteipflichten oder Lasten

ein bestimmtes Verhalten bedingungslos fordert"[37]. Ein solches Wahrheits*gebot* ist schon deswegen unerläßlich, weil nur das Interesse des Gegners und nicht das eigene vor der Prozeßlüge geschützt werden soll[38]. Stehen aber in erster Linie eigene Interessen auf dem Spiel, so verzichtet die Rechtsordnung vielfach auf Ge- und Verbote, weil sie ihr Ziel durch die Androhung von Nachteilen ebensogut erreichen kann[39]. Im Bereich des bürgerlichen Rechts, mit dem das Prozeßrecht den Zusammenhalt bei der Begriffsbildung möglichst wahren sollte, ist der echten Rechtspflicht außer der *„Last"* die *„Obliegenheit"* gegenübergestellt worden[40]. Hierbei versteht man überwiegend unter *Obliegenheit* ein Verhalten, das *eigenem und fremdem* Interesse dient[41], während unter *Last* — ein von der Prozeßrechtslehre entwickelter Begriff[42] — ein Verhalten verstanden wird, das *allein das eigene* Interesse fordert[43]. Man unterscheidet somit nach der Art des „Zwangsmittels": hier „Gebot des eigenen Interesses"[44], mag es Last oder Obliegenheit sein, dort gesetzliches Gebot und daher Rechtspflicht.

Demgegenüber spricht *Lent* von Pflicht schon dann, wenn der Gesetzgeber ein bestimmtes Verhalten erkennbar mißbilligt und ihm nicht nur indifferent gegenübersteht[45]. Im bürgerlichen Recht kann man aber beispielsweise nicht daran zweifeln, daß der Gesetzgeber es sehr wohl mißbilligt, wenn der Gläubiger die Entstehung des Schadens mitzuverantworten hat (§ 254 Abs. 1 BGB). Trotzdem spricht man nicht von einer

---

[37] *Stein-Jonas-Pohle,* ZPO, Einl. E II 1; vgl. auch *Eberhard Schmidt,* Lehrkommentar zur StPO und zum GVG I, Nr. 74 mit Fußnote 135, der zwar eine *prozessuale,* nicht aber eine materiellrechtliche Pflicht verneint.

[38] Nur bei dieser Sicht läßt sich die Geständnisfiktion des § 290 ZPO mit § 138 Abs. 1 ZPO vereinbaren.

[39] Vgl. *Reimer Schmidt,* Die Obliegenheiten, insbes. S. 93 f., für das Prozeßrecht; *Lent,* ZZP 67, 346 f. — Das selbständige Strafversprechen gemäß § 343 Ab. 2 BGB beruht ebenfalls auf dem Prinzip des „mittelbaren Zwanges". Hier verzichten die *Vertragsparteien* auf die Begründung einer Verpflichtung zu einem Tun oder Unterlassen zugunsten der Androhung eines Nachteils, der Vertragsstrafe. Näheres findet sich bei *Heibey,* Lohnversprechen und (selbständige) Strafversprechen, insbes. S. 24 ff.

[40] *Reimer Schmidt,* Die Obliegenheiten, S. 101 ff., 314 f.

[41] *Enneccerus-Nipperdey* I, 1, § 74 IV, S. 444; *Larenz,* Allgemeiner Teil des deutschen Bürgerlichen Rechts, § 18 II d, S. 223; *Reimer Schmidt,* Die Obliegenheiten, S. 104, 314 f. — dagegen ist für *Esser,* Schuldrecht I, § 5, S. 31, das doppelte Interesse nicht Begriffsmerkmal.

[42] Vgl. insbes. *Goldschmidt,* Der Prozeß als Rechtslage, S. 335 ff.; *Reimer Schmidt,* Die Obliegenheiten, S. 89 ff.

[43] *Goldschmidt,* Der Prozeß als Rechtslage, S. 336; *Reimer Schmidt,* Die Obliegenheiten, S. 93.

[44] *Planck-Siber,* BGB, Recht der Schuldverhältnisse (Allgemeiner Teil), Vorbem. III 3 b.

[45] ZZP 67, 350 ff.

Pflicht-, sondern von einer *Obliegenheits*verletzung[46], und *Esser* hebt mit Recht hervor, daß man die Obliegenheiten keinesfalls von vornherein deshalb zu angeblich echten Rechtspflichten zählen dürfe, weil die Allgemeinheit ... ein Interesse daran habe, daß jedweder Schaden verhütet werde[47]. Daher sollte man auch Lent nicht folgen, wenn er ganz allgemein von einer Pflicht zur sachgemäßen Prozeßführung spricht, die insbesondere das Verbot der Prozeßverschleppung beinhalte[48].

Damit ist freilich noch nicht gesagt, daß sich das Prozeßrecht weiterhin auf den Gegensatz von Pflichten und Lasten beschränken sollte; vielmehr gilt es, dem Begriff Obliegenheit Raum zu geben. Denn *Lents* Ausführungen haben ins Bewußtsein gehoben, daß in den Präklusionsfällen durchaus nicht stets allein das Interesse der von der Präklusion bedrohten Partei berührt ist, sondern daß etwa der Kampf gegen die Prozeßverschleppung ebenfalls dem Interesse des Gegners dient[49]. Diesen Normzweck mißachtet eine zu großzügige Handhabung der §§ 279, 279 a, 283 und 529 Abs. 2 ZPO. Andererseits gibt es auch Präklusionsnormen, die nur die Interessen der von ihr bedrohten Partei berühren. Hierzu zählt als typisches Beispiel die Rüge*last* gemäß den §§ 39, 295 ZPO, sowie vor allem die von § 318 ZPO ausgehende Präklusionsdrohung. Aber auch aus der vorprozessualen Präklusionsfrist des § 4 Satz 1 KSchG folgt nur eine Last, die Sozialwidrigkeit der Kündigung rechtzeitig geltend zu machen[50].

Sind demnach den Parteien als Normadressaten für ihr Verhalten Lasten oder Obliegenheiten auferlegt, wenn sie den Eintritt der Präklusion vermeiden wollen, so wendet sich das Gesetz anschließend an den *Richter,* der bereits seine *Verhandlungsführung* an den Präklusionsnormen zu orientieren hat. Er ist beispielsweise gehalten, jedes Beweisangebot zu ignorieren, das sich auf präkludierte Tatsachen bezieht. Ein solches Verhalten ist insbesondere dann geboten, wenn die Präklusion

---

[46] *Esser,* Schuldrecht I, § 5 V, S. 30 f. und § 47 I, S. 328 f.; *Reimer Schmidt,* Die Obliegenheiten, S. 105 ff.; *Zeuner,* Gedanken über Bedeutung und Stellung des Verschuldens im Zivilrecht, JZ 1966, 1 ff.; *Larenz,* Schuldrecht I, § 15 I a, S. 177 mit Anm. 1.

[47] Schuldrecht I, § 5 V, S. 31.

[48] ZZP 67, 352 f.; hierzu vorsichtig abwägend *Stein-Jonas-Pohle,* ZPO, Einl. E II 2 und 3.

[49] Dies hat *Goldschmidt,* Der Prozeß als Rechtslage, S. 120 ff., nicht genügend beachtet.

[50] Wenn sich *Esser,* Schuldrecht I, § 5 V, S. 31, gegen den verführerischen Gedanken wendet, „jedwede Bedingung der Rechtserhaltung als Obliegenheit aufzufassen, etwa auch die Fälle einer Präklusion bei befristet oder unverzüglich auszuübenden Rechten (z. B. des Anfechtungsrechts wegen Irrtums, § 121 I)", so ist dem zuzustimmen, doch könnte von einer Last gesprochen werden, ein Begriff, den *Esser* nicht erwähnt (vgl. auch unten S. 139 f.).

nicht ipso iure eintritt, wie dies z. B. gemäß § 318 ZPO der Fall ist, sondern noch einen konstitutiven Akt des Gerichts erfordert (z. B. gemäß den §§ 279, 279 a, 283 Abs. 2, 529 Abs. 2 und 3 ZPO)[51], zumal die Zurückweisung regelmäßig erst in den Gründen des Urteils ausgesprochen wird[52]. Geht das Gericht auf das Vorbringen ein und ordnet es gar die Beweiserhebung an, so kann es nicht nachträglich das Beweismittel als verspätet zurückweisen[53].

Erst wenn es gilt, das Urteil zu fällen, kann die Präklusionsnorm für den Richter zur Entscheidungsnorm werden gleich den Vorschriften des materiellen Rechts. Diese dreifache Bedeutung, nämlich zunächst Verhaltensnorm für die betroffene Partei, sodann für den Richter und schließlich Entscheidungsnorm, kommt auch den *außerprozessualen* Präklusionsvorschriften zu, gleichgültig, ob es sich um rechtskraftfremde Präklusion, Rechtskraft-Präklusion oder rechtskraftergänzende Präklusion handelt. Die Parteien trifft die Last, ihr Vorbringen auf den ersten Prozeß zu konzentrieren, der Richter darf im zweiten Prozeß nicht in eine erneute Erörterung, Prüfung oder gar Beweiserhebung bezüglich des präkludierten Prozeßstoffes eintreten und muß schließlich bei der Urteilsfällung die frühere Entscheidung berücksichtigen.

III. Objektive Präklusionsnormen

Die objektiven Präklusionsnormen sind dadurch gekennzeichnet, daß sie *allein* an die nicht rechtzeitige Vornahme einer Parteihandlung die Präklusionswirkung anknüpfen. Derartige Normen sind beispielsweise die §§ 39, 318, 322, 323 Abs. 2, 565 Abs. 2 und 767 Abs. 2 ZPO[54]. Bei der Anwendung dieser Vorschriften wird nicht danach gefragt, ob der Partei die nicht vorgetragenen Umstände bekannt waren oder ob sie sich von ihnen bei größerer Sorgfalt Kenntnis hätte verschaffen können. Es ist auch unerheblich, woran der Vortrag bekannter Tatsachen gescheitert ist. Geht dem Anwalt die Information verspätet zu, weil die Postzustellung versagt hat, fällt selbst dies in den Risikobereich der Partei.

---

[51] Vgl. *Stein-Jonas-Schumann-Leipold*, ZPO, § 279 Anm. II 3 und III; *Stein-Jonas-Grunsky*, ZPO, § 529 Anm. III 6; *Senft*, Neues Vorbringen in der Berufungsinstanz, S. 155 ff.

[52] Eine Zurückweisung durch besonderen Beschluß hat das BAG AP Nr. 1 zu § 313 ZPO mit Anmerkung von *Pohle* für denkbar erklärt. Zustimmend *Stein-Jonas-Grunsky*, ZPO, § 529 Anm. III 6. Dagegen halten *Stein-Jonas-Schumann-Leipold*, ZPO, § 279 Anm. III 1, einen Beschluß für bedeutungslos. Vgl. ferner *Senft*, S. 169 ff.

[53] RAG Rechtsprechung in Arbeitssachen 1930, 89 f.

[54] Zu § 767 Abs. 2 ZPO vgl. insbes. oben S. 68 und unten S. 163 ff.

Faßt man diese Präklusionsfälle ins Auge, so empfiehlt es sich nicht, dem Vorschlag *Bülows* zu folgen und statt von objektivem Präklusionsprinzip von Rechtswirkungsprinzip zu sprechen[55], geriete man doch mit der prozessualen Verwirkung im modernen Sinn in Kollision, die als Sonderfall des Verstoßes gegen Treu und Glauben verstanden wird[56]. Noch immer ist es freilich höchst eindrucksvoll, wie beredt sich Bülow für dieses „objektive Prinzip rechtlicher Verantwortlichkeit" eingesetzt hat[57].

IV. Subjektive Präklusionsnormen

Während die objektiven Präklusionsnormen keine personenbezogenen Elemente enthalten, ist gerade dies das Merkmal der subjektiven Präklusionsnormen. Hierbei ergeben sich nicht nur beträchtliche Unterschiede bezüglich des vorausgesetzten Verschuldensgrades, sondern bereits — was bisher nicht genügend herausgestellt worden ist — hinsichtlich des Inhalts der von der Partei erwarteten Sorgfalt.

1. Das erwartete Verhalten — Zur Frage einer Nachforschungslast

Bevor die Frage des Verschuldens aufgeworfen werden kann, ist nämlich zu klären, *welches Verhalten das Gesetz überhaupt erwartet.* Wenn beispielsweise zu prüfen ist, ob die Partei den Ablehnungsgrund nicht vor der Vernehmung des Sachverständigen bzw. der Einreichung des Gutachtens geltend machen konnte (§ 406 Abs. 2 ZPO), so kann dies bedeuten, daß nur untersucht wird, ob die Partei einen ihr *bekannten* Ablehnungsgrund unverzüglich geltend gemacht hat. Es ist aber darüber hinaus auch denkbar, daß das Gesetz der Partei eine *Nachforschungslast*[58] auferlegt. Vergleicht man § 406 Abs. 2 ZPO mit der abweichenden Fassung des § 44 Abs. 4 ZPO, wonach die Präklusionsnorm des § 43 ZPO bei Ablehnung eines Richters wegen Besorgnis der Befangenheit nicht eingreift, wenn der Partei der Ablehnungsgrund erst später *bekannt geworden ist,* so spricht viel für die vom Reichsgericht für § 406 Abs. 2 ZPO bejahte Nachforschungslast[59].

---

[55] Civilprozessualische Fiktionen und Wahrheiten, AcP 62, 1 ff., 60.
[56] Oben S. 31 ff.
[57] AcP 62, 75 ff., insbes. S. 80.
[58] Von einer Pflicht wird angesichts der vorstehenden Überlegungen zum Wesen der Präklusionsnormen bewußt nicht gesprochen. — Wenn z. B. *Staudinger-Berg,* BGB, § 932 Anm. 24, im Zusammenhang mit der groben Fahrlässigkeit beim gutgläubigen Erwerb von einer gewissen „Nachforschungspflicht" sprechen, so liegt dies auf der gleichen Ebene.
[59] RGZ 64, 429, 432 ff.; a. M. *Stein-Jonas-Schönke-Pohle,* ZPO, § 406 Anm. II 2. *Arwed Blomeyer,* Zivilprozeßrecht, § 26 IV 2, S. 113, spricht in

IV. Subjektive Präklusionsnormen

Die Frage der Nachforschungslast stellt sich besonders für die §§ 616 ZPO, 17 MSchG und § 54 PatentG. Während die ersten zwei Normen die Worte „geltend machen konnte" verwenden, heißt es in § 54 PatentG: „wenn er ohne sein Verschulden nicht in der Lage war, auch dieses Patent in dem früheren Rechtsstreit geltend zu machen." Doch besteht kein Anhaltspunkt dafür, daß die andere Fassung des § 54 PatentG inhaltliche Unterschiede zum Ausdruck bringen soll. Geht man davon aus, so muß es überraschen, daß der BGH für § 54 PatentG ohne jeden Seitenblick einer Nachforschungslast das Wort geredet hat: „Für die Frage des Verschuldens kann es nicht entscheidend darauf ankommen, wann die Beklagte tatsächlich Kenntnis von dem Werbeprospekt erlangt hat; die Beklagte hätte sich bei Anwendung der gebotenen Sorgfalt vor Erhebung der Widerklage ... *Kenntnis verschaffen*[60] können[61]." Demgegenüber hat das Reichsgericht für § 616 ZPO darauf hingewiesen, daß die Vorschrift nur auf Tatsachen bezogen werden könne, die der Partei in der Art *bekannt* waren, daß sie im früheren Rechtsstreit mit Aussicht auf Erfolg hätten geltend gemacht werden können, und daß das Bestehen von Vermutungen nicht genüge[62]. Für § 17 MSchG vertritt *Bettermann* die gleiche Ansicht[63]. Wenn er dann als Verschuldensgrad leichte Fahrlässigkeit genügen läßt[64], so bezieht sich die Schuldfrage eben nur noch darauf, weshalb die Partei ihr bekannte Tatsachen nicht vorgetragen hat.

Hier ist nicht der Ort, der differierenden Auslegung der §§ 616 ZPO, 17 MSchG einerseits und des § 54 PatentG andererseits näher nachzugehen und eine befriedigende Antwort zu finden. Dazu bedürfte es einer Analyse der Interessenlage, was den Einstieg in das materielle Recht voraussetzte[65]. Wesentlich ist vielmehr die Erkenntnis, daß es sich um eine allgemeine Fragestellung handelt.

---

beiden Fällen ungenau von *Schuldlosigkeit* als Voraussetzung für die Nachholung.

[60] Hervorhebung vom Verfasser.

[61] GRUR 1957, 208, 211 f. Wenn der BGH von Verschulden spricht, so unterscheidet er nicht genügend zwischen dem, was das Gesetz als Verhalten erwartet, und dem, was von der Partei im konkreten Fall gefordert werden kann.

[62] RGZ 126, 264, 265 f. Zustimmend *Baumbach-Lauterbach*, ZPO, § 616 Anm. 2 A; *Thomas-Putzo*, ZPO, § 616 Anm. 3; für eine — begrenzte — Nachforschungslast *Stein-Jonas-Schlosser*, § 616 Anm. III 3 mit Fußnote 20.

[63] Vgl. die vorsichtige Abwägung in dem Kommentar zum Mieterschutzgesetz, § 17 Anm. 33.

[64] a.a.O., Anm. 36.

[65] Zu der Interpretation des § 616 ZPO kann z. B. beigetragen haben, daß die materiellrechtlichen Präklusionsnormen ebenfalls Kenntnis voraussetzen (vgl. auch unten S. 171). Auch mag man — ohne es auszusprechen — angesichts der ehefreundlichen Tendenz der ZPO nichts von einer staatlich geförderten „Schnüffelei" gehalten haben.

2. Rücksicht auf Beweisschwierigkeiten

Selbst die Kenntnis von Tatsachen begründet aber noch nicht stets die Last, sie auch sogleich vorzubringen, sofern *Beweisschwierigkeiten* bestehen. Die Partei darf unter Umständen mit dem Vorbringen ihr bekannter Tatsachen warten, bis sie auch geeignete Beweismittel in der Hand hat. Während für die materiellrechtlichen Ausschlußfristen der §§ 35 und 50 des Ehegesetzes feststeht, daß es nur auf die Kenntnis der Aufhebungs- bzw. Scheidungsgründe ankommt[66], gewinnt das „Geltendmachenkönnen" im Prozeß einen anderen Charakter, weil das Gericht, das nur unbestrittene oder bewiesene Tatsachen zugrunde legen darf, überzeugt werden muß. Für § 616 ZPO ist daher mit Recht anerkannt, daß nur Tatsachen präkludiert werden, die im früheren Rechtsstreit mit *Aussicht auf Erfolg* hätten vorgebracht werden können[67]. An solcher Aussicht kann es gerade *mangels Beweismitteln* fehlen[68], so daß die nachträgliche Geltendmachung eines Aufhebungs- bzw. Scheidungsgrundes zwar prozessual noch zulässig sein kann, aber materiellrechtlich bereits ausgeschlossen ist[69].

Dieses Entgegenkommen, das *Bettermann* auch für § 17 MSchG befürwortet[70], darf aber nicht zu der Annahme verleiten, der Kläger dürfe warten, bis ihm die Beweismittel von selbst in die Hände fallen. Vielmehr trifft die Partei die Last, sich die Beweismittel (im Gegensatz zu der Kenntnis von klagebegründenden Tatsachen)[71] zu verschaffen[72] und die Beweismöglichkeit zu beurteilen. Jeder schuldhafte Sorgfaltsverstoß löst daher die Präklusion aus.

3. Zur Frage des Verschuldens

Ist auf diese Art ermittelt, was für ein Verhalten die einzelne Präklusionsnorm erwartet, so stellt sich nunmehr die Frage des *Verschuldens*.

---

[66] *Palandt-Lauterbach*, BGB, § 35 EheG Anm. 3 b a. E. Vgl. ferner RG Zeitschrift für Rechtspflege in Bayern 1916, 293; RGZ 143, 305 ff.

[67] RGZ 126, 264, 265.

[68] So mit ausführlicher Begründung bereits RGZ 35, 342 ff.; ferner RGZ 42, 384, 387. Zustimmend *Bötticher*, Festgabe für Rosenberg, S. 93; *Baumbach-Lauterbach*, ZPO, § 616 Anm. 2 A; *Stein-Jonas-Schlosser*, ZPO, § 616 Anm. III 3.

[69] Da die Ausschlußfrist des § 50 EheG nur für die Scheidung wegen Verschuldens gilt, wirkt sich die Schrankenwirkung des § 616 ZPO besonders bei der Scheidung aus anderen Gründen und dort praktisch bei § 48 EheG aus.

[70] Kommentar zum Mieterschutzgesetz, § 17 Anm. 38 ff.

[71] Vgl. oben S. 137.

[72] Wenn *Bettermann*, a.a.O., Anm. 41, nur vom Besitz von Beweismitteln spricht, so erscheint mir das zu großzügig.

IV. Subjektive Präklusionsnormen

a) Verneint man eine Rechtspflicht zu zeitigem Parteihandeln, so gewinnt auch der Begriff des Verschuldens jene Bedeutung, die er im bürgerlichen Recht unter dem Schlagwort „*Verschulden gegen sich selbst*"[73] hat[74]. Geprüft wird nicht, ob bei der Erfüllung einer Pflicht die erforderliche Sorgfalt außer acht gelassen ist, sondern bei der *Wahrnehmung des eigenen Interesses*. Ein solches Verschulden meinen z. B. die §§ 233 Abs. 2, 274 Abs. 3, 528 ZPO und § 54 PatentG. Es verbirgt sich hinter dem Kennenmüssen des Verfahrensmangels in § 295 ZPO. Und im gleichen Sinne ist die Frage, ob die Parteien etwas geltend machen konnten, in § 616 ZPO zu interpretieren.

Die Problematik dieses Schuldbegriffs besteht darin, daß sich das Verschulden gemeinhin auf ein *rechtswidriges* Verhalten bezieht, von dem hier mangels einer Rechtspflicht nicht gesprochen werden kann. *Zeuner* hat für das Zivilrecht versucht, dem Schuldbegriff eine gemeinsame Basis dadurch zu geben, daß er die objektiv ungenügende, aber nicht gebotene Wahrnehmung des eigenen oder fremden Interesses ebenfalls als wertwidrig bezeichnet, weil das Verhalten jedenfalls mißbilligt werde[75]. Schuld bedeutet dann nicht mehr nur die Vorwerfbarkeit rechtswidrigen, sondern auch wertwidrigen Verhaltens. Ein wertwidriges Verhalten erblickt *Zeuner* beispielsweise auch darin, daß der Anfechtungsberechtigte nicht unverzüglich anficht (§ 121 BGB), falls dieser es nicht von vornherein bei der Wirksamkeit der anfechtbaren Willenserklärung belasse[76]. Sieht man genau hin, so liegt die Wertwidrigkeit nicht in dem *Unterlassen* der rechtzeitigen Anfechtung. Zeuner räumt ein, daß die Vernachlässigung des eigenen Interesses durch den Anfechtungsberechtigten nicht vorwerfbar sei. Daß aber durch dies Unterlassen der Gegner am Vertrag festgehalten wird, kann ebenfalls nicht mißbilligt werden. Dann bleibt als wertwidriges Verhalten nur noch die verspätete Anfechtung als *Handlung* übrig, die dem Gegner Ungelegenheiten machen kann. Nach einem Verschulden bezüglich dieser Handlung fragt das Gesetz aber nicht mehr, sie ist unwirksam.

Gerade diese Überlegung hat auch *Goldschmidt*[77] *Franz Klein*[78] im Bereich des Prozeßrechts entgegengehalten, der den Ausschluß der verspäteten Erklärungen auf eine schuldhafte Tätigkeit und nicht auf

---

[73] *Zitelmann*, Das Recht des Bürgerlichen Gesetzbuchs: Allgemeiner Teil, S. 166.

[74] *Goldschmidt*, Der Prozeß als Rechtslage, S. 122 f. und S. 353 ff.; *Rosenberg*, Zivilprozeßrecht, § 76 IV 3, S. 348.

[75] JZ 1966, 1 ff., insbes. S. 2. Kritisch zum Begriff der Wertwidrigkeit *Esser*, Schuldrecht I, § 47 I 2 e, S. 328 f.

[76] *Zeuner*, JZ 1966, 3.

[77] Der Prozeß als Rechtslage, S. 121 f.

[78] Die schuldhafte Parteihandlung, S. 149 f.

ein Unterlassen zurückführte. Goldschmidt hat darauf aufmerksam gemacht, daß es immer auf die Schuldlosigkeit oder Schuldhaftigkeit der *Versäumung*, nicht der *Nachbringung* ankomme. Eine Abhängigkeit des Verschuldens von einem wertwidrigen Verhalten dürfte sich daher jedenfalls nicht für alle Fallgestaltungen nachweisen lassen. Kann man mit der Annahme einer Obliegenheit, den Prozeß nicht zu verschleppen[79], auch die Wertwidrigkeit eines derartigen Verhaltens bejahen und damit zugleich der Schuld materiellen Gehalt geben, so ist ein Schuld*vorwurf* z. B. in den Fällen der §§ 274 Abs. 3, 295, 616 ZPO nicht vorstellbar. Die Schuld erscheint hier nur als Maßstab — sei es Vorsatz oder Fahrlässigkeit —, mit dem das Verhalten der Parteien gemessen, aber nicht verurteilt wird.

Mit dem Umdenken von Parteipflichten in Parteilasten, von der Schuld als Vorwerfbarkeit in einen bloßen Sorgfaltsverstoß[80] ist auch der Begriff der *poena praeclusi*[81] zunehmend in Ungnade gefallen[82]. Hierzu hat maßgeblich der Umstand beigetragen, daß die Präklusion als *Strafe* erst recht nicht mehr dort verstanden werden kann, wo sie nur an objektive Voraussetzungen anknüpft[83].

b) Soweit die Präklusion Verschulden voraussetzt, finden sich *Abstufungen* bezüglich des Verschuldensgrades[84]. Normalerweise genügt allerdings *jede Fahrlässigkeit* (vgl. etwa die §§ 274 Abs. 3, 279 a, 295, 367 Abs. 2 2. Fall, 406 Abs. 2 Satz 2[85], 528, 616 ZPO). Hier wird nicht nach der persönlichen Fähigkeit gefragt, aber doch eine Gruppenbildung in der Weise vorgenommen, daß zwischen Rechtskundigen (z. B. Rechts-

---

[79] Vgl. oben S. 132 ff.

[80] In diesem Sinne spricht *Arwed Blomeyer*, Zivilprozeßrecht, § 26 IV 2, S. 113, davon, daß das Verschulden objektiv als die Außerachtlassung der im Prozeß erforderlichen Sorgfalt zu bestimmen sei.

[81] Vgl. *Wetzell*, System des ordentlichen Civilprozesses, S. 626, insbes. Anm. 99, der auf diese Bezeichnung kein großes Gewicht mehr legen wollte, und *Franz Klein*, Die schuldhafte Parteihandlung, S. 149, der von der „poena praeclusi als einer wirklichen Strafe delictischen Processverhaltens" gesprochen hat.

[82] Vgl. *Goldschmidt*, Der Prozeß als Rechtslage, S. 121 ff. Bei *Richard Schmidt*, Zivilprozeßrecht, S. 350, taucht der Begriff noch auf, aber nicht mehr als echte Strafe, sondern nur als „Präklusionsfolge". Während *Hellwig*, System I, in einem Paragraphen über Prozeßstrafen die Präklusion erwähnt, findet sich in den Sachregistern zu den Lehrbüchern von *Bruns* und *Arwed Blomeyer* der Begriff Prozeßstrafe bezeichnenderweise nicht mehr.

[83] Vgl. *Bülow*, Civilprozessuale Fiktionen und Wahrheiten, AcP 62, 1 ff., insbes. S. 59 ff. mit Anm. 52 auf S. 60.

[84] Vgl. zum folgenden *Goldschmidt*, Der Prozeß als Rechtslage, S. 355 ff.

[85] Wenn § 44 Abs. 4 2. Fall ZPO an die Kenntnis vom Ablehnungsgrund anknüpft, so bedeutet dies einen Verzicht auf die Nachforschungslast (vgl. oben S. 136 f.).

IV. Subjektive Präklusionsnormen

anwälten) und Rechtsunkundigen differenziert wird[86]. Dieser objektive Fahrlässigkeitsbegriff, der durch Gruppenbildung relativiert wird, ist im Zivilrecht seit langem bekannt[87]. In gleicher Weise ist auch die *grobe Fahrlässigkeit* (Nachlässigkeit) zu ermitteln, wie sie beispielsweise die §§ 279, 283 Abs. 2, 529 Abs. 2 und 3 sowie § 626 1. Fall ZPO voraussetzen. Für die Anwendung der Präklusionsvorschrift des § 626 2. Fall ist sogar die Verschleppungs*absicht* unbedingt erforderlich.

c) Über diesen Feststellungen darf indessen nicht vergessen werden, wie sehr das Bild durch die Verteilung der *Beweislast* modifiziert wird. Bereits bei der Darstellung der Entwicklungsgeschichte der innerprozessualen Präklusionsnormen ist darauf hingewiesen worden, daß mittels einer gesetzlichen Umkehr der Beweislast im Fall des § 529 Abs. 2 ZPO eine Verschärfung erreicht werden sollte[88]. In den Fällen der §§ 274 Abs. 3, 279 a, 295, 367 Abs. 2 ZPO muß die Partei sogar ihre Schuldlosigkeit glaubhaft machen. Dies folgt für die §§ 274 Abs. 3, 279 a und § 367 Abs. 2 ZPO aus der Fassung des Gesetzes, wird aber auch für § 295 ZPO angenommen[89]. Dahinter steht offenbar der Gedanke, daß die Nachholung die Ausnahme von der Regel darstellt.

Über die Beweislastverteilung im Fall des § 616 ZPO herrscht hingegen Streit. Sieht man in § 616 ZPO mit *Bötticher* eine Rechtskraftnorm, dann wird man in der Zulassung des Vorbringens die Ausnahme sehen und dem Kläger die Beweislast aufbürden[90]. Hält man jedoch § 616 ZPO nur — oder zumindest auch[91] — für eine rechtskraftergänzende Präklusionsnorm, so scheint der weitergehende Ausschluß die Ausnahme zu sein, der deswegen nachgewiesenes Verschulden voraussetzen müßte[92]. Für diese Auslegung kann auf den ersten Blick auch sprechen, daß der

---

[86] *Baumbach-Lauterbach*, ZPO, Einl. III 7 A; RGZ 50, 127, 133 zu § 111 Abs. 1 Satz 2 GenG.
[87] Siehe etwa *Esser*, Schuldrecht I, § 38 V, S. 249 f.
[88] Oben S. 41 f.
[89] *Baumbach-Lauterbach*, ZPO, § 295 Anm. 2 C; *Stein-Jonas-Schönke-Pohle*, ZPO, § 295 Anm. III 2 d.
[90] *Bötticher*, Festgabe für Rosenberg, S. 96 f. Ebenso RGZ 42, 384, 385 ff.; RG Warn. 1918 Nr. 102.
[91] Vgl. oben S. 107 ff. und unten S. 174 ff., 178.
[92] So ohne Begründung *Baumbach-Lauterbach*, ZPO, § 616 Anm. 2 A a. E.; *Stein-Jonas-Schlosser*, ZPO, § 616 Anm. III 3 mit Fußnote 23. Die dort angeführten Reichsgerichtsentscheidungen sind wenig beweiskräftig. RGZ 160, 19, 22 f. betrifft die materiellrechtliche Ausschlußfrist des § 1339 BGB a. F. (vgl. jetzt § 35 EheG). RGZ 126, 264, 265 f. ist ohne eigene Begründung zwar ebenfalls dieser Ansicht, beruft sich aber auf nicht einschlägige Präzedenzfälle. RG Warn. 1918 Nr. 211 befaßt sich mit der materiellrechtlichen Ausschlußfrist des § 1571 BGB a. F. (vgl. jetzt § 50 EheG), und RG Warn. 1918 Nr. 102 sowie HRR 1928 Nr. 916 sprechen nur von einer Umkehr der Beweislast im *Einzelfall* aus tatsächlichen Gründen.

Gesetzgeber bei der innerprozessualen Präklusionsvorschrift des § 626 ZPO im Unterschied zu § 529 Abs. 2 und 3 ZPO von einer gesetzlichen Umkehr der Beweislast zum Nachteil der säumigen Partei abgesehen hat[93]. Es ist jedoch ein Unterschied, ob innerprozessual der Richter trotz der noch ausstehenden Entscheidung in der Wahrheitsfindung behindert wird oder ob außerprozessual der Rechtsfrieden erneut gestört zu werden droht. Diese Störung soll nach dem Sinn des § 616 ZPO die *beweisbelastete* Ausnahme bleiben, und zwar unabhängig davon, wie die Präklusionsnorm systemgerecht einzuordnen ist[94].

V. Die Aufhebung der Präklusionswirkung

Zwischen dem objektiven und dem subjektiven Präklusionsprinzip nehmen Wiedereinsetzung und Wiederaufnahme eine *Mittlerrolle* ein; sie ermöglichen nämlich die Beseitigung der Präklusionswirkung vornehmlich dann, wenn der Partei nicht vorgehalten werden kann, daß sie die Präklusion durch rechtzeitiges Handeln hätte vermeiden können. Diese Modifikationen der objektiven Präklusionsnormen verdienen notiert zu werden, schon um sich des Instrumentariums bewußt zu werden, dessen sich der Gesetzgeber bedient.

1. Wiedereinsetzung

Die *Wiedereinsetzung* knüpft an die Versäumung der in § 233 Abs. 1 ZPO genannten objektiven Präklusionsfristen an und ermöglicht nachträglich die Vornahme der Prozeßhandlung, wenn die Fristen *ohne Verschulden*[95] versäumt worden sind. Der Rechtsbehelf der Wiedereinsetzung ist also das um der Rechtssicherheit willen geschaffene innerprozessuale Instrument, mit dessen Hilfe dem Verschuldensprinzip Raum gegeben wird: Die zunächst auflösend bedingte Präklusionswirkung wird jedoch sehr leicht endgültig. Denn die Nachholung bedarf

---

[93] Vgl. BGH Warn. 1967 Nr. 109.

[94] Demgegenüber schlägt *Bettermann*, Kommentar zum Mieterschutzgesetz, § 17 Anm. 48, folgende differenzierende Lösung vor: Die objektiven Merkmale (alte Tatsachen, Kenntnis des Klägers) müsse der Beklagte, die subjektiven (Exculpation für das verspätete Vorbringen) müsse der Kläger beweisen, weil dieser näher am Beweismaterial sei (Rechtsgedanke des § 282 BGB). Der Kläger muß aber doch auch eher darlegen können, unter welchen Umständen er die Tatsachen erfahren hat.

[95] Zu dem Meinungsstreit darüber, ob der BGH die Sorgfaltsanforderungen zu hoch geschraubt hat, ist hier nicht Stellung zu nehmen. Einen interessanten Einblick geben die Ausführungen von *Ostler*, Anwaltspflichten und Anwaltshaftpflicht im Prozeß, I. Die Rechtsprechung der oberen Bundesgerichte, NJW 1965, 1785 ff. und II. Erforderliche Änderungen in Rechtsprechung und Gesetzgebung, NJW 1965, 2081 ff.

V. Die Aufhebung der Präklusionswirkung

besonderer Form, ist an eine kurze Frist gebunden und nach Ablauf eines Jahres gänzlich ausgeschlossen (§ 234 ZPO)[96].

2. Wiederaufnahme

Eine ähnliche, ebenfalls *eng begrenzte Mittlerrolle* erfüllt im *außerprozessualen* Bereich die *Wiederaufnahmeklage* in den Fällen, in denen ihr Erfolg davon abhängt, daß der Kläger *ohne sein Verschulden* außerstande war, den Wiederaufnahmegrund schon im rechtskräftig abgeschlossenen Prozeß geltend zu machen (vgl. § 579 Abs. 2 ZPO für die Nichtigkeitsklage; § 582 ZPO für die Restitutionsklage)[97]. Um der Rechtssicherheit willen hat der Gesetzgeber hier sogar die Erhebung einer Klage vorgesehen. Auf die einzelnen Wiederaufnahmegründe braucht im Rahmen dieser Arbeit nicht eingegangen zu werden. Hervorgehoben werden sollte aber doch, daß der praktisch wichtigste Restitutionsgrund des § 580 Nr. 7 b ZPO nur die nachträgliche Geltendmachung des *Beweismittels Urkunde* ermöglicht, also nicht etwa das Vorbringen alter Angriffs- oder Verteidigungsmittel[98].

Die strengen Vorschriften der ZPO über das Wiederaufnahmeverfahren haben die §§ 153 Abs. 1 VwGO, 134 FGO und 179 Abs. 1 SGG trotz der für sie geltenden Untersuchungsmaxime in bezug genommen. Damit wird die oben vertretene Auffassung bestätigt, daß der Umfang der Präklusionswirkung außerprozessual nicht notwendig von der jeweiligen Verfahrensmaxime abhängt[99].

Die eigenständige Regelung der StPO in den §§ 359 ff. ist aus zwei Gründen bemerkenswert: Zum einen, weil es nur *objektiv* auf das Vorhandensein des Wiederaufnahmegrundes ankommt. Zum anderen, weil die Wiederaufnahme *zugunsten des Angeklagten* um der Gerechtigkeit willen stets zulässig ist, wenn neue *Tatsachen oder Beweismittel* beigebracht werden (§ 359 Nr. 5 StPO)[100].

---

[96] Die zweiwöchige Frist für das Wiedereinsetzungsgesuch (§ 234 Abs. 1 ZPO) ist keine Notfrist, so daß ihre schuldlose Versäumung zum Verlust des Rechtsbehelfs führt. Hierüber hat sich das BVerfG für den Sonderfall des verspätet bewilligten Armenrechts mit überzeugender Begründung hinweggesetzt (BVerfG NJW 1967, 1267). Allerdings wäre der Gesetzgeber gehalten gewesen, das Problem zu regeln.
[97] Vgl. *Stein-Jonas-Grunsky*, ZPO, § 579 Anm. III und § 582 Anm. I.
[98] Vgl. *Stein-Jonas-Grunsky*, ZPO, § 580 Anm. IV 2 und 3; ferner unten S. 160 ff., 178.
[99] Vgl. oben S. 98 ff.
[100] Vgl. auch oben S. 99 und unten S. 158, 160 ff.

VI. Präklusion und Parteidisposition

Während bisher das Verhalten der von der Präklusion bedrohten Partei interessiert hat, ist nunmehr darauf einzugehen, welche Bedeutung dem Verhalten des Gegners oder gar einer Vereinbarung der Parteien zukommt. Dabei muß sich die Untersuchung auch hier auf typische Beispiele beschränken, so daß generalisierende Rückschlüsse nicht möglich sind.

1. Berücksichtigung von Amts wegen

Zunächst ist die Frage zu stellen, ob die jeweilige Präklusionsnorm *von Amts wegen zu berücksichtigen ist* oder ob es einer Prozeßhandlung des Gegners (Antrag, Rüge, Einrede) bedarf[101], um die Präklusionswirkung auszulösen.

Für die *innerprozessualen* Präklusionsnormen spricht § 231 Abs. 1 2. Halbsatz ZPO ausdrücklich aus, daß ein Antrag nur dort erforderlich ist, wo das Gesetz ihn ausdrücklich verlangt[102]. Dies gilt erst recht für die schon unter dem Stichwort „Bindung" eingruppierten §§ 318, 565 Abs. 2 ZPO[103]. Weniger eindeutig ist die Rechtslage trotz § 231 Abs. 1 ZPO allerdings bei den prozeßhindernden Einreden der §§ 274 Abs. 3, 528 ZPO. Wird eine solche Einrede verspätet geltend gemacht, so soll hierin die Verletzung einer das Verfahren betreffenden Vorschrift i. S. des § 295 Abs. 1 ZPO liegen, so daß der Gegner die Säumnis sogar unverzüglich rügen muß, damit die Präklusion der Einrede eintritt[104]. Gemäß § 231 Abs. 1 ZPO treten die Säumnisfolgen aber von selbst ein, so daß der Verfahrensfehler nicht von der Partei, sondern vom Gericht begangen wird, wenn es die genannte Vorschrift nicht beachtet und über die verspätet erhobene Einrede sachlich entscheidet. Das Gericht wird durch die herrschende Meinung zur Beantwortung einer Rechtsfrage genötigt, auf die es nach den Präklusionsnormen gerade nicht mehr ankommen soll. Dies zeigt sich z. B. dann, wenn der Kläger einerseits die Geltung einer Schiedsabrede bestreitet, andererseits die verspätet erhobene Einrede — möglicherweise versehentlich — nicht sofort rügt. Ist die Einrede begründet, so erweist sich die gesamte bisherige Tätigkeit des Gerichts als nutzlos, was die Präklusionsnormen gerade verhindern sollen.

---

[101] Vgl. *Rimmelspacher*, Zur Prüfung von Amts wegen im Zivilprozeß, S. 30 ff., insbes. S. 32.

[102] Die hier nicht interessierenden Ausnahmen sind zusammengestellt von *Wieczorek*, ZPO, § 231 Anm. A II a.

[103] Vgl. *Baumbach-Lauterbach*, ZPO, § 318 Anm. 1; *Bötticher*, Kritische Beiträge, S. 162; RGZ 94, 11, 13.

[104] RGZ 58, 151, 153 f.; 98, 316, 317; BGHZ 37, 264, 267; *Stein-Jonas-Grunsky*, ZPO, § 528 Anm. II 2; *Thomas-Putzo*, ZPO, § 274 Anm. 2 c.

VI. Präklusion und Parteidisposition

Da für die *außerprozessualen* Präklusionsnormen keine § 231 Abs. 1 ZPO vergleichbare Regelung getroffen ist, kann es nicht wunder nehmen, daß über die Berücksichtigung von Amts wegen zunächst Streit herrschte, der zudem in der überkommenen materiellrechtlichen Begriffsbildung von der „Einrede der Rechtskraft" Zündstoff fand. Bereits um die Jahrhundertwende war der Kampf jedoch unter dem Schlachtruf von der „absoluten Rechtskraft" für § 322 ZPO zugunsten der Beachtung von Amts wegen entschieden[105], obwohl noch der erste Entwurf zum BGB in § 191 Abs. 2 Satz 2 ausdrücklich bestimmte, daß diese Urteilswirkung geltend zu machen sei. § 616 ZPO[106] (§ 576 CPO 1877) sollte dagegen auf jeden Fall weiterhin von Amts wegen berücksichtigt werden, und zwar schon im Hinblick auf § 622 Abs. 2 ZPO (§ 581 CPO), da ja die Präklusionsnorm eheerhaltend wirke[107]. In der Folgezeit hat sich die Berücksichtigung von Amts wegen auch für die anderen außerprozessualen Präklusionsnormen, insbesondere die §§ 323 Abs. 2[108], 767 Abs. 3[109] ZPO und 17 MSchG[110], durchgesetzt bis auf — wenn ich recht sehe — eine Ausnahme: den § 54 PatentG[111].

Der BGH hat sich der Meinung angeschlossen, wonach § 54 PatentG lediglich eine *prozeßhindernde Einrede* gewährt und keine negative Prozeßvoraussetzung darstellt[112], aber noch offengelassen, ob die Ein-

---

[105] Vgl. *Bruns*, Zivilprozeßrecht, § 43 V 1 a bb, S. 399; *Hellwig*, Wesen und subjektive Begrenzung der Rechtskraft, S. 11, sowie System I, S. 782 — *Habscheid* hat erst in jüngster Zeit wieder darauf aufmerksam gemacht, daß andere Rechtsordnungen nach wie vor eine Einrede fordern (Rechtsvergleichende Bemerkungen zum Problem der materiellen Rechtskraft des Zivilurteils, Sonderdruck aus der Festschrift für Fragistas, S. 14 ff. unter III).

[106] Vgl. BGH LM Nr. 6 zu § 616 ZPO und *Stein-Jonas-Schlosser*, ZPO, 616 Anm. VI, jeweils mit weiteren Nachweisen.

[107] *Mugdan*, Materialien I, S. 556.

[108] BGH NJW 1967, 2403. Der BGH erklärt hier die Nichtbeachtung zum inhaltlichen Mangel im Sinne des § 559 Satz 2 ZPO. Demgegenüber ist *Bötticher*, Kritische Beiträge, S. 157 ff., speziell im Hinblick auf § 322 ZPO dafür eingetreten, einen auch in der Revisionsinstanz von Amts wegen zu berücksichtigenden *Verfahrensmangel* anzunehmen, da § 559 Satz 1 ZPO ohnehin keine abschließende Regelung darstelle. Für *Böttichers* These spricht, daß der Mangel auf prozessualem Gebiet liegt.

[109] Während die Nachholung außerprozessual auch nach der h. M. gänzlich blockiert ist, kommt es nach ihr innerprozessual auf eine Rüge an, sieht sie doch in dem Vorbringen neuer Einwendungen eine Klageänderung, auf die sich der Beklagte nicht einlassen darf (§ 269 ZPO), wenn er sie verhindern will (vgl. ferner oben S. 73 ff.).

[110] *Bettermann*, Kommentar zum Mieterschutzgesetz, § 17 Anm. 60 ff.

[111] Zu § 54 PatentG vergleiche auch oben S. 109 f. sowie hinsichtlich der dem Kläger auferlegten Nachforschungslast oben S. 137.

[112] BGH GRUR 1967, 84, 87 mit zustimmender Anmerkung von *Fischer*. Der BGH hat die Stimmen zum Für und Wider sorgfältig zusammengetragen, wobei freilich vielfach jede Abwägung fehlt. Erwähnung verdienen daher von den Befürwortern einer bloßen Einrede nur *Reimer-Nastelski*, Patentgesetz und Gebrauchsmustergesetz, § 54 PatentG Anm. 2, sowie *Tetzner*,

rede notwendig *vor* der Verhandlung des Beklagten zur Hauptsache vorgebracht werden müsse[113]. Jedenfalls in der höheren Instanz sei die Einrede präkludiert, wenn sie in der unteren Instanz hätte vorgebracht werden können (§§ 528 Satz 1, 566 ZPO)[114]. Diese Abkehr von der Berücksichtigung von Amts wegen begründet der BGH im wesentlichen mit folgenden drei Argumenten: Im Ehe- und Mietprozeß erfasse die *Gestaltungsklage* das Rechtsverhältnis *als Ganzes*, in beiden Fällen *verlören* die Tatsachen mit dem Zeitablauf *an Gewicht* oder seien *weniger aufklärbar*, und schließlich bestünde dort ein *allgemeines staatliches Interesse* an der Erhaltung der Ehe bzw. des Rechtsfriedens im häuslichen Bereich, während die Regelung des § 54 PatentG zumindest vorwiegend im *Interesse des Beklagten* getroffen sei.

Nun läßt sich kaum leugnen, daß auch § 54 PatentG bezweckt, den *Verletzungsvorgang als Ganzen* möglichst in einem Rechtsstreit zu erfassen. Daß hierzu die Leistungsklage (Unterlassungs- bzw. Schadensersatzklage) die geeignete Klageart ist und nicht die Gestaltungsklage, sollte nicht irre machen. Der Frage *der Beweisbarkeit und des Gewichts der Tatsachen* kommt um deswillen keine entscheidende Bedeutung zu, weil gerade im Fall der Ehescheidung[115] und der Mietaufhebung (§ 17 Satz 2 MSchG) alte Tatsachen nicht nur dann im zweiten Prozeß zugelassen werden, wenn sie subjektiv nicht früher geltend gemacht werden konnten, sondern zur Unterstützung des sonstigen Parteivortrags in jedem Fall. So bleibt nur das angebliche *Übergewicht des privaten Interesses* des Beklagten im Patentstreit. Indessen wird im Eheauflösungsprozeß durch § 616 ZPO doch ebenfalls primär die einzelne Ehe und nicht die Ehe als Institution[116] geschützt. Nichts

---

Kommentar zum Patentgesetz, § 54 Anm. 9, und von den Gegnern außer *Habscheid*, Die Sperrvorschrift des § 54 PatentG, GRUR 1954, 239, 243 f., noch *Benkard-Löscher*, Patentgesetz — Gebrauchsmustergesetz — Patentanwaltsgesetz, 4. Aufl., 1963, § 54 PatentG Anm. 2 (a. A. 5. Aufl., a.a.O.); *Pinzger*, Die verfahrensrechtliche Wirkung des Verbots weiterer Patentverletzungsklagen aus anderen Patenten (§ 54 PatentG), JW 1937, 1851, 1852 f.; *Ristow*, Das Verbot der Stufenklage (§ 54 PatenG), Mitteilungen der deutschen Patentanwälte 1937, 102, 103 f.

[113] Aus § 274 ZPO läßt sich dies sicher nicht folgern, da er nur die dort aufgeführten Einreden betrifft. Das Gericht müßte also den von § 54 PatentG erfaßten Streitstoff trotzdem solange prüfen, bis dem Beklagten die Geltendmachung der Einrede einfällt.

[114] Wobei noch zu fragen wäre, ob die Verspätung nicht sogar vom Kläger unverzüglich gemäß § 295 ZPO gerügt werden müßte, wie es die h. M. für die von den §§ 274 Abs. 3, 528 ZPO erfaßten Einreden verlangt (vgl. oben S. 144).

[115] Vgl. unten S. 170 f.

[116] Die Überbewertung der Institution gegenüber dem Einzelschicksal scheint mir der berechtigte Kern der insbesondere von *Ernst Wolf* gegen den BGH wegen dessen strikter Auslegung des § 48 EheG erhobenen Vorwürfe

anderes gilt für den Mietaufhebungsprozeß, zumal die Parteien über das Mietverhältnis sogar gemeinsam frei disponieren können. Gefragt werden dürfte daher allenfalls danach, ob das allgemeine staatliche Interesse an der Beachtung der Präklusionsnormen deswegen im Falle des § 54 PatentG zurücktreten muß, weil der Beklagte ein berechtigtes Interesse daran hat, zwischen der Geltendmachung der Einrede und dem Verzicht auf sie *wählen* zu dürfen. Ein derartiges Interesse läßt sich bei den Einreden der Unzuständigkeit, der Schiedsabsprache und der mangelnden Sicherheit für die Prozeßkosten nicht verkennen. Der BGH meint nun, der Beklagte könne auch bei Patentverletzungsklagen im Einzelfall daran interessiert sein, daß der anhängig gemachte erste Rechtsstreit durch Einführung weiterer Klagerechte nicht unübersichtlich gemacht und verzögert werde. Dies mag zwar sein, doch muß der Kläger, der den Prozeßstoff im ersten Prozeß zurückhält, immer damit rechnen, daß der Beklagte im zweiten Prozeß die Einrede erhebt. Da sich der Kläger auf dieses Risiko nicht einlassen kann, muß die Annahme eines bloßen Einrederechts des Beklagten mehr bedeuten: nämlich auch die Billigung einer Parteivereinbarung während des ersten Prozesses, die dahin geht, im zweiten Prozeß die Einrede nicht vorzubringen[117]. Damit wird § 54 PatentG unter der Hand zu dispositivem Recht, was weder mit dem Wortlaut[118] noch mit der Rechtsfriedensfunktion der Norm[119] vereinbar ist.

2. Nachträglicher Verzicht

Solche vorherige Disposition bedeutet mehr als die Zulassung eines *nachträglichen Verzichts*[120] auf die Präklusionswirkung, wie ihn § 191 Abs. 2 Satz 1 des ersten Entwurfs zum BGB für die Rechtskraft-Präklusion vorsah. Schon dieser Vorschlag hat den vehementen Widerspruch *Bülows* herausgefordert[121]. Wenn *Schlosser* jetzt einen solchen

---

zu sein (Zwang zur Ehe, JZ 1967, 659 ff. — gegen *Wolf Weinkauff*, Zwang zur Ehe?, JZ 1968, 15 f.). Man sollte auch im Prozeßrecht das staatliche Interesse an der Aufrechterhaltung der Ehe nicht überbetonen.

[117] Davor warnte bereits Ristow, Mitteilungen der deutschen Patentanwälte 1937, 103.

[118] *Pinzger*, JW 1937, 1852.

[119] *Habscheid*, GRUR 1954, 243 f.

[120] Vgl. *Schlosser*, Einverständliches Parteihandeln im Zivilprozeß, S. 37 ff.

[121] Absolute Rechtskraft des Urtheils, AcP 83, 1 ff., insbes. S. 10 ff. — „Das Civilprozeßinstitut wird planmäßig in die Gefahr versetzt, der Parteiwillkür zum Spielball zu dienen" (S. 13). „Wahrlich, wenn jene Bestimmung zum Gesetz erhoben werden sollte, so würde ein verzweifelter Humor dazu gehören, um noch von der Rechts*kraft* des Urtheils zu sprechen. Im Ernste könne nur noch von der Rechts*schwäche* des Urtheils gesprochen werden!" (S. 20) — vgl. aber *Schlosser*, Einverständliches Parteihandeln im Zivilprozeß, S. 12 ff.

Verzicht auf die innerprozessuale Bindungswirkung des § 318 ZPO für möglich erklärt, falls vernünftige Gründe vorliegen, so liegt das auf der gleichen Ebene[122]. Den Parteien ist es ja nicht verwehrt, neue Vereinbarungen auf materiellrechtlichem Gebiet zu treffen, die den Entscheidungsinhalt korrigieren[123]. Deswegen ist nicht ersichtlich, warum ein Gericht dieselbe Streitfrage noch einmal soll entscheiden müssen, wenn beide Parteien die erste Entscheidung nicht billigen, sich aber auch nicht vergleichsweise verständigen können. In dem von Schlosser angeführten Fall des Versäumnisurteils steht der beschwerten Partei das einfache Mittel des Einspruchs zur Verfügung, um das Gericht zu einer erneuten umfassenden Sachprüfung zu veranlassen[124].

3. Disponibles Recht

Während für § 54 PatentG bisher nur die Frage aufgeworfen ist, ob es sich etwa um durch vorherige Vereinbarung *disponibles* Recht handele, ist dies für die Vorschriften der §§ 274 Abs. 3, 528 ZPO[125] schon bejaht worden, letztlich mit der Folge, daß die Versäumung gar nicht mehr als Verfahrensfehler erscheint[126]. Dies geht über die nur *faktische* Möglichkeit, die von der herrschenden Meinung geforderte Rüge nicht zu erheben, weit hinaus. Eine solche gemeinsame vorherige Parteidisposition nimmt nämlich dem Gegner die Furcht vor der Präklusionsdrohung, so daß er mit seinem Vorbringen unbesorgt warten kann.

Man sollte nicht übersehen, daß von der dem Beklagten verliehenen Befugnis, bis zu einem bestimmten Zeitpunkt über die Geltendmachung der Einrede frei entscheiden zu können, nicht darauf geschlossen werden kann, daß umgekehrt auch der Gegner die Freiheit hat, die Einrede später zuzulassen. Nur ein solches Verständnis der §§ 274 Abs. 3, 528 ZPO (aber auch des § 54 PatentG) ermöglicht ihre Behandlung als im Grunde *dispositives* Recht.

---

[122] Einverständliches Parteihandeln im Zivilprozeß, S. 17 f., unter dem Auslegungsgesichtspunkt „In dubio pro libertate" (S. 9 ff.) — kritisch zu Recht *Baumgärtel*, MDR 1969, 173.

[123] *Bülow*, AcP 83, 16 Anm. 19; *Stein-Jonas-Schönke-Pohle*, ZPO, § 322 Anm. II 6.

[124] Einverständliches Parteihandeln im Zivilprozeß, S. 18 — Macht die Partei hiervon nicht Gebrauch, und ist nicht einmal die Wiedereinsetzung möglich, so verdient sie keinen Schutz.

[125] RGZ 98, 316, 317; *Stein-Jonas-Grunsky*, ZPO, § 528 Anm. II 2, sowie OLG Frankfurt NJW 1969, 380 ff. unter 3 der Gründe = JuS 1969, 294 f. mit weiteren Nachweisen; a. A. insbes. *Wieczorek*, ZPO, § 274 Anm. C IV c.

[126] Allgemein zum Unterschied von antizipiertem Rügeverzicht und echter Disposition *Schlosser*, Einverständliches Parteihandeln im Zivilprozeß, S. 38 f.

4. Prüfung von Amts wegen

Will man die Berücksichtigung von Amts wegen, die Unverzichtbarkeit und insbesondere die Ablehnung dispositiven Rechts in einem Ausdruck zusammenfassen, so bietet sich das hergebrachte Wort von der *„Prüfung von Amts wegen"* an, die meiner Auffassung nach für die behandelten Präklusionsfälle zu bejahen ist. Damit kommt zugleich zum Ausdruck, daß das Gericht auch nicht vom Vortrag der Parteien abhängig ist, wenn es auf andere Weise einen Anhalt für das Eingreifen einer außerprozessualen Präklusionsnorm (nur dort wird das praktisch) erhalten hat, sondern verpflichtet ist, die Frage nachzuprüfen[127].

§ 6 Zu den Funktionen der Präklusionsnormen

Angesichts des weiten Einsatzbereichs der Präklusionsnormen und ihrer unterschiedlich gestalteten Voraussetzungen kann es nicht zweifelhaft sein, daß dieses *Instrument* auch für *verschiedene Funktionen* nutzbar gemacht wird[1]. Von diesen Aufgaben ist durchaus schon die Rede gewesen, um den Sinngehalt einzelner Normen oder von Normengruppen zu erfassen: so von der Aufgabe, den Prozeßablauf zu beschleunigen[2] (Beschleunigungsfunktion), das Verfahren von Prozeßstoff zu entlasten[3] (Entlastungsfunktion), Parteien und Gericht vor der Frustrierung von Arbeitsaufwand und Kosten zu schützen[4] (Schutzfunktion), den Prozeßstoff aufzugliedern[5] (Gliederungsfunktion), eine Grundlage für das weitere Verfahren bzw. einen Folgeprozeß zu schaffen[6] (Präjudizfunktion) und den Rechtsfrieden zu sichern[7] (Rechtsfriedensfunktion). Die folgenden Ausführungen sollen die genannten

---

[127] Vgl. *Rimmelspacher*, S. 147, und oben S. 30.

[1] *Bötticher*, der in seiner Abhandlung „Besinnung auf das Gestaltungsrecht und das Gestaltungsklagerecht", in: Festschrift für Dölle I, S. 41 ff., insbes. S. 42 ff. und S. 56, die Bedeutung von *instrumentaler* und *funktionaler* Betrachtungsweise vor Augen geführt hat, hat sich bisher in erster Linie für die Fälle interessiert, in denen unterschiedliche Instrumente *derselben Funktion* dienstbar gemacht worden sind (vgl. das Beispiel a.a.O., S. 56). Man beachte ferner *Bruns*, „Funktionaler" und „instrumentaler" Gehalt der Gestaltungsrechte und Gestaltungsklagerechte, Zu Eduard Bötticher: Gestaltungsrecht und Unterwerfung im Privatrecht, ZZP 78, 264 ff.

[2] S. 37 ff.

[3] S. 44 f., 56 f.

[4] S. 35 ff.

[5] S. 51, 54 f.

[6] Innerprozessual: S. 51, 54 f., 58 f.;
außerprozessual: S. 85 ff.

[7] S. 66 f., 103 f.

Funktionen noch einmal im Zusammenhang vor Augen führen und zugleich ihr Mit-, aber auch Gegeneinander sichtbar machen.

I. Beschleunigungsfunktion

Eindeutig auf die Beschleunigung des Verfahrens und auf eine schnelle endgültige Erledigung des Rechtsstreits zugeschnitten sind die §§ 279, 279 a, 283 Abs. 2, 367 Abs. 2, 529 Abs. 2 und 3 ZPO in ihrer jetzt geltenden Fassung[8]. Daß ihr Effekt wegen der reformbedürftigen Voraussetzungen und wegen des Konflikts mit dem Streben nach materieller Gerechtigkeit bisher recht gering ist, ist schon verzeichnet worden[9]. Dabei besteht die Aufgabe der genannten Vorschriften primär darin, ein rechtzeitiges Vorbringen herbeizuführen. Erst wenn dies nicht geschieht, wird das Vorbringen mit der Folge präkludiert, daß es auch in einem späteren Prozeß nicht mehr nachgeholt werden kann[10]. Die Rechtskraft-Präklusion saugt die punktuelle innerprozessuale Präklusion in sich auf.

II. Entlastungsfunktion

Es läßt sich nicht leugnen, daß auch die Präklusion neuer Ansprüche zum beschleunigten Abschluß des laufenden Verfahrens beiträgt, sei es auf der Klägerseite durch die Präklusion der Klageänderung nach Rechtshängigkeit (§ 264 ZPO), sei es auf der Beklagtenseite durch die Präklusion der Widerklage und des Aufrechnungseinwands gemäß dem § 529 Abs. 4 und 5 ZPO. Diese Präklusion führt nur dazu, daß der anhängige Prozeß von dem Streit über die neuen Ansprüche entlastet wird; der neue Prozeßstoff wird gleichsam aus dem Prozeß „herausgestoßen", so daß dieselben Ansprüche — im Fall der Aufrechnung die Gegenforderung — ohne weiteres in einem zweiten Prozeß selbständig geltend gemacht werden können[11].

Der Streit wird also nicht endgültig beigelegt, sondern auf mehrere Prozesse verteilt. Mit Recht soll daher eine solche bloß *aufschiebende* Präklusion weder eingreifen, wenn die Erledigung in *einem* Verfahren *sachdienlich* erscheint, noch, wenn der Gegner in die Geltendmachung des neuen Anspruchs *einwilligt*. Ja es genügt sogar, daß sich der Gegner

---

[8] Vgl. oben S. 37 ff.
[9] Insbesondere S. 42 ff.
[10] Oben S. 39 f.
[11] Oben S. 44 f. und S. 47 ff. — Das ausgeübte Aufrechnungsrecht geht freilich verloren (oben S. 46, 48); zum Schicksal des nicht ausgeübten vergleiche unten S. 164 f.

widerspruchslos in einer mündlichen Verhandlung auf den neuen Anspruch eingelassen hat[12]. Im Grunde bedarf es demnach einer *Rüge*, um den neuen Anspruch aus dem Prozeß „herauszustoßen". So wird der Unterschied zwischen der Entlastungs- und der Beschleunigungsfunktion auch in der Ausgestaltung der Präklusionsnormen sichtbar.

Zwischen Beschleunigungs- und Entlastungsfunktion ist das Vorbehaltsurteil des Urkunden- und Wechselprozesses angesiedelt[13]. Beschleunigend wirkt sich aus, daß das Gericht im ersten Verfahrensabschnitt keine Tatsachen berücksichtigen darf, die nicht mit den Beweismitteln dieser besonderen Verfahrensart belegbar sind. Aber damit wird nur der eigentliche Urkunden- und Wechselprozeß entlastet, denn im Nachverfahren kann aufgrund des Vorbehalts der vorläufig zurückgewiesene Prozeßstoff erneut vorgebracht werden.

III. Schutzfunktion

Hierunter ist die Aufgabe jener Präklusionsnormen zu verstehen, mit deren Hilfe verhindert wird, daß dem bisher in einen Prozeß investierten Aufwand an Zeit und Kosten nachträglich *einseitig* der Boden entzogen wird. Man stelle sich vor, der Kläger könnte beliebig die Klage zurücknehmen, der Rechtsmittelführer die Rechtsmittel, wenn ihm dies günstiger erscheint[14]. Man denke daran, daß die Einrede des Schiedsvertrags uneingeschränkt noch in der Berufungsinstanz geltend gemacht werden könnte[15] oder daß der Richter erst im letzten Termin abgelehnt werden müßte[16]. Nicht jeder geringfügige Verfahrensfehler darf genügen, um jederzeit durch eine Rüge die bisherige Arbeit zunichte zu machen (§ 295 ZPO)[17]. Eine solche Schutzfunktion kommt aber auch dem § 318 ZPO zu, indem er eine erneute Erörterung des abgeschlossenen Komplexes verbietet[18]. Diese Schutzfunktion zeigt sich bei denjenigen Zwischenurteilen verstärkt, die selbständig anfechtbar sind (z. B. §§ 275, 302, 304 ZPO). Hier besteht die vom Gesetzgeber tolerierte Versuchung, erst die rechtskräftige Beantwortung der Vorfrage abzuwarten, bevor das Verfahren weiter gefördert wird.

---

[12] Für die Klageänderung, auch in der Berufungsinstanz (§ 523), ausdrücklich § 269 ZPO. Die Vorschrift ist aber analog auch auf § 529 Abs. 4 (so z. B. *Stein-Jonas-Grunsky*, ZPO, § 529 Anm. IV 2 a) und Abs. 5 ZPO (so RGZ 77, 29, 31 f. für § 529 Abs. 3 ZPO 1898) anzuwenden.

[13] Oben S. 56 ff.

[14] Oben S. 36 f.

[15] Oben S. 35 und S. 144, 148.

[16] Oben S. 35 f.

[17] Oben S. 36.

[18] Oben S. 50 f.

Der Konflikt mit dem Streben nach einer Prozeßbeschleunigung bedarf keiner näheren Darlegung[19].

Schutzfunktion haben von den außerprozessualen Präklusionsnormen auch die §§ 323 Abs. 2 und 767 Abs. 2 ZPO insofern, als sie durch die Präklusion alter Tatsachen schon vor Eintritt der formellen Rechtskraft verhindern, daß sich dieser Prozeßstoff mit dem rechtskräftigen Abschluß des Vorprozesses von selbst erledigt oder daß derselbe Stoff in zwei Prozessen erörtert wird[20].

IV. Gliederungsfunktion

Die Gliederungsfunktion, die dem § 318 ZPO bei Teil- und Zwischenurteilen zukommt, ist bereits im Rahmen der kritischen Bestandsaufnahme ausführlich dargestellt worden[21]. Dabei tritt diese Aufgabe besonders deutlich bei den Teilurteilen hervor, deren Wirkung sich darauf beschränkt, einen Teil des Streitgegenstandes oder der Streitgegenstände abzuspalten und zu erledigen, ohne daß eine Präjudizwirkung für den weiteren Prozeßverlauf von ihnen ausginge[22]. Aber auch sonst bewirkt § 318 ZPO, daß die Erörterung eines Teilaspektes auf einen Verfahrensabschnitt *konzentriert* wird.

Daß diese Konzentration einem *beschleunigten* Abschluß des gesamten Prozesses entgegenstehen kann ist z. B. bei § 304 ZPO Gegenstand warnender Hinweise[23]. Auch das materiellrechtliche Zwischenurteil des § 303 ZPO a. F.[24] ist trotz seiner Gliederungsfunktion seiner angeblich prozeßverzögernden Wirkung zum Opfer gefallen. Wie sehr die Aufgliederung des Prozesses hinderlich sein kann, hatte sich ja besonders bei den Vorbehaltsurteilen gemäß § 502 Abs. 1 CPO 1877 (§ 540 Abs. 1 ZPO a. F.) wegen verspätet geltend gemachter Verteidigungsmittel gezeigt[25]. Aus dem einen Prozeß darf eben nicht infolge einer Vielzahl von Zäsuren eine unübersichtliche Ansammlung von Teilprozessen werden.

---

[19] *Bruns*, Zivilprozeßrecht, § 28 IV, S. 238, rügt das Verfahren als zu weitläufig, jedenfalls sofern es sich um prozessuale Vorfragen handelt. Seine Stellungnahme „Zur bevorstehenden Novellierung der Zivilprozeßordnung" läßt nicht erkennen, was konkret geändert werden soll (JZ 1969, 127 ff., 131 unter VII 3).

[20] Vgl. oben S. 68 f. und S. 120 f.

[21] Oben S. 51 ff.

[22] Oben S. 51 f.

[23] Oben S. 54 f.

[24] Oben S. 55 mit Fn. 118.

[25] Oben S. 38.

V. Präjudizfunktion

Die Präklusionsnormen können aber auch dazu dienen, daß für das weitere Verfahren eine Grundlage geschaffen wird mit der Folge, daß das Urteil insoweit schon präjudiziert wird: Das Gericht ist bei der Antwort auf eine Vorfrage festgelegt.

Eine solche Präjudizfunktion haben vornehmlich die Zwischenurteile[26], ausnahmsweise auch Teilurteile[27], mit denen sich das Gericht *selbst bindet*. Das Gericht, das die Zulässigkeit des Rechtsweges durch prozessuales Zwischenurteil bejaht hat, kann sie später nicht mehr verneinen. Das Gericht, das die Forderung dem Grunde nach anerkannt hat, kann die Klage nicht mehr unter Hinweis auf das Fehlen des Anspruchsgrundes abweisen. Und das Gericht, das mit Vorbehaltsurteil das Bestehen der Hauptforderung bejaht hat, kann im Nachverfahren die Klage nur noch abweisen, weil die zur Aufrechnung gestellte Gegenforderung ebenfalls besteht.

Eine innerprozessuale Präjudizfunktion kommt vor allem auch dem § 565 Abs. 2 ZPO zu, mit dessen Hilfe das Revisionsgericht das Berufungsgericht (also ein *anderes* Gericht) auf eine bestimmte Marschroute festlegen kann, vorausgesetzt, die Tatsachengrundlage ändert sich nicht[28].

Im außerprozessualen Bereich ist die Präjudizfunktion ebenfalls anzutreffen. Daß mit der Rechtskraft-Präklusion auch diese „positive" Aufgabe erfüllt wird, ist ausführlich dargestellt worden[29]. In diesen Fällen präjudiziert das Gericht des Vorprozesses durch sein rechtskräftiges Urteil *das Gericht des Folgeprozesses* in der Beurteilung einer Vorfrage. Das gleiche gilt in noch stärkerem Umfang für § 323 Abs. 2 ZPO[30], der zudem das erste Urteil schon vor dessen formeller Rechtskraft als Basis für eine Abänderungsklage anerkennt[31].

VI. Rechtsfriedensfunktion

Bei der Rechtskraft-Präklusion steht indessen die Rechtsfriedensfunktion durchaus im Vordergrund. Deswegen kann mit der Rechtskraft-Präklusion gerade das Vorbringen von Tatsachen abgewehrt werden, die bereits während des Vorprozesses vorgetragen werden

---

[26] Oben S. 52 ff.
[27] Oben S. 51.
[28] Oben S. 58 ff.
[29] Oben S. 85 ff., insbes. S. 88.
[30] Oben S. 121 f.
[31] Oben S. 120 f.

konnten[32], — „konnten" im *objektiven* Sinn verstanden[33]. Einen erweiterten Schutz des Rechtsfriedens bezwecken die rechtskraftergänzenden Präklusionsnormen insofern, als sie die Streitgegenstandsgrenzen überschreiten[34]. Diese gemeinsame Funktion macht *Böttichers* These verständlich, daß die Rechtskraft soweit reiche, wie der neue Streit gesperrt sei[35], und nimmt zugleich gegen *Schwabs* Beiwort von der *rechtskraftfremden* Präklusion im Zusammenhang mit den §§ 616 ZPO, 17 MSchG ein[36].

Die den Parteien von diesen Normen auferlegte Last, alle Tatsachen in einem Prozeß geltend zu machen, kann allerdings mit dem Ziel eines beschleunigten Abschlusses des Prozesses in Konkurrenz treten. Dieser Gegensatz spielt ja eine Rolle bei der Frage, ob § 54 PatentG von Amts wegen zu beachten ist[37]. Indessen wird die Konzentration aller Streitpunkte auf *ein* Verfahren in der Regel bewirken, daß der Rechtsfrieden — faßt man nicht nur einen Streitpunkt ins Auge — schneller wiederhergestellt ist, als wenn sie auf mehrere Verfahren verteilt werden könnten. Dem Oktroi von Streitstoff liegen also nicht nur prozeßökonomische Erwägungen zugrunde[38], so daß sie auch nicht genügen, um z.B. § 54 PatentG zu dispositivem Recht zu erklären[39]. Die Rechtsfriedensfunktion ist vorrangig.

Dem Rechtsfrieden dienen auch die prozessualen *Präklusivfristen*[40]. Sie beugen in Form der Rechtsmittelfristen einer Verewigung des Rechtsstreits vor, setzen einer Erneuerung des Rechtsstreits Grenzen (z. B. § 586 Abs. 1 und 2 ZPO beim Wiederaufnahmeverfahren; § 1043 Abs. 2 ZPO bei der Aufhebungsklage gegen einen rechtskräftig für vollstreckbar erklärten Schiedsspruch) oder ersticken den Rechtsstreit sogar schon im Keim (wie § 3 Satz 1 KSchG = § 4 Satz 1 KSchG n. F.[41]

---

[32] Oben S. 88 ff., insbes. S. 103 f.
[33] Oben S. 68, 135.
[34] Oben S. 104 ff., insbes. S. 107 ff.
[35] Zur Lehre vom Streitgegenstand im Eheprozeß, in: Festgabe für Rosenberg, S. 73 ff., 92 — Vergleiche hierzu oben S. 107 ff.
[36] Streitgegenstand, S. 170, 198, und oben S. 66 f.
[37] Oben S. 145 ff.
[38] Was wirklich im konkreten Fall prozeßökonomisch ist, der schnelle Abschluß des Verfahrens oder die Bereinigung des gesamten Streitkomplexes, läßt sich im Grunde erst ex post beurteilen. Deswegen ist dem BVerwG nur zuzustimmen, wenn es an einer „Pflicht zur Prozeßökonomie" zweifelt (DVBl. 1968, 220). Die gegenteilige Haltung hat das BAG AP Nr. 1 zu § 268 ZPO mit kritischer Anmerkung von *Bötticher* eingenommen.
[39] Oben S. 145 ff., 148.
[40] Das gleiche gilt selbstverständlich auch für materiellrechtliche Ausschlußfristen. Erinnert sei nur an die tariflichen Ausschlußfristen. Die Wirkung liegt freilich auf einer anderen Ebene: nicht die Prozeßhandlung, sondern der Anspruch selbst wird ausgeschlossen.
[41] Oben S. 27 ff.

oder die Klagefristen des Verwaltungsprozeßrechts, z. B. § 74 Abs. 1 Satz 1 VwGO[42]). Die zuletzt genannten Präklusionsnormen treffen die Partei gerade auch im Vergleich zu der Rechtskraft-Präklusion und der rechtskraftergänzenden Präklusion insofern viel härter, als sie nicht einmal voraussetzen, daß die Partei bereits einen Kampf ausgetragen hat. In dieser Strenge gleichen sie den materiellrechtlichen Ausschlußfristen.

---

[42] Oben S. 24, 25 f.

Dritter Abschnitt

Präklusion und Gerechtigkeit

§ 7 Der Widerstreit

Es läßt sich nicht übersehen, daß insbesondere die Beschleunigungs- und die Rechtsfriedensfunktion von Präklusionsnormen mit einem wesentlichen Zweck jedes Prozesses in Widerspruch geraten können: eine *gerechte*, d. h. der wahren materiellen Rechtslage entsprechende Entscheidung zu treffen[1]. Dieser Widerstreit wird verstärkt empfunden, wenn das Streben nach Gerechtigkeit nicht hinter Rechtsfrieden und Rechtssicherheit zurückstehen soll, sondern hinter dem — nur vordergründig — rein pragmatischen Ziel einer Prozeßbeschleunigung, das mit dem Kommissionsentwurf 1967 verstärkt angesteuert wird[2]. Im Rahmen dieser Arbeit können freilich nur einige Thesen kritisch gewürdigt werden, die den Widerstreit entweder verharmlosen oder unnötig verschärfen. Um jedem Mißverständnis vorzubeugen, sei noch bemerkt, daß es selbstverständlich nicht meine Absicht ist, die *„formelle Wahrheit"*[3] als Prozeßziel hinzustellen.

I. Das unrichtige Urteil als Ausnahme

Stein-Jonas-Pohle gehen davon aus, daß Fehlurteile zwar nie ganz zu vermeiden seien, daß ihre Zahl aber nicht so groß sei, wie es dem Umfang ihrer Erörterung in der prozessualen Literatur entspreche[4].

---

[1] *Gaul*, Die Grundlagen des Wiederaufnahmerechts und die Ausdehnung der Wiederaufnahmegründe, hat die Konfliktsituation ausführlich mit zahlreichen Nachweisen dargestellt (S. 48 ff.) und sich zur „Verwirklichung der Gerechtigkeit auf der Grundlage der Wahrheit" als *dem* Prozeßziel bekannt (S. 53) und diese Haltung neuerdings bekräftigt (Zur Frage nach dem Zweck des Zivilprozesses, AcP 168 (1968), 28 ff., insbes. S. 46 ff., 53. Dieser Auffassung neigt anscheinend auch *Vollkommer*, Die lange Dauer der Zivilprozesse und ihre Ursachen, ZZP 81, 102 ff., insbes. S. 107 ff., zu. Man vergleiche demgegenüber die *verschiedenen* Zielen Raum gebende Sicht Franz *Kleins*, Der Zivilprozeß Österreichs, S. 186 ff.

[2] Vgl. oben S. 38 f., 42 f.
[3] Vgl. *Gaul*, AcP 168, 49 f.
[4] ZPO, Einl. C III. Vgl. auch *Gaul*, AcP 168, 58 f.

1. Das unrichtige Urteil als Ausnahme

Diese Vorstellung von der Wirklichkeit liegt auch folgenden Sätzen *Jauernigs* zugrunde[5]: „Das *richtige* Urteil, die Gerechtigkeit, bedarf der Rechtssicherheit durch Ausschluß eines zweiten Prozesses. Daß ein zweites Verfahren ausgeschlossen wird, ist aber nur tragbar, weil in der Regel das erste Urteil richtig, gerecht, ist." Bei dieser Sicht verhindert die Präklusion also regelmäßig nur die unnütze und zudem fast notwendig erfolglose Anzweiflung richtiger Entscheidungen. Betrachtet man das Fehlurteil gleichsam als seltenen „Betriebsunfall", so ist es auch verständlich, daß die Richter nicht bewußt durch Ausschöpfung aller ihnen gesetzlich gegebenen Möglichkeiten (wie der §§ 279, 279 a, 283 Abs. 2, 529 Abs. 2 und 3 ZPO) zu einer Vermehrung der wenigen materiell ungerechten Urteile beitragen mögen.

Die These von dem objektiv unrichtigen Urteil als einer Ausnahmeerscheinung wird allerdings erschüttert, wenn man die Statistiken im „Bericht der Kommission zur Vorbereitung einer Reform der Zivilgerichtsbarkeit" zur Kenntnis nimmt, aus denen sich die Zahl der erfolgreichen Berufungen ergibt[6]. Von den Berufungen haben insgesamt ca. 20 % Erfolg[7]. Faßt man nur die streitigen Urteile ins Auge, so steigt die Zahl der erfolgreichen Berufungen sogar auf ca. 40 %[8]. Dabei ist die Abänderung überwiegend auf eine andere rechtliche Beurteilung oder abweichende Beweiswürdigung zurückzuführen, nicht etwa auf das Vorbringen neuer Tatsachen und Beweismittel[9]. Bei diesem Befund kann man sich auch nicht mit der Erwägung beruhigen, daß im Instanzenzug eben gerade und allein die erstinstanzlichen Fehlurteile abgeändert würden. Auch die höheren Instanzen können sich irren, und viele aufhebende Urteile des BGH beweisen dies zur Genüge. Außerdem ist an die große Zahl unanfechtbarer oder tatsächlich unangefochtener Entscheidungen zu erinnern, bei denen eine Abänderung nicht in Frage kommt, obwohl eine Fehlerquote von 20 % ebenfalls nicht auszuschließen ist.

Bei diesem Seitenblick auf einige Statistiken wird nicht verkannt, daß in vielen Fällen die widersprechenden Urteile jeweils gute Gründe für sich haben. In den gar nicht so seltenen Fällen einer Änderung ständiger Rechtsprechung wird diese Schwäche menschlichen Erkenntnisvermögens besonders deutlich. Aber gerade diese Ungewißheit, ob diese oder jene Entscheidung richtig oder falsch ist, sollte auch vor der Feststellung bewahren, die Urteile seien regelmäßig richtig.

---

[5] Verhandlungsmaxime, S. 32.
[6] Ebenda, S. 121 ff. Denselben Eindruck vermitteln die Zahlen über die erfolgreichen Revisionen, a.a.O., S. 145 f.
[7] Ebenda, S. 121.
[8] Ebenda, S. 122 f.
[9] Ebenda, S. 123 f.

Die Rechtssicherheit erfordert also das „ne bis in idem" gerade deswegen, weil weder feststeht, ob das erste Urteil richtig ist, noch ob das zweite Urteil der Wahrheit näher käme. *Eberhard Schmidt*[10] hat eindrucksvoll davor gewarnt, daß Rechtskraft „endgültig realisierte Gerechtigkeit" bedeuten könne. Nur die „Intention auf Wahrheit und Gerechtigkeit" könne vom Richter verlangt werden[11].

II. Das richtige Urteil als alleiniges Prozeßziel

Eine ähnlich skeptische Haltung hat *Schmidhäuser* bei der Suche nach dem Ziel des Strafprozesses zu der Antwort geführt: der *„Rechtsfriede"*, und zwar derart, „daß die mögliche Antinomie von Gerechtigkeit und Rechtssicherheit überhöht wird und daß die Synthese als das Ergebnis der Abwägung beider auf der höheren Stufe als Teil der Rechtsordnung erscheint"[12]. So zeige sich der Rechtsfriede „als ein Zustand, bei dem von der Gemeinschaft vernünftigerweise erwartet werden kann, daß sie sich über den Verdacht einer Straftat beruhige"[13]. Weil Schmidhäuser die Wahrheitsfindung nicht verabsolutiert, bleibt auch Raum für die vielfältigen prozessualen Schranken, die der Strafverfolgung zum Schutz des einzelnen gesetzt sind[14].

Überträgt man diesen Gedanken auf den Zivilprozeß, so ist sein Ziel jedenfalls nicht allein das richtige Urteil. Auch jedes andere unanfechtbare Urteil, das den Streit beendet, erfüllt einen Zweck: die Wiederherstellung des Rechtsfriedens. Die Parteien haben sich mit ihm abzufinden, weil die ihnen von der Gemeinschaft zur Verfügung gestellten Möglichkeiten der Rechtsfindung erschöpft sind. Von dieser Vorstellung hat sich bereits *Bülow* leiten lassen[15]: „In Folge dieser Anlage des Civilprozesses ereignet sich denn auch alle Tage, daß auf Grund von Parteiversäumnissen Urtheile gefällt werden, die demjenigen Rechtsergebniß, welches bei voller Wahrnehmung der Parteirechte hätte erzielt werden *können, nicht* entspricht: daß es zu einem, wie man gewöhnlich sagt, ,materiell unrichtigen' oder ,ungerechten' Urtheil kommt. Die Rechtsordnung läßt sich aber von dieser Möglichkeit nicht

---

[10] Materielle Rechtskraft — Materielle Gerechtigkeit, JZ 1968, 681 ff.
[11] JZ 1968, 681.
[12] Zur Frage nach dem Ziel des Strafprozesses, in: Festschrift für Eberhard Schmidt, S. 511 ff., insbes. S. 521. Kritisch *Gaul*, AcP 168, 58 und 60.
[13] a.a.O., S. 522 — Zugunsten des wegen einer Straftat *Verurteilten* ist im Interesse der Gerechtigkeit die Wiederaufnahme im Vergleich zu den anderen Verfahrensarten erleichtert (vgl. oben S. 143). Ob hiervon in der Praxis genügend Gebrauch gemacht wird, muß hier offenbleiben.
[14] a.a.O., S. 523 f. — Man denke z. B. an die §§ 136 Abs. 1, 136 a, 243 Abs. 4 Satz 1 StPO.
[15] Civilprozessualische Fiktionen und Wahrheiten, AcP 62, 1 ff., 77 f.

II. Das richtige Urteil als alleiniges Prozeßziel

beirren und kann sich nicht beirren lassen, wenn sie nicht ihren eigenen Bestand untergraben will. Jene vermeintliche Ungerechtigkeit ist die *wahre* und *höchste Gerechtigkeit*, die einzige, die sich auf Erden ... erreichen und sogar auch *nur anstreben* läßt!" Gerade der Zivilprozeß mit seinen Anerkenntnis-, Verzichts- und Versäumnisurteilen müßte die Erkenntnis erleichtern, daß auch die Beachtung der prozessualen Normen ihren Eigenwert hat und sich nicht grundsätzlich der Wahrheitsfindung unterordnen muß[16].

Wie der einer Straftat Verdächtige ein Recht darauf hat, daß über seine Schuld oder Unschuld schnell und endgültig entschieden wird, so muß auch sonst im Interesse von Kläger und Beklagtem *schnell und endgültig* über die erhobene Klage entschieden werden. Hierzu beizutragen ist eine wesentliche Aufgabe jedes Verfahrensrechts. Auch das materielle Recht fordert Handlungen und setzt Fristen um einer schnellen Klärung der Rechtsbeziehungen willen. Man denke an die bereits erwähnten Anfechtungs- und Ausschlußfristen[17] oder an die Pflicht des Kaufmanns zur unverzüglichen Mängelrüge (§§ 377, 378 HGB). Dieser Konflikt wird nur deshalb nicht so stark empfunden, weil das materielle Recht selbst untergeht, während die prozessuale Präklusion die materielle Rechtslage nicht unmittelbar verändert. Die Unterscheidung von prozessualen und materiellen Normen darf jedoch nicht dazu führen, ihre gemeinsamen Funktionen zu übersehen. Erst wenn die Richter sich dessen bewußt sind, werden sie die prozessualen Präklusionsnormen ohne Zögern anwenden und für eine Prozeßbeschleunigung eintreten, die stets auch dazu führen kann, das gerechte Urteil im Sinne des materiell richtigen Urteils zu verfehlen. Bleibt das materiell richtige Urteil aber nach dem Selbstverständnis der Richter das alles beherrschende Prozeßziel[18], so werden auch die neuen Präklusionsnormen nur widerstrebend angewendet, wenn nicht umgangen werden.

---

[16] Diese Divergenz läßt sich weder auflösen, indem man die Wahrheitsfindung als Prozeßzweck überhaupt leugnet, noch indem man die wahrheitswidrigen Ergebnisse solcher Parteidispositionen als atypisch bei der Suche nach dem Prozeßziel aus der Betrachtung ausscheidet (vgl. *Gaul*, Die Grundlagen des Wiederaufnahmerechts und die Ausdehnung der Wiederaufnahmegründe, S. 53 ff.). Auch *Gaul* räumt ein, daß der Staat der Wahrheitsfindung Grenzen setzen muß (S. 55 ff.).

[17] Vgl. oben S. 43.

[18] *Bruns*, Zur bevorstehenden Novellierung der Zivilprozeßordnung, JZ 1969, 127 f., insbes. S. 128 f., *warnt* bereits vor den neuen Präklusionsnormen und nennt die „Richtigkeit" der Entscheidung wichtigstes Ziel jeden Prozesses (S. 129). Man vergleiche demgegenüber *Habscheid*, Richtermacht oder Parteifreiheit, ZZP 81, 175 ff., 190 ff., sowie: Nochmals, Richtermacht oder Parteifreiheit, NJW 1969, 496.

Diese Befürchtung wird durch folgende Bemerkung von *Frederic Alexander Mann*[19] zur geplanten Justizreform bestätigt: Man müsse sich darüber im klaren sein, daß in England wohl ein anderes Rechtsideal herrsche als in Deutschland. Obwohl es gefährlich sei, zu verallgemeinern, so gewinne man doch den Eindruck, daß der englische Richter über *diesen* Tatbestand auf Grund *dieses* Vortrags entscheide; ob anderes hätte vorgetragen und bewiesen werden können, ob dadurch ein anderes, vielleicht ein gerechteres Ergebnis erzielt worden wäre, sei gleichgültig. In Deutschland dagegen gehe das Ziel dahin, diesen Fall „richtig", d. h. im Sinne eines abstrakten Gerechtigkeitsideals zu entscheiden, und der Richter greife ein und helfe nach, um im Interesse dieses Ziels den Ausgleich für die Versäumnisse der Partei zu schaffen.

Es wäre eine Untersuchung wert, wenn man ermitteln könnte, in welchem Umfang solche „Nachhilfe" zur Überlastung der Gerichte beiträgt. Sicher ist jedenfalls, daß die Überlastung immer wieder Anlaß gibt, die Präklusion *generell* zu verschärfen, indem der Gesetzgeber die Zulässigkeit von Rechtsmitteln auf Dauer (z. B. durch Erhöhung der Rechtsmittelsummen) oder zeitweilig beschränkt. Daß dadurch die Zahl der unanfechtbaren Fehlurteile stärker wächst als bei strikter Anwendung insbesondere des § 529 Abs. 2 und 3 ZPO, dürfte unbezweifelbar sein. Jedoch beunruhigt der Widerstreit den Gesetzgeber als theoretische Vorstellung offenbar weniger als den Richter bei der Lösung seines praktischen Falles.

III. Das Parteiverschulden als Rechtfertigung

Angesichts der mannigfachen Fehlerquellen bei der Urteilsfindung ist auch vor dem Gedanken zu warnen, man könne durch eine Verknüpfung von Präklusion und Verschulden das unrichtige Urteil gleichsam als Sanktion rechtfertigen und damit den Widerstreit von Präklusion und Gerechtigkeit ausräumen. Solange um des Rechtsfriedens willen den Parteien sicher nicht zurechenbare Fehler bei der Rechtsanwendung und der Beweiswürdigung nicht mehr rückgängig gemacht werden können, ist nicht recht einzusehen, warum dies bei Mängeln der Tatsachengrundlage unbedingt anders sein sollte. Schon *Bülow* hat davor gewarnt, die Rechtskraft des Urteils von der individuellen Verschuldung abhängig zu machen, und auf diese Weise die Aufgabe des Zivilprozesses, Rechtsgewißheit zu verschaffen, zu verfehlen[20]. Demgegenüber ist *Habscheid* im Anschluß an ausländische Vorbilder, z. B. § 530

---

[19] Die deutsche Justizreform im Lichte englischer Erfahrung, DRiZ 1965, 75 ff., 77 f.

[20] AcP 62, 89 f.

III. Das Parteiverschulden als Rechtfertigung

Abs. 1 Nr. 7 der österreichischen ZPO[21], dafür eingetreten, die Berücksichtigung von nicht vorgetragenen Tatsachen im Wege der Wiederaufnahmeklage dann zuzulassen, „falls die rechtzeitige Geltendmachung zu einer für die betreffende Partei günstigeren Entscheidung geführt hätte und trotz sorgfältiger Sammlung des Prozeßstoffes nicht möglich gewesen war"[22]. Habscheid, der doch für den Eheprozeß dem objektiven Präklusionsprinzip des § 322 ZPO zu Lasten des § 616 ZPO den Weg bereitet hat[23], gibt „dieser modifizierten Präklusionswirkung gegenüber der rigiden deutschen Lösung den Vorzug ... — eben im Interesse der Gerechtigkeitsidee". Dem Rechtsfriedensgedanken solle durch eine Befristung des außerordentlichen Rechtsmittels Tribut gezollt werden[24].

Es ist hier nicht der Ort, in rechtsvergleichende Untersuchungen einzutreten. Welche Schwierigkeiten dabei auftreten, zeigt sich schon daran, daß das größere Entgegenkommen bei der Wiederaufnahme jedenfalls in Österreich einen gewissen Ausgleich dafür schafft, daß die Berufung im Unterschied zu § 529 Abs. 1 ZPO wegen des sogenannten Neuerungsverbotes gemäß § 482 Abs. 2 der österreichischen ZPO nicht mit völlig neuem Tatsachenstoff begründet werden kann[25]. Die österreichische Lösung macht jedoch deutlich, daß generell verstärkte Präklusionsdrohung — wie sie in Deutschland mit der Heraufsetzung der Rechtsmittelsummen verbunden ist — nach einem Ventil sucht. *Franz Klein* war Politiker genug, seine auf Konzentration bedachte Prozeßordnung nicht durch die Versagung eines Ventils zu gefährden[26].

---

[21] Die Vorschrift lautet: „Ein durch Urteil geschlossenes Verfahren kann auf Antrag einer Partei wieder aufgenommen werden: ... 7. wenn die Partei *in Kenntnis von neuen Tatsachen* gelangt oder Beweismittel auffindet oder zu benützen in den Stand gesetzt wird, deren Vorbringen und Benützung im früheren Verfahren eine ihr günstigere Entscheidung der Hauptsache herbeigeführt haben würde." Die Wiederaufnahme ist nach Abs. 2 nur zulässig, „wenn die Partei *ohne ihr Verschulden* außer stande war, die neuen Tatsachen oder Beweismittel vor Schluß der mündlichen Verhandlung, auf welche das Urteil erster Instanz erging, geltend zu machen". Vgl. zum deutschen Recht oben S. 143.

[22] Rechtsvergleichende Bemerkungen zum Problem der materiellen Rechtskraft des Zivilurteils, Sonderdruck aus Festschrift für Fragistas, S. 22 unter V.

[23] Vgl. unten S. 168 ff.

[24] Rechtsvergleichende Bemerkungen zum Problem der materiellen Rechtskraft des Zivilurteils, S. 22. In Österreich gilt eine Ausschlußfrist von zehn Jahren (§ 534 Abs. 3 ZPO), in Deutschland von fünf Jahren (§ 586 Abs. 2 Satz 2 ZPO).

[25] Kritisch zu dieser Möglichkeit der Prozeßverdoppelung *Gaul*, Die Grundlagen des Wiederaufnahmerechts und die Ausdehnung der Wiederaufnahmegründe, S. 57 f. und S. 217 f.

[26] Es ist immerhin bemerkenswert, daß in der Regierungsvorlage in § 552 Abs. 1 Nr. 6 noch nicht von neuen Tatsachen, sondern nur von Beweismitteln die Rede war (vgl. Materialien zu den österreichischen Civilprozeßgesetzen I, S. 174 f.). Aber in der Begründung (S. 370) wird auch nachträgliches Vorbringen tatsächlicher Behauptungen erwähnt, so daß die Korrektur durch

§ 7 Der Widerstreit

Ist die Verknüpfung der Präklusion mit dem Verschuldensgedanken aber unter Umständen nur die Folge eines Kompromisses, so muß man auch dessen Schwächen registrieren. Hierbei ist nicht so sehr daran gedacht, daß objektive Präklusionsnormen für das Gericht *praktikabler* sind. Diesem Gesichtspunkt kann mit einer Norm, die sich mit einfacher Fahrlässigkeit begnügt und die Beweislast der Partei aufbürdet, weitgehend Rechnung getragen werden. Bei der Bewertung subjektiver Präklusionsnormen fällt — gerade auch im Interesse der unterlegenen Partei — indes vor allem die *Unsicherheit* negativ ins Gewicht, die mit jeder Subjektivierung verbunden ist. Wie man auch die Beweislast verteilt, die Partei wird vor die schwierige Frage gestellt, ob sie ihr Recht noch einmal suchen soll, trotz des Risikos schon prozessual zu scheitern, weil das Gericht von der Schuldlosigkeit der Versäumung nicht überzeugt werden kann. In dieser Situation wird die vorsichtige, gewissenhafte und insbesondere die weniger begüterte Partei eher von einem neuen Anlauf Abstand nehmen und gleichwohl das Gefühl einer verpaßten Chance bewahren, während der Querulant alle Möglichkeiten nutzen wird: eine der Gerechtigkeitsidee eher abträgliche Vorstellung.

Noch ein weiterer Aspekt relativiert den Wert des Verschuldensprinzips. Blickt man allein auf die Partei, so kann man die Anforderungen nicht zu hoch schrauben. Der Richter wird sich fragen, ob der Partei wirklich ein Vorwurf gemacht werden kann oder ob das Fragerecht hätte ausgeübt werden müssen. Ist die Partei aber anwaltlich vertreten (§ 232 Abs. 2 ZPO), so wird man die Säumnis der Partei viel eher anlasten, ohne daß man nach der Qualität des einzelnen Anwalts fragen kann[27]. Die theoretische Möglichkeit des Regreßprozesses schafft keinen adäquaten Ausgleich, weil der Nachweis des wahrscheinlichen Prozeßgewinnes kaum zu führen ist und weil der Kläger „überhaupt erst einmal einen Vertreter für seinen Regreßprozeß, ..., die finan-

---

den Ausschuß in der Tat nur klarstellende Bedeutung gehabt haben dürfte (vgl., a.a.O., S. 802). — Nicht ohne Reiz ist es dann zu beobachten, wie *Franz Klein* ein Vierteljahrhundert später nach den praktischen Folgen des „Komplements des Neuerungsverbotes" Ausschau hält, statistische Unterlagen für die Instanzgerichte vermißt (wo die Erneuerung aufgrund von neuen Tatsachen allein häufig praktisch werden kann) und befriedigt notiert, daß vor dem Obersten Gerichtshof nur eine einzige Klage anhängig gemacht worden sei (vgl. Der Zivilprozeß Österreichs, S. 467 ff. — ferner *Satter*, Die Beschränkung neuen Vorbringens in der Berufungsinstanz nach dem Entwurf einer Zivilprozeßordnung, ZZP 58, 1 ff., insbes. S. 17 mit Anm. 46, der eine relative Häufigkeit der Wiederaufnahmeklagen vermutet).

[27] *Bruns*, JZ 1969, 127, 128 f., hat diesen Unterschied eingehend gewürdigt und hervorgehoben, daß sich die Zivilprozeßreform offenbar gegen *anwaltliche Unzulänglichkeit* richte, gegen die sich die rechtsunkundige Partei nicht einmal bei der Auswahl schützen könne (S. 129). — Vor diesem Hintergrund wirkt die 1964 erfolgte Aufhebung des § 102 ZPO, der eine Kostentragungs-

ziellen Mittel hierfür und den Mut des Vertrauens zu einer Justiz, mit der er so schlechte Erfahrungen gemacht hat", finden muß[28].

Mit diesen Überlegungen soll selbstverständlich nicht jeder subjektiven Lösung der Kampf angesagt werden[29]. Sie wird vielfach bei der Frage: „Präklusion — Ja oder Nein?" die allein tragbare oder politisch allein erreichbare sein. Hat sich jedoch, wie bei der Rechtskraft-Präklusion, eine objektive Lösung bewährt, so sollte sie nicht durch die Erleichterung der Wiederaufnahme modifiziert werden[30].

§ 8 Zwei Konfliktsituationen

Von der Tendenz, zum Schutz des Rechtsfriedens die Präklusionswirkung auszudehnen, obwohl dadurch Positionen des materiellen Rechts verloren gehen können, ist bereits mehrfach die Rede gewesen. In diesen Zusammenhang gehört die allmähliche Entwicklung des am materiellrechtlichen Anspruch orientierten Streitgegenstandes zum globalen prozessualen Anspruch[1] ebenso wie die — verneinte — Rechtskraftwirkung gegen den siegreichen oder unterlegenen Kläger bei bezifferten, aber vorbehaltlosen Teilklagen[2]. Erinnert sei ferner an das neue Verständnis des § 767 Abs. 3 ZPO mit seiner umfassenden Konzentrationswirkung[3]. Auch die Lehre *Zeuners* verleiht dem Urteil eine größere Tragweite und gibt dadurch der Präklusion im weiteren Umfang Raum[4]. Zum Abschluß dieser Arbeit sollen nun zwei Kampfplätze betrachtet werden, auf denen die Präklusion ebenfalls auf dem Vormarsch ist.

I. Zur Präklusion nicht ausgeübter Gestaltungsrechte[5]

Blickt man auf die Rechtsprechung zu § 767 Abs. 2 ZPO, so scheint es, als habe sich die Präklusion nicht ausgeübter Gestaltungsrechte schon durchgesetzt.

---

pflicht des Parteivertreters bei grobem Verschulden vorsah, besonders befremdend.
[28] So mit Recht *Bruns*, JZ 1969, 129.
[29] Vgl. zur besonderen Situation des Eheauflösungsprozesses sogleich unten S. 170 f.
[30] Vgl. oben S. 160 ff.
[1] Oben S. 114.
[2] Oben S. 110 ff.
[3] Oben S. 77 ff.
[4] Oben S. 106.
[5] Vgl. *Lent*, Ausübung von Gestaltungsrechten nach einem Prozeß, DR 1942, 868 ff.; *Schuler*, Anfechtung, Aufrechnung und Vollstreckungsgegenklage, NJW 1956, 1497 ff.; *Zeuner*, Die objektiven Grenzen der Rechtskraft, S. 102 ff. — Zur Frage der Präklusion ausgeübter Gestaltungsrechte vgl. oben S. 39 f.

1. Aufrechnung

Dies ist für den Fall der *Aufrechnung*[6] unter dem Gesichtspunkt materieller Gerechtigkeit insofern weniger bedenklich, als die Gegenforderung selbständig geltend gemacht werden kann und der Schuldner in der Regel nur das Recht einbüßt, sich aus der titulierten Forderung zu befriedigen. Immerhin darf die Sicherungsfunktion des Aufrechnungsrechts nicht unterschätzt werden[7]. So kann eine Befriedigung auf andere Weise unmöglich sein, etwa wenn der Gläubiger vermögenslos ist oder gar in Konkurs gerät[8]. Daher stellt sich sehr wohl die Frage, ob nicht eine flexiblere Haltung sachgerechter wäre, wie sie *Bötticher* mit der analogen Anwendung des § 529 Abs. 5 ZPO vorgeschlagen hat[9]. Dies leuchtet insbesondere dann ein, wenn der Schuldner — ganz im Sinne der Motive — statt der Berufung die Vollstreckungsgegenklage gewählt hat[10]. Dem Interesse des Gläubigers an einer Vollstreckung des mit der Vollstreckungsgegenklage angegriffenen Urteils müßte durch eine zurückhaltendere Anwendung des § 769 ZPO (Einstellung der Vollstreckung usw.) Rechnung getragen werden. *Henckel*[11] hat demgegenüber ausführlich dargelegt, daß die CPO von 1877 angesichts der in ihrem Geltungsbereich unterschiedlichen Einordnung des Aufrechnungsvollzugs (Gestaltungsakt, Vertrag, ipso-iure-Aufrechnung, Einrede) auf die Aufrechnungslage abgestellt habe und auch habe ab-

---

[6] Vgl. bereits RGZ 64, 228 ff. und BGHZ 24, 97, 98; 34, 274, 278 ff. = ZZP 74, 298 ff. mit insoweit ablehnender Anmerkung von *Schwab;* ferner BAG NJW 1956, 1007.

[7] Sie wird von *Bötticher* in seiner Abhandlung, Die „Selbstexekution" im Wege der Aufrechnung und die Sicherungsfunktion des Aufrechnungsrechts, Festschrift für Schima, S. 98 ff. herausgestellt.

[8] *Schuler*, NJW 1956, 1498 f., weist auf weitere Nachteile hin.

[9] Vgl. Anmerkung zu OLG Celle MDR 1963, 932 f., 935; ZZP 77, 484 — zustimmend *Lent-Jauernig*, Zwangsvollstreckungs- und Konkursrecht, § 12 II, S. 37; *Schwab*, Anmerkung zu BGH ZZP 79, 460 ff., 463.
Zweifelhaft könnte freilich sein, ob § 529 Abs. 5 ZPO analog auch angewendet werden soll, wenn die Aufrechnungslage und damit das Aufrechnungsrecht erst nach der letzten Tatsachenverhandlung des ersten Prozesses entstanden ist, wie *Bötticher* vorschlägt (ZZP 77, 484). Damit würde dem Schuldner ein nach § 767 Abs. 2 ZPO an sich ohne weiteres zulässiger Einwand abgeschnitten. Mir scheint die Interessenlage zu verschieden: der Schuldner, der objektiv nicht früher aufrechnen konnte, muß dieses neu erworbene Recht auch verfahrensrechtlich durchsetzen können. *Bötticher* hebt zwar zu Recht hervor, daß das Aufrechnungsrecht unter Umständen auch in der Berufungsinstanz zurückstehen müßte. Der Unterschied besteht aber darin, daß der Gläubiger aus einem erstinstanzlichen, mit der Berufung angefochtenen Urteil in der Regel nur gegen Sicherheitsleistung vollstrecken kann — und dann noch unter der Drohung des § 717 Abs. 3 ZPO.

[10] Oben S. 69 Fn. 18, 71 f.

[11] Materiellrechtliche Folgen der unzulässigen Prozeßaufrechnung, ZZP 74, 165 ff., insbes. S. 170 ff.

stellen müssen. Man darf aber nicht übersehen, daß die CPO von 1877 nur den Aufrechnungseinwand in der Berufungsinstanz völlig präkludierte, der in erster Instanz schuldhaft nicht vorgebracht worden war[12], und ferner, daß die ZPO von 1898 in zweiter Instanz den Beklagten in jedem Fall durch das Vorbehaltsurteil gemäß §§ 540, 541 ZPO a. F. sicherte[13]. Die Novelle von 1924 beseitigte zwar das Vorbehaltsurteil, versachlichte aber doch im Interesse beider Parteien die Frage der Zulässigkeit des Aufrechnungseinwands, indem sie die Sachdienlichkeit als Grenze setzte[14]. Diese Veränderungen sind meiner Auffassung nach gewichtig genug, um daraus auch Folgerungen für die Vollstreckungsgegenklage zu ziehen. Wie man sich hier aber auch entscheiden mag, ein Gesichtspunkt darf nach Henckels rückschauender Betrachtung nicht aus dem Auge verloren werden: die Antwort bei der Aufrechnung präjudiziert keinesfalls die Lösung für andere Gestaltungsrechte.

2. Anfechtung

Hiervon geht jedoch offenbar der BGH aus, der für den Fall der *Anfechtung* ebenfalls auf die Anfechtungslage abstellt[15]. Dabei verkennt der BGH freilich nicht, daß sich die Präklusion des Anfechtungsrechts *notwendig* und *ausnahmslos* zum Nachteil des Schuldners auswirkt, wenn „der Schuldner das Anfechtungsrecht gegenüber der aus dem angefochtenen Geschäft dem Gläubiger rechtskräftig zugesprochenen Forderung nicht mehr zur Geltung bringen" kann[16]. Diese Präklusion bedeutet nämlich, daß der Schuldner zwar im Falle des präkludierten Aufrechnungsrechts aufgrund seiner Gegenforderung wirtschaftlich gesehen seine Leistung zurückfordern kann, daß aber eine Kondiktion der Leistung aufgrund der nachträglichen Anfechtung ausgeschlossen ist. Hätte der BGH dem Anfechtungberechtigten nur die Vollstreckungsgegenklage, jedoch nicht eine gewöhnliche Leistungsklage mit dem Ziel der Kondiktion versagen wollen, so hätte er die unterschiedliche Interessenlage bei Aufrechnung und Anfechtung nicht derart herausgestellt. Der BGH hat also nicht etwa den Weg beschritten, nur der Vollstreckungsgegenklage um einer unbehinderten Vollstreckung willen Schranken zu setzen[17]. Dies geht auch daraus hervor, daß

---

[12] Oben S. 45 f.
[13] Oben S. 46 f.
[14] Oben S. 47 f.
[15] BGHZ 42, 37 ff.; im gleichen Sinn bereits RG Warn. 1913 Nr. 31, S. 38 f.; vgl. auch RGZ 138, 212 ff. für das Grundurteil.
[16] BGHZ 42, 37, 40.
[17] Vergleiche zu dieser immerhin denkbaren Kompromißlösung *Lent*, DR 1942, 873, sowie *Zeuner*, Die objektiven Grenzen der Rechtskraft, S. 103, der

der BGH das Interesse des Schuldners, im Fall der arglistigen Täuschung die Frist des § 124 Abs. 1 BGB auszuschöpfen, generell für unerheblich erklärt, weil der Schuldner unbefristete Einwendungen (z. B. gem. § 138 BGB) auch nur bis zum Schluß der mündlichen Verhandlung geltend machen könne[18], ihn also nicht etwa auf die Rückforderungsklage verweist.

Zu dieser kompromißlosen Haltung dürfte den BGH das sicherlich berechtigte Bestreben veranlaßt haben, die Zulässigkeit der Vollstreckungsgegenklage gemäß § 767 Abs. 2 ZPO mit den zeitlichen Grenzen der Rechtskraft zur Deckung zu bringen[19]. Denn es verlohnt sich in der Tat nicht, wohl den zweiten Prozeß zu gestatten, gleichzeitig hiervon die Vollstreckungsgegenklage generell auszuschließen, nur um von vornherein eine falsche Handhabung des § 769 ZPO (zu großzügige Handhabung der Vollstreckungseinstellung) unmöglich zu machen. Gerade eine vernünftige Anwendung des § 769 ZPO, die sich sachnah am Einzelfall orientieren kann, würde bei der Abwägung von Vollstreckungsinteresse und Schuldnerschutz zu gerechteren Ergebnissen führen.

Auch für die Vollstreckungsgegenklage kommt es daher allein darauf an, ob nach *allgemeinen* Rechtskraftgrundsätzen Gestaltungsrechte schon dann präkludiert werden, wenn die Gestaltungsbasis zur Zeit der letzten Tatsachenverhandlung bestanden hat[20]. Die Konsequenz wäre, daß ein rechtskräftig festgestellter Vertrag weder vom Kläger noch vom Beklagten mit einer nachträglich erklärten Anfechtung in Zweifel gezogen werden könnte[21]. *Zeuner*[22] ist dieser Frage im einzelnen nachgegangen und in Übereinstimmung mit *Lent*[23] zu dem Ergebnis gelangt, „daß die Rechtskraft eine nachträgliche Ausübung des zur Zeit des Vorprozesses noch nicht aktualisierten Gestaltungsrechts und eine darauf gestützte Klage nicht präkludiert"[24]. Auf die Begründung kann umso eher Bezug genommen werden, als vom Schrifttum überwiegend die gleiche Ansicht vertreten wird[25].

---

aus diesem Grunde „das Problem der Vollstreckungsgegenklage ganz beiseite geschoben" hat.

[18] BGHZ 42, 37, 41 f.

[19] Oben S. 68 f.

[20] Dieser Frage hätte daher der BGH näher nachgehen müssen.

[21] Für die *Aufrechnung* ist anerkannt, daß der Gläubiger seinerseits durch eine nachträgliche Aufrechnung dem Schuldner die Möglichkeit der Erhebung der Vollstreckungsgegenklage eröffnet, ohne daß ein Konflikt mit der Rechtskraft eintritt (vgl. *Lent*, DR 1942, 869 f.).

[22] Die objektiven Grenzen der Rechtskraft, S. 102 ff.

[23] DR 1942, 868, 869 ff.

[24] Die objektiven Grenzen der Rechtskraft, S. 107.

[25] *Arwed Blomeyer*, Zivilprozeßrecht, § 90 III, S. 472; *Bötticher*, ZZP 77,

I. Zur Präklusion nicht ausgeübter Gestaltungsrechte

Greift die Rechtskraft-Präklusion demnach erst nach der Abgabe der Gestaltungserklärung ein[26], so gilt dies grundsätzlich auch für § 767 Abs. 2 ZPO. Die maßgebliche Einwendung *entsteht objektiv* erst in diesem Zeitpunkt, so daß sich die Frage einer *subjektiven Auslegung* des § 767 Abs. 2 ZPO, wie sie beispielsweise von *Stein-Jonas-Schönke-Pohle* für Gestaltungsrechte vertreten wird, indem sie die Präklusion von der Kenntnis der Gestaltungsbasis abhängig machen, nicht stellen kann[27].

Die grundsätzlich objektive Auslegung des § 767 Abs. 2 ZPO[28] schließt freilich nicht aus, die *analoge* Anwendung anderer Normen zu erwägen, um in Einzelfällen gerade der Vollstreckungsgegenklage entgegenzutreten, wie dies für den Fall der Aufrechnung mit Hilfe von § 529 Abs. 5 ZPO geschehen soll[29]. Diesen Weg verfolgen *Lent-Jauernig* weiter, wenn nach ihrer Ansicht in Analogie zu den §§ 279, 529 Abs. 2 ZPO „z. B. die Geltendmachung des erklärten Rücktritts unbeachtet bleiben darf, ... wenn der Schuldner in der Absicht, die Vollstreckung zu verschleppen, oder aus grober Nachlässigkeit das Recht erst nach der letzten Tatsachenverhandlung ausgeübt hat"[30]. Die für den Aufrechnungseinwand gefundene Lösung läßt sich jedoch deswegen nicht einfach fortdenken, weil dort die selbständige Gegenforderung in einen eigenen Prozeß verwiesen wird, während es sich bei Anfechtung und Rücktritt letztlich allein um die Verteidigung gegen den titulierten Anspruch handelt. Daher könnte die Situation entstehen, daß der Einwand der Anfechtung im Prozeß über die Vollstreckungsgegenklage als unzulässig behandelt wird, um dann sogleich mit der Bereicherungs-

---

483 f.; *Rosenberg*, Zivilprozeßrecht, § 150 III 2, S. 756; *Schuler*, NJW 1956, 1499; *Stein-Jonas-Schönke-Pohle*, ZPO, § 322 Anm. VIII 3.
Wenn *Bruns*, Zwangsvollstreckungsrecht, § 14 I 3, S. 60; *Lent-Jauernig*, Zwangsvollstreckungs- und Konkursrecht, § 12 II, S. 36 f.; *Schönke-Baur*, Zwangsvollstreckungs-, Konkurs- und Vergleichsrecht, § 43 III 1 b bb, S. 182; *Schwab*, ZZP 74, 302; *Thomas-Putzo*, ZPO, § 767 Anm. 6 e sowie *Wieczorek*, ZPO, § 767 Anm. D III b, sogar die Vollstreckungsgegenklage zulassen, können sie bei der Rechtskraft nicht strenger sein.
Bei *Baumbach-Lauterbach*, ZPO, § 767 Anm. 4 B, wird nicht klar, ob die Maßgeblichkeit der Gestaltungsbasis auch für die Rechtskraft gelten soll. Eindeutig in diesem Sinne und damit im Sinne des BGH haben sich z. B. *Nikisch*, Zivilprozeßrecht, § 107 I 2, S. 421, und *Zöller-Degenhart*, ZPO, § 322 (Vorbem.) Anm. 8 d, ausgesprochen.

[26] Zur Rechtslage bei ausgeübten Gestaltungsrechten oben S. 39 f.
[27] ZPO, § 767 Anm. II 2 c; zustimmend OLG Stuttgart NJW 1955, 1562 f. — *Schuler*, NJW 1956, 1500, neigt für die Anfechtung der Lösung zu, schon das „Kennenmüssen" für die Präklusion der Vollstreckungsgegenklage ausreichen zu lassen, während er bei Aufrechnung und Rücktritt auf die Gestaltungserklärung abstellen will.
[28] Oben S. 68.
[29] Oben S. 164 f.
[30] Zwangsvollstreckungs- und Konkursrecht, § 12 II, S. 37.

klage erneut vorgebracht zu werden[31]. Wird indes der Aufrechnungseinwand zurückgewiesen, so entfallen endgültig alle Probleme, die mit der Zulässigkeit der Aufrechnung zusammenhängen können.

Vor allem sollte man aber die Präklusion nur dann vom Verschulden abhängig machen, wenn schwerwiegende Gründe dafür sprechen[32]. Hier wird dem Richter seine Entscheidung zusätzlich dadurch erschwert, daß sich materiellrechtliche und prozessuale Erwägungen überschneiden. So kann die Zubilligung einer Überlegungsfrist unerläßlich sein[33], weshalb selbst *Zöller-Degenhart*[34], die an sich das Entstehen des Gestaltungsrechts für maßgeblich halten, beim *vertraglichen* Rücktrittsrecht die Wahlfreiheit nicht beschränken wollen. Nach meiner Auffassung bringt eine allzu differenzierende Lösung gerade im Hinblick auf die Praxis keinen Fortschritt, zumal wenn man bedenkt, daß es vornehmlich um die Ausschaltung des § 769 ZPO geht.

Erwägenswert ist freilich hier wie bei der vorbehaltlosen Teilklage[35], ob nicht einem wirklichen Mißbrauch auf der Ebene des materiellen Rechts mit Hilfe des § 242 BGB entgegengetreten werden kann. Denn man fragt ganz unbefangen zunächst danach, ob nicht die bewußt verzögerte Ausübung eines Gestaltungsrechts gegen Treu und Glauben verstößt, mit der Folge, daß das Recht untergeht. Dieser Gedanke klingt auch bei *Lent* an, wenn er hervorhebt, daß die Heranziehung der *Verwirkung* in *Einzelfällen* zum gleichen Ergebnis führen könne wie die damals von der herrschenden Meinung generell propagierte Präklusion[36]. Der hiergegen von Lent eingeleitete Kampf zugunsten der nach materiellem Recht begründeten Rechtsposition verdient Unterstützung, solange die Rechtsprechung auf ihrer Ansicht beharrt, ohne das Verhältnis der Rechtskraft-Präklusion zur Präklusion nach § 767 Abs. 2 ZPO für nicht ausgeübte Gestaltungsrechte zu erörtern.

II. Zur Anwendung des § 322 ZPO neben § 616 ZPO

Ging es zuvor um die Eindämmung der von der Rechtsprechung praktizierten Präklusion durch das Schrifttum, so läßt sich für den Eheauflösungsprozeß die umgekehrte Tendenz beobachten. Unter Füh-

---

[31] § 767 Abs. 3 ZPO bezweckt gerade die beschleunigte Erledigung in einem Prozeß.

[32] Vgl. unten S. 170 f.

[33] Vgl. *Lent*, DR 1942, 870 ff.; *Zeuner*, Die objektiven Grenzen der Rechtskraft, S. 106 f.

[34] ZPO, § 322 (Vorbem.) Anm. 8 d.

[35] Oben S. 116 f.

[36] DR 1942, 872.

II. Zur Anwendung des § 322 ZPO neben § 616 ZPO

rung von *Habscheid*[37] gewinnt die Auffassung immer mehr Anhänger[38], der § 616 ZPO enthalte *keine* den § 322 ZPO verdrängende *Spezialregelung*, sondern beide Vorschriften seien anwendbar. Auch der BGH hat sich zu dieser Sicht bekannt[39]. Dies ist bedeutsam genug selbst dann, wenn man *Jauernig*[40] darin zustimmt, daß der BGH den Anwendungsbereich der beiden Normen anders abgrenzt als Habscheid. Am Ende dieser Entwicklung steht folgerichtig eine Erweiterung der objektiven Präklusionswirkung auf Kosten der vom Verschulden abhängigen Präklusion gemäß § 616 ZPO — und das bedeutet letztlich *eine Beschränkung des materiellen Scheidungsrechts mit den Mitteln des Prozeßrechts*.

1. Überlegungen zum Gerechtigkeitsgehalt einer erweiterten Präklusionswirkung

Aus diesem Grund sollen die Konsequenzen für die Betroffenen zunächst auf ihren *Gerechtigkeitsgehalt* geprüft werden, zumal dieser Gesichtspunkt in der bisherigen Diskussion zu kurz gekommen ist.

a) Dies gilt zunächst für die Frage, ob eine *weitergehende* Präklusionswirkung, die vom Verschulden als Voraussetzung absieht, für den Eheauflösungsprozeß überhaupt *wünschenswert* ist. Während *Habscheid* in seiner Abhandlung über „Die Wiederholung der abgewiesenen Heimtrennungsklage" der herrschenden Meinung selbst vorgeworfen hat, daß sie zwar immer wieder die Aufgabe der materiellen Rechts-

---

[37] Die Präklusionswirkung des rechtskräftigen Urteils, AcP 152, 169 ff., insbes. S. 174 ff.; Die Wiederholung der abgewiesenen Heimtrennungsklage insbes. S. 21, 31 ff., 45 f.; Streitgegenstand, S. 298 f.; Rechtskraft und Präklusion im Eheauflösungsverfahren, FamRZ 1964, 174 ff., insbes. S. 177 ff.; Zur Wiederholung der Heimtrennungsklage, FamRZ 1966, 486 ff.

[38] *Bergerfurth*, Ausgeschlossenes, verjährtes und verspätetes Vorbringen im Ehescheidungsprozeß, FamRZ 1963, 490 ff., insbes. S. 490 f.; *Jauernig*, Verhandlungsmaxime, Inquisitionsmaxime und Streitgegenstand, S. 62, 67; *Lent-Jauernig*, Zivilprozeßrecht, § 91 VI, S. 259; *Schlosser*, Anmerkung zu BGH ZZP 80, 132 ff.; *Stein-Jonas-Schlosser*, ZPO, § 616 Anm. I; *Zöller-Karch*, ZPO, § 616 Anm. 1. *Stein-Jonas-Schlosser*, a.a.O., Fn. 4, zählen auch *Baumbach-Lauterbach*, ZPO, § 616 Anm. 2 A; *Gernhuber*, Lehrbuch des Familienrechts, § 24 IV 5, S. 208 f., sowie *Henckel*, Parteilehre und Streitgegenstand im Zivilprozeß, S. 302 f., zu den Anhängern der Präklusion gemäß § 322 ZPO *und* § 616 ZPO. Von der älteren Literatur wird von *Schlosser* nur, aber sicher zu Recht *Hellwig*, System II, S. 30 f., genannt (vgl. aber unten S. 176).

[39] BGHZ 45, 329 ff. = LM Nr. 56 zu § 322 ZPO (Leitsatz) mit Anmerkung von *Johannsen* = ZZP 80, 132 ff. mit Anmerkung von *Schlosser*; BGH NJW 1967, 1417 ff.; BGHZ 49, 45 ff. — BGHZ 44, 359, 361 hatte die Frage nach der Anwendbarkeit des § 322 ZPO erstmals aufgeworfen, aber noch nicht beantwortet.

[40] Verhandlungsmaxime, S. 63 ff., insbes. S. 66 f. Restriktiv scheint mir auch die Interpretation von *Johannsen*, Anmerkung zu BGH LM Nr. 56 zu § 322 ZPO. Vgl. ferner unten S. 174.

kraft, Rechtsfrieden und Rechtssicherheit zu gewährleisten, betone, darob jedoch die wohlberechtigten Interessen des einzelnen völlig vergesse[41], findet sich dort zur Rechtfertigung der objektiven Präklusion gemäß § 322 ZPO nur der Hinweis auf die ehefreundliche Tendenz der ZPO[42]. Erst nachdem *Arwed Blomeyer* die subjektive Lösung des § 616 ZPO für alle Gestaltungsklagen befürwortet hatte, weil es übertrieben hart sei, auch die unbekannten Gründe abzuschneiden[43], ist Habscheid der *Interessenlage* mit dem Blick auf die präkludierte Partei nachgegangen[44]. Er verweist darauf, daß eine zweite Haftpflichtklage gegen einen Arzt ebenfalls nicht auf einen nachträglich bekannt gewordenen Kunstfehler gestützt werden könne. Da es sich hier ganz sicher um eine vom Gesetz im Interesse des Rechtsfriedens bewußt in Kauf genommene Härte handele, bestehe überhaupt kein Grund, aus § 616 ZPO zu schließen, der Gesetzgeber habe ähnliches bei abgewiesenen Gestaltungsklagen vermeiden wollen oder vermeiden müssen[45].

Habscheids Vergleich vermag indessen denjenigen nicht zu überzeugen, der an der Vergleichsgrundlage zweifelt. Mir scheint es einen wesentlichen Unterschied zu machen, ob es um die Wiederholung einer Zahlungsklage oder einer Eheauflösungsklage geht. Der *materielle* Nachteil des Unterlegenen kann auf andere Weise wieder wettgemacht werden, während für die *seelische* Qual des an die Ehe gebundenen Partners ein solcher Ausgleich nicht vorstellbar ist. Diese fortdauernde persönliche Bindung erschwert zudem das Vergessen, das bei einer abgewiesenen Zahlungsklage viel schneller eintritt.

In diesen Zusammenhang gehört auch die die Subjektivierung des § 616 ZPO rechtfertigende Bemerkung *Böttichers*, daß Scheidungsgründe als ehezerrüttend *erst empfunden würden,* wenn der Ehepartner sie kenne[46]. Der BGH[47] und ihm nachfolgend *Habscheid*[48] und *Stein-Jonas-Schlosser*[49] gehen hieran insofern nicht vorbei, als sie die Kenntnisnahme und ihre seelischen Folgen als neue, nachträglich entstandene Tatsachen ansehen, die weder von der Präklusion nach

---

[41] Ebenda, S. 85.
[42] Ebenda, S. 36; ebenso FamRZ 1966, 487; ferner *Bergerfurth*, FamRZ 1963, 491 Anm. 1.
[43] Zivilprozeßrecht, § 90 V, S. 474 f.
[44] Daß diese Fragestellung neu ist, hat *Habscheid*, FamRZ 1964, 178, selbst hervorgehoben. Dies überrascht insofern, als bei zweifelhafter Gesetzeslage die Analyse der Interessen im Vordergrund stehen sollte.
[45] FamRZ 1964, 178.
[46] Festgabe für Rosenberg, S. 96.
[47] BGHZ 45, 336 f. = ZZP 80, 136 f.
[48] FamRZ 1966, 487 f.
[49] ZPO, § 616 Anm. IV 3.

§ 322 ZPO noch nach § 616 ZPO erfaßt werden[50]. Merkwürdig bleibt indessen, daß das ehewidrige Verhalten als solches präkludiert sein soll. Folgt man Habscheid, so kann nach einer globalen, d. h. nicht auf eine oder mehrere Scheidungsrechtstatbestände konkretisierten[51], Scheidungsklage bei nachträglichem Bekanntwerden eines Ehebruchs nicht mehr der Ehebruch als Scheidungsgrund geltend gemacht werden, sondern nur noch die Kenntnisnahme als ehezerrüttende Tatsache.

Im übrigen sollte nicht übersehen werden, daß die Ehe als personenrechtliche Dauerbeziehung selbst bei den nach allgemeiner Auffassung präkludierten Tatsachen nach einer abweichenden Regelung verlangt, weil jede Erschütterung der Ehe nachwirken kann. Daher dürfen solche Tatsachen jedenfalls zur Unterstützung vorgetragen werden und sind im Rahmen des Schuldausspruchs uneingeschränkt verwertbar[52]. Für die materiellrechtliche Präklusion folgt dies aus § 51 Abs. 2 EheG. Für die prozessuale Präklusion gilt aber nach unangefochtener Meinung im Ergebnis nichts anderes[53].

Der Blick auf § 51 EheG erinnert indes zugleich daran, daß die materiellrechtliche Präklusionsfrist erst zu laufen beginnt, wenn der Ehegatte von dem Scheidungsgrund (z. B. dem Ehebruch) erfahren hat. Unbekannte Scheidungsgründe prozessual präkludieren zu lassen, bevor die materiellrechtliche Frist zu laufen begonnen hat, führt zu einer Disharmonie, die man möglichst vermeiden sollte[54].

Diese Erwägungen sprechen dagegen, für den Umfang der Präklusionswirkung die Scheidungsklage mit einer Zahlungsklage zu vergleichen — wie denn auch gemeinsame Aussagen für alle Gestaltungsklagen angesichts der unterschiedlichen Interessenlage kaum gemacht werden können[55]. Jedenfalls bei der Eheauflösungsklage sollte man sich auf die vom Gesetz unausweichlich geforderte Härte beschränken und nicht für eine Ausweitung der Präklusion eintreten.

b) Selbst wenn man eine weitergehende Präklusionswirkung und damit die Anwendung des § 322 ZPO als objektiver Präklusionsnorm

---

[50] *Bötticher*, Festgabe für Rosenberg, S. 96, hatte bereits geschrieben, daß man fast geneigt sei, von *neuen* Scheidungsgründen zu sprechen.
[51] Vgl. Streitgegenstand, S. 298 f.; FamRZ 1964, 177.
[52] *Stein-Jonas-Schlosser*, ZPO, § 616 Anm. III 5.
[53] *Habscheid*, Heimtrennungsklage, S. 41 ff.; *Stein-Jonas-Schlosser*, ZPO, § 616 Anm. III 5 — § 17 Satz 2 MSchG bestimmt dies ausdrücklich.
[54] Zur materiellrechtlichen und prozessualen Präklusion im Eheauflösungsprozeß vergleiche auch die Ausführungen oben S. 138.
[55] In die gleiche Richtung deuten die Unterschiede in der Anwendung des § 54 PatentG im Vergleich mit § 616 ZPO. Bei § 54 PatentG wird eine Nachforschungslast des Klägers bejaht (oben S. 137) und eine Berücksichtigung von Amts wegen verneint (oben S. 145 ff.).

für gerecht hält und hierfür — wie *Habscheid* — sogar Art. 6 Abs. 1 GG ins Feld führt[56], kommt man nicht umhin, die Konsequenzen dieser Konzeption auf ihren Gerechtigkeitsgehalt zu prüfen. Diese immanente Kritik betrifft in erster Linie die Frage, welcher Einfluß den Parteien auf den Umfang der Präklusionswirkung eingeräumt wird.

Wird schlechthin auf Scheidung geklagt, so soll in einem zweiten Prozeß nach *Habscheids* Auffassung wegen des umfassenden Streitgegenstandes des ersten Prozesses nur § 322 ZPO (einschließlich der „allgemeinen Präklusion")[57] anwendbar sein[58]. Das bedeutet beispielsweise, daß der Kläger einen ihm nachträglich bekannt gewordenen früheren Ehebruch seines Ehegatten nicht mehr mit Erfolg geltend machen kann[59]. Hatte der Kläger dagegen die Klage nur auf § 48 EheG gestützt, so darf der Ehebruch noch gemäß § 616 ZPO geltend gemacht werden[60]. War die erste Klage indessen bereits auf einen Ehebruch gegründet, so will Habscheid nach wie vor jede auf einen anderen früheren Ehebruch fußende Klage verhindern[61], während *Stein-Jonas-Schlosser* eine noch engere Konkretisierung des Streitgegenstandes des ersten Prozesses auf einen *bestimmten* Ehebruch für möglich halten, so daß für andere Ehebrüche der mildere § 616 ZPO gilt[62].

Fragt man weiter, ob Kläger und Beklagter der Präklusionswirkung in *gleichem* Umfang ausgesetzt sind, so stellt man fest, daß der Beklagte, sofern er keine Widerklage erhebt, auf den Streitgegenstand keinen Einfluß nimmt. Da hieraus nicht folgen kann, daß sich der Umfang der Präklusionswirkung für den Beklagten nach der Streitgegenstandsbestimmung durch den Kläger richtet, der Kläger also nicht durch eine globale Scheidungsklage dem Beklagten unbekannte, den Kläger belastende Scheidungsgründe abschneiden kann, müßte sich die Präklusion zu Lasten des Klägers aus § 322 ZPO, für den Beklagten aus § 616 ZPO ergeben. Der Kläger könnte daher einen ihm nachträglich bekannt gewordenen Ehebruch des Beklagten nicht mehr vortragen, der Beklagte umgekehrt indessen einen Ehebruch des Klägers. Wenn ich

---

[56] FamRZ 1964, 176.
[57] Vgl. oben S. 93 ff.
[58] Streitgegenstand, S. 298 f.; FamRZ 1964, 177; zustimmend *Stein-Jonas-Schlosser*, ZPO, § 616 Anm. V 5.
[59] FamRZ 1964, 177.
[60] Streitgegenstand, S. 299.
[61] *Bötticher*, FamRZ 1957, 413 f., hat *Habscheid* mit Recht so verstanden, weil dieser auf die *rechtlich anders qualifizierte* Rechtsbehauptung abstellt (Streitgegenstand, S. 173) und nicht auf den konkreten Sachverhalt. *Habscheid* spricht denn auch in FamRZ 1964, 177 von „Scheidungsrechtstatbeständen" und der Möglichkeit, „den Streitgegenstand auf die Behauptung einer Rechtsfolge einer *konkreten Anspruchsnorm* des materiellen Rechts zu beschränken".
[62] ZPO, § 616 Anm. V 1.

II. Zur Anwendung des § 322 ZPO neben § 616 ZPO

recht sehe, ist diese Ungleichbehandlung bisher noch nicht gewürdigt worden; sie widerspricht dem Zweck des § 616 ZPO und wird bei der Rechtskraft-Präklusion ganz allgemein mißbilligt[63].

Da die geschilderten Unterschiede nicht mit einer jeweils anderen Interessenlage begründet werden können, vielmehr die Anwendung des § 322 ZPO oder des § 616 ZPO allein davon abhängt, wie der Streitgegenstand des ersten Prozesses bestimmt worden ist, wirken die Ergebnisse zufällig[64]. Der Anwalt müßte seiner Partei raten, eine möglichst konkretisierte Scheidungsklage zu erheben, um den Ausschluß mit ihr unbekannten Scheidungsgründen gemäß § 322 ZPO zu vermeiden. Dem entspricht es, wenn *Stein-Jonas-Schlosser* als *Regelfall* von einem konkretisierten Streitgegenstand ausgehen[65] und nur meinen, es sei den — man möchte sagen: schlecht beratenen — Parteien unbenommen, den Streitgegenstand global zu fassen[66].

Will man *Habscheid* gerecht werden, so darf man allerdings nicht übersehen, daß er den Parteien *diese Freiheit der Wahl* nicht lassen will. Für ihn ist der *globale* Streitgegenstand der *Regelfall*[67]. Eine Konkretisierung läßt er nur bei besonderem Rechtsschutzinteresse zu[68]. Auf diese Weise soll eine willkürliche Disposition über die Präklusionswirkung verhindert werden[69], so daß allein die Absicht, den Anwendungsbereich des § 322 ZPO einzuschränken, kein rechtfertigender Gesichtspunkt ist. Folgerichtig stellt Habscheid daher nur auf die unterschiedlichen Rechtsfolgen der Ehescheidungsgründe ab[70]. So erklärt sich auch, daß nach Habscheids Ansicht zwar eine Konkretisierung der Scheidungsklage auf Ehebruch gerechtfertigt sein mag, nicht aber auf Ehebruch mit einer bestimmten Person, weil dies für die Scheidungsfolgen unerheblich sei[71]. Nicht einzusehen ist freilich, warum die derart im Interesse des Klägers begrenzte Konkretisierung des Streitgegenstandes im Vorprozeß eine mildere Präklusionswirkung zu Lasten des Beklagten im zweiten Prozeß rechtfertigt.

---

[63] Vgl. oben S. 117.
[64] Dies hat *Bötticher* veranlaßt, von der „Scholastik unserer modernen Streitgegenstandslehre" zu sprechen (FamRZ 1957, 413).
[65] ZPO, § 616 Anm. I.
[66] ZPO, § 616 Anm. V 5.
[67] FamRZ 1964, 177.
[68] Streitgegenstand, S. 173 ff.
[69] Streitgegenstand, S. 173 f.
[70] Streitgegenstand, S. 177 ff.
[71] Der Vortrag, er habe nur an der Feststellung eines *bestimmten* Ehebrechers im Urteil Interesse (§ 624 ZPO), weil er nur ihn durch das Eheverbot des § 6 EheG gehindert bzw. gemäß § 172 StGB (inzwischen aufgehoben) bestraft sehen möchte, wäre sicherlich nicht beachtlich (vgl. Streitgegenstand, S. 178).

c) Denkt man *Habscheids* Konzeption allerdings zu Ende, so *verdrängt* fast immer der § 322 ZPO den § 616 ZPO, sofern der Kläger nicht von der Scheidungsklage zur Aufhebungsklage (und umgekehrt) übergeht. Nur für den Beklagten behält der § 616 ZPO seine volle Bedeutung. Es kann nicht überraschen, daß Habscheid in dieser Verteilung der Gewichte kaum Gefolgschaft gefunden hat, weil sie das materielle Scheidungsrecht zu sehr tangiert. Sowohl der BGH[72] wie auch *Jauernig*[73] und *Stein-Jonas-Schlosser*[74] beschränken die Präklusion im Grunde auf den geltend gemachten Scheidungsgrund, mögen sie auch in Einzelheiten voneinander abweichen[75]. Scheidungsgrund ist dabei das konkrete Geschehen und nicht der „Scheidungsrechtstatbestand" Habscheids.

d) Dies bedeutet, daß § 322 ZPO den § 616 ZPO praktisch nur bei einer Klage aus § 48 EheG ausschließt[76]. Auch hier muß aber gefragt werden, ob es wirklich gerechtfertigt ist, den Kläger mit Tatsachen zu präkludieren, die zwar zur Zeit der letzten Tatsachenverhandlung des Vorprozesses bereits vorlagen, die ihm aber unbekannt geblieben waren, wenn er mit ihrer Hilfe beispielsweise nachträglich die fehlende Bindung des Ehegatten an die Ehe darlegen kann[77]. Solche Tatsachen selbst zwar nicht, jedoch die Kenntnisnahme von ihnen als neu entstandene innere Tatsache zur Begründung der jetzt eingetretenen unheilbaren Zerrüttung zuzulassen[78], führt über einen Umweg in vielen Fällen zu einem ähnlichen Ergebnis, wie die unmittelbare Anwendung des § 616 ZPO[79]. Nur trägt diese Norm — wie dargelegt: sinnvollerweise — der subjektiven Komponente von vornherein Rechnung.

2. Dogmatische Gesichtspunkte

Trotz dieser an dem Interesse der präklusionsbedrohten Partei orientierten Überlegungen, die für eine Bejahung des § 616 ZPO als

---

[72] Vgl. z. B. BGHZ 45, 329, 331 f.
[73] Verhandlungsmaxime, S. 61, 66 f.
[74] ZPO, § 616 Anm. I und V.
[75] So will *Jauernig* den anders datierten Ehebruch nicht von § 322 ZPO präkludiert wissen (Verhandlungsmaxime, S. 63) — a. A. *Stein-Jonas-Schlosser*, ZPO, § 616 Anm. V 1. *Stein-Jonas-Schlosser*, ZPO, § 616 Anm. V 5, halten auch im Gegensatz zu *Jauernig*, a.a.O., S. 61, einen globalen Streitgegenstand für möglich.
[76] Vgl. BGHZ 45, 329, 333 ff., insbes. 336; *Stein-Jonas-Schlosser*, ZPO, § 616 Anm. III 4. *Jauernig*, Verhandlungsmaxime, S. 59 ff., nimmt speziell zu § 48 EheG keine Stellung.
[77] Eine Überprüfung sämtlicher Tatbestandsteile ist nur möglich, wenn die Tatsachen auch sie zu beeinflussen vermögen (vgl. *Zeuner*, Die objektiven Grenzen der Rechtskraft, S. 35 ff., 37).
[78] Vgl. BGHZ 45, 336 f.; *Stein-Jonas-Schlosser*, ZPO, § 616 Anm. IV 3.
[79] *Stein-Jonas-Schlosser*, ZPO, § 616 Anm. IV 3.

II. Zur Anwendung des § 322 ZPO neben § 616 ZPO

Spezialnorm sprechen, könnten *dogmatische Gesichtspunkte* zu einem anderen Schluß zwingen.

a) Liest man den *Wortlaut* des § 616 ZPO unbefangen, so entnimmt man aus ihm, daß der Kläger mit Tatsachen präkludiert ist, „die er in dem früheren Rechtsstreit g e l t e n d g e m a c h t h a t o d e r die er ... *geltend machen* k o n n t e ". Nach dem Wortlaut befaßt sich § 616 ZPO also ebenfalls mit den *vorgetragenen* Tatsachen, die zweifelsfrei — wie immer man den Streitgegenstand des Eheauflösungsprozesses bestimmt — zu dem Streitgegenstand des Vorprozesses gehört haben. *Bettermann* greift denn auch für den im Wortlaut übereinstimmenden § 17 Satz 1 MSchG *nicht* auf § 322 ZPO zurück[80], sondern unterscheidet im Rahmen des § 17 MSchG zwischen echter Rechtskraftwirkung bezüglich der geltend gemachten Aufhebungsgründe auf der einen Seite[81] und Präklusion kraft Verschweigung auf der anderen Seite[82]. Entgegen *Habscheids* These, der § 616 ZPO betreffe niemals denselben Streitgegenstand und äußere keine Rechtskraft-Präklusion[83], spricht demnach jedenfalls der Wortlaut für die früher einmütig *praktizierte*[84] und unter *Bötticher*s[85] Führung *verteidigte* Ansicht, „daß ... der Gesetzgeber die Voraussetzungen einer neuen Scheidungs- oder Aufhebungsklage an dieser Stelle speziell und abschließend regeln wollte"[86].

Auf der Suche nach einer Erklärung dafür, weshalb dem Passus des § 616 ZPO, der sich mit den *vorgetragenen* Tatsachen befaßt, keine Bedeutung beigemessen wird, stellt man fest, daß z. B. *Stein-Jonas-Schlosser* ihn weder zitieren[87] noch sich mit ihm auseinandersetzen[88]. Hingegen findet sich bei *Habscheid* folgende Stellungnahme[89]: „Einmal erscheint die Formulierung des § 616 ZPO *unscharf*[90]. Der Satz, daß der Kläger auch mit der Geltendmachung der Tatsachen ausgeschlossen sein solle, die er ‚im ersten Rechtsstreit geltend gemacht hat', ist nämlich

---

[80] Kommentar zum Mieterschutzgesetz, § 17 Anm. 15 ff.
[81] a.a.O., Anm. 22, 56.
[82] a.a.O., Anm. 58.
[83] Streitgegenstand, S. 299; FamRZ 1964, 177.
[84] *Habscheid* ist hierfür ein gewiß unverdächtiger Zeuge: Heimtrennungsklage, S. 45 f.; FamRZ 1964, 175.
[85] FamRZ 1957, 412 ff., insbes. S. 413; zustimmend z. B. *Arwed Blomeyer*, Zivilprozeßrecht, § 120 IX 3, S. 687 mit Anm. 2; Stein-Jonas-Schönke-Pohle, ZPO, § 616 Anm. I 1.
[86] Ob der Streitgegenstand global aufzufassen ist oder ob er an konkrete Scheidungsgründe anknüpft, ist damit nicht entschieden.
[87] ZPO, § 616 Anm. III 3.
[88] ZPO, § 616 Anm. I bzw. III 1.
[89] Heimtrennungsklage, S. 32.
[90] Hervorhebung vom Verfasser.

§ 8 Zwei Konfliktsituationen

überflüssig[91]; denn die Wirkung des § 616 ZPO setzt erst dann ein, wenn der zweite Prozeß *einen anderen Streitgegenstand* hat als der erste (ist der Streitgegenstand derselbe, so genügt § 322 I ZPO!) ..." Und in der Tat ist eine besondere Regelung unnötig, wenn man nur an die *geltend gemachten Tatsachen* denkt[92]. § 322 ZPO spricht jedoch von dem erhobenen *Anspruch* und läßt auch *nicht vorgetragene* Tatsachen präkludieren[93]. Eine bloße Wiederholung des § 322 Abs. 1 ZPO wäre dieser Passus des § 616 ZPO daher nur dann, wenn man mit *Hellwig* die geltend gemachten Tatsachen mit den konkreten Scheidungsgründen gleichsetzte[94]. Keinesfalls lassen sich aber diese *Tatsachen* mit dem globalen oder abstrakt auf eine Scheidungsnorm konkretisierten Streitgegenstand identifizieren. So könnte beispielsweise der unbekannte Ehebruch niemals nach § 616 ZPO, wohl aber nach § 322 ZPO präkludiert sein. Der von *Habscheid* vermißte materielle Gehalt[95] des fraglichen Passus kann daher gerade darin bestehen, den § 322 ZPO für die Eheauflösungsklage auszuschalten, damit es bei den nicht vorgetragenen Tatsachen nicht zu Kollisionen zwischen dem objektiven Präklusionsprinzip des § 322 ZPO mit dem subjektiven des § 616 ZPO kommt. Für Habscheid lag die Identifizierung der vorgetragenen Tatsachen mit § 322 Abs. 1 ZPO deswegen nahe, weil diese Norm nach seiner Auffassung nur solche Tatsachen betrifft[96]. Aber mit dieser Rechtskraftwirkung ist ja nach Habscheids Auffassung die „allgemeine Präklusion" nicht vorgetragener Tatsachen notwendig verbunden[97]. Beides zusammen führt zu einer Präklusion über die in § 616 ZPO erwähnten vorgetragenen Tatsachen hinaus.

b) Die ausdrückliche Einbeziehung der vorgetragenen Tatsachen läßt sich auch nicht etwa als *Ungenauigkeit* erklären, die dem Gesetzgeber versehentlich unterlaufen sei — eine Erscheinung, die man bei modernen Gesetzen nicht allzu selten antrifft. Bei einem *Rückblick auf die Entstehungsgeschichte* stellt sich nämlich heraus, daß § 576 CPO 1877 die vorgetragenen Tatsachen noch gar nicht erwähnte[98]. Indem durch die Novelle von 1898 diese Tatsachen in § 616 ZPO ausdrücklich aufgenommen worden sind, wurde der abschließende Charakter der Vorschrift auch äußerlich deutlich. Daß in der Begründung zur Novelle

---

[91] Hervorhebung vom Verfasser.
[92] *Schwab*, Streitgegenstand, S. 164, meint ebenfalls, insoweit bringe § 616 ZPO nur Selbstverständliches.
[93] Vgl. oben S. 88 ff.
[94] System II, S. 31.
[95] Heimtrennungsklage, S. 46 Anm. 9.
[96] Vgl. Heimtrennungsklage, S. 22, und oben S. 93 ff.
[97] Heimtrennungsklage, S. 26, und oben S. 93 ff.
[98] Hierauf geht *Habscheid* bei seinem Rückblick, FamRZ 1964, 177 f., nicht ein.

II. Zur Anwendung des § 322 ZPO neben § 616 ZPO

hierzu keine Ausführungen gemacht worden sind[99], ist verständlich, wenn man bedenkt, daß praktische Folgen nicht zu vergegenwärtigen waren. Die Änderung der Fassung hatte nämlich insofern *redaktionellen* Gehalt, als jedenfalls das Reichsgericht schon zuvor nur den § 576 CPO herangezogen und sich nicht etwa ebenfalls des § 293 CPO, des Vorgängers des § 322 ZPO, bedient hatte[100], offenbar deshalb, weil die Präklusion schuldhaft nicht vorgetragener Tatsachen notwendig die Präklusion vorgetragener Tatsachen in sich schließt.

Für eine selbständige und abschließende Regelung hatte Anlaß genug bestanden, weil bereits in der *Vorgeschichte des § 576 CPO Differenzen* über den *Streitgegenstand* nachzuweisen sind. So führten ausweislich der Protokolle zum Norddeutschen Entwurf einige Mitglieder der Kommission aus, „daß jeder selbständige Ehescheidungsgrund ein besonderes Klagefundament darstelle, die rechtskräftige Abweisung der Ehescheidungsklage also andere, in dem Prozesse nicht geltend gemachte Ehescheidungsgründe selbst dann nicht berühre, wenn der Kläger dieselben geltend zu machen in der Lage gewesen sei. Der Herr Referent und andere Mitglieder faßten dagegen die Klage auf Ehetrennung als ein Ganzes auf, welches alle zur Zeit der Erhebung derselben vorhandenen sowie die im Laufe des Prozesses entstandenen Ehescheidungsgründe umfasse. Demgemäß sei über dieselben nothwendig in einem Prozeß zu entscheiden"[101]. Die Kommission zur Beratung des CPO-Entwurfs stritt sich bei der zweiten Lesung ebenfalls darüber, ob mehrere Ehescheidungsgründe als selbständige Klagen oder als Motive einer Klage aufzufassen seien[102]. Sowohl die Vertreter eines — modern gesprochen — globalen Streitgegenstandes[103] wie auch ihre Gegner billigten schließlich ohne Seitenblick auf § 283 des Entwurfs (§ 293 CPO 1877, § 322 ZPO) den § 553 des Entwurfs (§ 576 CPO 1877, § 616 ZPO)[104].

---

[99] Vgl. *Hahn*, Materialien VIII, S. 121.

[100] Vgl. RGZ 19, 408 ff., insbes. S. 412; RGZ 42, 384 ff., 386.

[101] V, S. 2199 — § 1088 des Norddeutschen Entwurfs (Protokolle V, S. 2654) lautet:
„Der Kläger, welcher mit der Klage abgewiesen ist, kann zur Begründung einer Ehescheidungsklage, einer Klage auf Herstellung des ehelichen Lebens oder einer Ungültigkeitsklage Thatsachen, welche er in dem früheren Rechtsstreit geltend zu machen in dem Stande war, als selbständigen Klaggrund nicht geltend machen. Ein gleiches gilt für den Beklagten in Ansehung der Thatsache, auf welche derselbe eine Widerklage zu gründen im Stande war."

[102] *Hahn*, Materialien II, S. 1052.

[103] In der Begründung zu dem Entwurf der CPO heißt es, daß dem Entwurf der Gedanke zugrunde liege, „daß durch die Erhebung einer Ehescheidungsklage oder einer Klage auf Herstellung des ehelichen Lebens alle causae separationis als in judicium deduzirt anzusehen sind. Der Sühneversuch erstreckt sich daher auf die ehelichen Verhältnisse in ihrer Totalität" (*Hahn*, Materialien II, 1, S. 402).

[104] Allerdings nahm man die Herstellungsklage aus der Vorschrift heraus,

c) Diese Gemeinsamkeit in dem Streben nach einer gerechten und praktikablen Lösung trotz aller theoretischen Gegensätze sollte davor warnen, in der Bestimmung des Streitgegenstandes den Lösungsschlüssel zu sehen. Wer den Streitgegenstand im Ehescheidungsprozeß generell global faßt, *muß* eben *nicht*, wie *Stein-Jonas-Schlosser* meinen, den § 616 ZPO nur auf eine nachfolgende Aufhebungsklage anwenden, im übrigen aber den § 322 ZPO[105]. Er *kann* vielmehr mit *Bötticher* den § 616 ZPO als Sondernorm verstehen, mit der er sich auch dann abzufinden hat, wenn sie die Rechtskraft-Präklusion ausnahmsweise an subjektive Voraussetzungen knüpft[106]. Daß § 616 ZPO nach meiner Auffassung neben der Rechtskraft-Präklusion im Gegensatz zu Böttichers Ansicht rechtskraftergänzende Präklusion insoweit äußert, als sie über den gestellten Antrag hinausgeht und damit auch die Scheidungsgründe des Gegners oder Aufhebungsgründe betrifft, ist oben dargelegt worden[107].

d) Das Verständnis des § 616 ZPO als Spezialnorm führt schließlich nicht der Rechtsfriedensfunktion der Vorschrift zuwider zu einer unangemessenen Vervielfältigung der Scheidungsklagen[108]. Nachträglich aufgefundene Beweismittel sind keine neuen Tatsachen, die das Recht, die Scheidung zu verlangen, begründen könnten. Sie können ohnehin nur mit der Wiederaufnahmeklage und in ihren Grenzen geltend gemacht werden[109]. Aber auch nicht jede nachträglich bekannt gewordene Tatsache rechtfertigt eine zweite Klage[110], denn auf sie muß ja das Scheidungsverlangen gründen können. Dies ist ganz sicher nicht der Fall, wenn der Kläger die Schilderung einer Eheverfehlung durch das nachträgliche Vorbringen von nebensächlichen Umständen nur abrundet. Oder positiv ausgedrückt: Es muß sich um *„wesentlich*

---

nachdem vor allem ihretwegen in der ersten Lesung der Kommission die Vorschrift gänzlich gestrichen worden war (vgl. *Hahn*, Materialien II, 1, S. 756 f., sowie II, 2, S. 1052).

[105] ZPO, § 616 Anm. V 5.

[106] *Bötticher*, Die Wiederholung der Ehescheidungsklage aus § 55 des Ehegesetzes, ZAkDR 1941, 341 ff., 342 mit Anm. 3; Festgabe für Rosenberg, S. 95 f.; FamRZ 1957, 413.

[107] Vgl. S. 107 f.

[108] So aber *Habscheid*, FamRZ 1964, 176.

[109] Nachträglich bekannt gewordene Tatsachen ergeben keinen Restitutionsgrund (vgl. oben S. 143), so daß eine Kollision mit § 580 ZPO nicht denkbar ist (vgl. *Bötticher*, FamRZ 1957, 413). Andererseits hat § 580 ZPO für Beweismittel im Eheprozeß durchaus Daseinsberechtigung, welche *Habscheid* verneint hat (AcP 152, 178).

[110] Ob diese Klage solchenfalls stets als unbegründet (so z. B. *Bötticher*, Festgabe für Rosenberg, S. 97) oder unter Umständen als unzulässig (so z. B. *Habscheid*, FamRZ 1964, 181 f.) abzuweisen ist, kann hier dahinstehen. Der Umfang der Präklusionswirkung des zweiten Urteils sollte hiervon nicht abhängen (vgl. *Stein-Jonas-Schlosser*, ZPO, § 616 Anm. II 3).

II. Zur Anwendung des § 322 ZPO neben § 616 ZPO

Neues"[111] handeln, durch welches „ ‚das Gesamtbild' aus der Reichweite des ne bis in idem" entfernt wird[112]. Daß die Abgrenzung nicht einfach ist, soll nicht geleugnet werden. Vor dieser Aufgabe steht aber auch, wer zwar neben § 616 ZPO den § 322 ZPO für einschlägig hält, aber doch konkret, nämlich an Hand der tatsächlichen Vorgänge und nicht der Scheidungsnormen, abgrenzt[113].

Als besonders unerfreulich empfindet es *Habscheid*, daß sich der Kläger selbst ihm bekannte Scheidungsgründe „aufsparen" dürfe, wenn er sie nicht mit Aussicht auf Erfolg geltend machen könne, weil sie nicht beweisbar seien bzw. weil er sie nicht für beweisbar halte[114]. Der Kläger setzt sich dadurch aber dem Risiko materiellrechtlicher wie prozessualer Präklusion aus[115]. Außerdem trifft ihn die Beweislast dafür, daß er die Beweisbarkeit nicht einmal leicht fahrlässig falsch eingeschätzt hat[116]. Der richtig beratene Kläger wird daher nur solches Material zurückhalten, für dessen Beweisbarkeit er nach anwaltlicher Beratung keine Chance sieht. Er tut dies auch deswegen mit Recht, weil nicht beweisbare Vorwürfe ihn in ein schlechtes Licht setzen können. Vor dem Kläger, der mit immer neuen oder neu erfundenen Tatsachen seinen Partner schließlich scheidungswillig machen oder gar nur schikanieren will, kann der Beklagte ohnehin nicht geschützt werden, denn die Klageerhebung ist dem Kläger ja nie verwehrt[117].

---

[111] *Bötticher*, ZAkDR 1941, 344.
[112] *Bötticher*, ZAkDR 1941, 343; ferner Festgabe für Rosenberg, S. 98 f.
[113] Vgl. *Jauernig*, Verhandlungsmaxime, S. 63; *Stein-Jonas-Schlosser*, ZPO, § 616 Anm. V 1 und 2 a.
[114] FamRZ 1964, 175 f.; FamRZ 1966, 486 f.
[115] Vgl. oben S. 138, 171.
[116] Vgl. oben S. 138.
[117] Vgl. *Bötticher*, ZAkDR 1941, 344.

Literaturverzeichnis

Adomeit: Gestaltungsrechte, Rechtsgeschäfte, Ansprüche, 1969

Arens: Streitgegenstand und Rechtskraft im aktienrechtlichen Anfechtungsverfahren, 1960

Auffarth-Müller: Kündigungsschutzgesetz, 1960

Bärmann: Freiwillige Gerichtsbarkeit und Notarrecht, 1968

Baltzer: Anmerkung zum Beschluß des Großen Senats des BFH vom 17. 7. 1967 — Gr. S. 1/66 —, NJW 1968, 1948 f.

Barske-Woerner: Finanzgerichtsordnung, 1966

Baumbach-Hueck: Aktiengesetz, 13. Aufl. 1968

Baumbach-Lauterbach: Zivilprozeßordnung, 29. Aufl. 1966

Baumgärtel: Treu und Glauben, gute Sitten und Schikaneverbot im Erkenntnisverfahren, ZZP 69 (1956), 89 ff.

— Besprechung von: Knecht, Die Abänderungsklagen, AcP 155 (1956), 81 ff.

— Die Unverwirkbarkeit der Klagebefugnis, ZZP 75 (1962), 385 ff.

— Anmerkung zum Urteil des BAG vom 2. 11. 1961 — 2 AZR 66/61 —, JZ 1963, 448 f., 449 f.

— Welche Anregungen vermag das neue griechische Zivilprozeßgesetzbuch für die in Deutschland geplante Prozeßbeschleunigung zu geben?, ZZP 81 (1968), 6 ff.

— Besprechung von: Schlosser, Einverständliches Parteihandeln im Zivilprozeß, MDR 1969, 173

Baumgärtel und *Scherf:* Zur Problematik des § 767 Abs. 3 ZPO, JR 1968, 368 ff.

Baur: Richtermacht und Formalismus im Verfahrensrecht, in: Summum ius summa iniuria, S. 97 ff., 1963

— Wege zu einer Konzentration der mündlichen Verhandlung im Prozeß, 1966

— Studien zum einstweiligen Rechtsschutz, 1967

— Zuständigkeit aus dem Sachzusammenhang?, in: Festschrift für Fritz von Hippel, S. 1 ff., 1967

Bekker: Die processualische Consumption im classischen Römischen Recht, 1853

— Die Aktionen des Römischen Privatrechts, Bd. 1, 1871

Benkard: Patentgesetz — Gebrauchsmustergesetz, 5. Aufl. 1969

Bergerfurth: Ausgeschlossenes, verjährtes und verspätetes Vorbringen im Ehescheidungsprozeß, FamRZ 1963, 490 ff.

Bericht ...: Bericht der Kommission zur Vorbereitung einer Reform der Zivilgerichtsbarkeit, hrsg. vom Bundesjustizministerium, 1961; zitiert: Kommissionsbericht

Bettermann: Kommentar zum Mieterschutzgesetz, 1950 ff.
— Anmerkung zum Beschluß des BVerfG vom 1. 7. 1954 — 1 BvR 361/52 —, DVBl. 1955, 21 f., 22 ff.
— Zwischenurteil über materiellrechtliche Vorfragen?, ZZP 79 (1966), 392 ff.
— Die Beschwer als Rechtsmittelvoraussetzung im deutschen Zivilprozeß, ZZP 82 (1969), 24 ff.

Blomeyer, Arwed: Zivilprozeßrecht, Erkenntnisverfahren, 1963
— Anmerkung zum Urteil des BGH vom 14. 2. 1962 — IV ZR 156/61 —, JZ 1963, 176 f., 177 f.

Bötticher: Kritische Beiträge zur Lehre von der materiellen Rechtskraft im Zivilprozeß, 1930; zitiert: Kritische Beiträge
— Die Wandlung als Gestaltungsakt, 1938
— Die Wiederholung der Ehescheidungsklage aus § 55 des Ehegesetzes, ZAkDR 1941, 341 ff.
— Zur Lehre vom Streitgegenstand im Eheprozeß, in: Beiträge zum Zivilprozeßrecht, Festgabe zum siebzigsten Geburtstag von Leo Rosenberg, S. 73 ff., 1949; zitiert: Festgabe für Rosenberg
— Zum Regierungsentwurf des Kündigungsschutzgesetzes, RdA 1951, 81 ff.
— Besprechung von: Schwab, Der Streitgegenstand im Zivilprozeß, MDR 1954, 767
— Streitgegenstand und Rechtskraft im Kündigungsschutzprozeß, in: Festschrift für Wilhelm Herschel, S. 181 ff., 1955
— Anmerkung zum Beschluß des BAG vom 20. 9. 1955 — 2 AZR 317/55 —, AP Nr. 7 zu § 3 KSchG
— Besprechung von: Rosenberg, Die Beweislast auf der Grundlage des bürgerlichen Gesetzbuchs und der Zivilprozeßordnung, 3. Aufl. 1953, in ZZP 68 (1955), 230 ff.
— Streitgegenstand und Rechtskraft unter besonderer Berücksichtigung der Wiederholung der Ehescheidungsklage, FamRZ 1957, 409 ff.
— Die Bindung der Gerichte an Entscheidungen anderer Gerichte, in: Hundert Jahre deutsches Rechtsleben, Festschrift zum hundertjährigen Bestehen des Deutschen Juristentages, 1860—1960, I, S. 511 ff., 1960
— Das Grundurteil gemäß § 304 ZPO mit Höchstgrenze, JZ 1960, 240 ff.
— Anmerkung zum Urteil des BGH vom 10. 7. 1959 — VI ZR 160/58 —, JZ 1960, 256 ff., 258
— Die Gleichheit vor dem Richter, 2. Aufl. 1961
— Der Zwischenurteilscharakter des gemäß § 565 ZPO aufhebenden und zurückverweisenden Revisionsurteils und die sich hieraus ergebende Erstreckung der Bindung auf die Zurückweisung von Revisionsangriffen, MDR 1961, 805 ff.
— Anmerkung zum Urteil des BAG vom 16. 2. 1961 — 2 AZR 231/59 —, MDR 1961, 885, 885 f.
— Anmerkung zum Urteil des BGH vom 22. 6. 1961 — VII ZR 166/60 —, JZ 1962, 212 f., 213 f.

Bötticher: Anmerkung zum Urteil des BAG vom 2. 11. 1961 — 2 AZR 66/61 —, AP Nr. 1 zu § 242 BGB „Prozeßverwirkung"
— Anmerkung zum Urteil des BGH vom 14. 2. 1962 — IV ZR 156/61 —, MDR 1962, 723 f., 724 f.
— Anmerkung zum Urteil des BGH vom 22. 2. 1962 — II ZR 119/61 —, JZ 1962, 542 f., 543 f.
— Besinnung auf das Gestaltungsrecht und das Gestaltungsklagerecht, in: Vom deutschen zum europäischen Recht, Festschrift für Hans Dölle, I, S. 41 ff., 1963
— Anmerkung zum Urteil des OLG Celle vom 18. 1. 1963 — 8 U 147/62 —, MDR 1963, 932 f., 933 ff.
— Besprechung von: Arwed Blomeyer, Zivilprozeßrecht, Erkenntnisverfahren, ZZP 77 (1964), 477 ff.
— Anmerkung zum Urteil des BAG vom 13. 3. 1964 — 5 AZR 144/63 —, AP Nr. 26 zu § 2 ArbGG 1953 „Zuständigkeitsprüfung"
— Anmerkung zum Urteil des BGH vom 2. 5. 1966 — II ZR 178/65 —, JZ 1966, 614 f., 615 ff.
— Anmerkung zum Urteil des BAG vom 28. 11. 1966 — 3 AZR 203/66 —, AP Nr. 1 zu § 268 ZPO
— Anmerkung zum Urteil des BAG vom 14. 6. 1966 — 1 AZR 267/65 —, MDR 1967, 336 f., 337 ff.
— Anmerkung zum Urteil des BAG vom 14. 4. 1967 — 5 AZR 535/65 —, AP Nr. 12 zu § 565 ZPO
— Anmerkung zum Urteil des BAG vom 26. 6. 1967 — 3 AZR 341/66 —, AP Nr. 30 zu § 2 ArbGG 1953 „Zuständigkeitsprüfung"
— Die „Selbstexekution" im Wege der Aufrechnung und die Sicherungsfunktion des Aufrechnungsrechts, in: Festschrift für Hans Schima, S. 95 ff., 1969

Brox: Welche Einwendungen kann der Beklagte im Abänderungsrechtsstreit gemäß § 323 ZPO geltend machen?, FamRZ 1955, 66 ff.
— Erhöhung wiederkehrender Leistungen durch Abänderungs- oder Zusatzklage, NJW 1961, 853 ff.
— Die objektiven Grenzen der materiellen Rechtskraft, JuS 1962, 121 ff.
— Anmerkung zum Urteil des BGH vom 14. 2. 1962 — IV ZR 156/61 —, NJW 1962, 1203 f.

Bruns: Zwangsvollstreckungsrecht, 1963
— „Funktionaler" und „instrumentaler" Gehalt der Gestaltungsrechte und Gestaltungsklagerechte, Zu Eduard Bötticher: „Gestaltungsrecht und Unterwerfung im Privatrecht", ZZP 78 (1965), 264 ff.
— Zivilprozeßrecht, 1968
— Zur bevorstehenden Novellierung der Zivilprozeßordnung, JZ 1969, 127 ff.

Bucher: Das subjektive Recht als Normsetzungsbefugnis, 1965

Bülow: Civilprozessualische Fiktionen und Wahrheiten, AcP 62 (1879), 1 ff.
— Absolute Rechtskraft des Urtheils, AcP 83 (1894), 1 ff.

Creifelds: Rechtswörterbuch, 1968

Dahns: Die Unmöglichkeit der Klageverwirkung im deutschen Recht, Diss. Hamburg 1966

Deubner: Über Maßnahmen zur Beschleunigung des Zivilprozesses — eine Stellungnahme zu den einschlägigen Vorschriften des Entwurfs eines Gesetzes zur Änderung der Zivilprozeßordnung, ZZP 82 (1969), 257 ff.

Engisch: Einführung in das juristische Denken, 2. Aufl. 1956

Enneccerus-Nipperdey: Allgemeiner Teil des Bürgerlichen Rechts, 15. Aufl., Erster Halbband 1959, Zweiter Halbband 1960

Entwurf ... : Entwurf einer Zivilprozeßordnung, veröffentlicht durch das Reichsjustizministerium, 1931; zitiert: Entwurf 1931

Erman: Zu den Rechten des Stückkäufers aus Mängeln der Sache, JZ 1960, 41 ff.

— Handkommentar zum Bürgerlichen Gesetzbuch, 3. Aufl. 1962

Esser: Schuldrecht, Allgemeiner Teil, 3. Aufl. 1968; zitiert: Schuldrecht I

Eyermann-Fröhler: Verwaltungsgerichtsordnung, 4. Aufl. 1965

Fischer: Anmerkung zum Urteil des BGH vom 14. 7. 1966 — I a ZR 79/64 —, GRUR 1967, 84 ff., 87 f.

Gaul, Hans Friedhelm: Die Grundlagen des Wiederaufnahmerechts und die Ausdehnung der Wiederaufnahmegründe, 1956

— Zur Frage nach dem Zweck des Zivilprozesses, AcP 168 (1968), 27 ff.

Gernhuber: Lehrbuch des Familienrechts, 1964

Görg-Müller: Finanzgerichtsordnung, 1966

Götz: Die innerprozessuale Bindungswirkung von Urteilen im Zivil-, Arbeits- und Verwaltungsprozeßrecht, JZ 1959, 681 ff.

Goldschmidt: Der Prozeß als Rechtslage, 1925

— Zivilprozeßrecht, 2. Aufl. 1932

Grasmeher: Anmerkung zum Urteil des BGH vom 20. 12. 1960 — VI ZR 38/60 —, FamRZ 1961, 263 ff., 266 f.

Grunsky: Rechtskraft von Entscheidungsgründen und Beschwer, ZZP 76 (1963), 165 ff.

— Anmerkung zum Urteil des BGH vom 9. 7. 1963 — VI ZR 197/62 —, ZZP 77 (1964), 315 f., 316 f.

— Die unzulässige Prozeßaufrechnung, JZ 1965, 391 ff.

— Überlegungen zum Streitgegenstand nach deutschem Prozeßrecht, in: Studi in memoria di Angelo Gualandi, S. 316 ff., 1969

Habscheid: Die Präklusionswirkung des rechtskräftigen Urteils, AcP 152 (1952/53), 169 ff.

— Schiedsverfahren und Freiwillige Gerichtsbarkeit, ZZP 66 (1953), 188 ff.

— Die Wiederholung der abgewiesenen Heimtrennungsklage (§ 48 EheG), 1953, zitiert: Heimtrennungsklage

— Die Sperrvorschriften des § 54 PatG, GRUR 1954, 239 ff.

— Der Streitgegenstand im Zivilprozeß und im Streitverfahren der Freiwilligen Gerichtsbarkeit, 1956; zitiert: Streitgegenstand

— Anmerkung zum Urteil des BGB vom 20. 12. 1960 — VI ZR 38/60 —, FamRZ 1961, 263 ff., 267 f.

Habscheid: Rechtskraft und Präklusion im Eheauflösungsverfahren, FamRZ 1964, 174 ff.
— Zur Wiederholung der Heimtrennungsklage, FamRZ 1966, 486 ff.
— Rechtsvergleichende Bemerkungen zum Problem der materiellen Rechtskraft des Zivilurteils, Sonderdruck aus der Festschrift für Fragistas, 1967.
— Richtermacht oder Parteifreiheit, ZZP 81 (1968), 175 ff.
— Nochmals: Richtermacht oder Parteifreiheit, NJW 1969, 496

Hahn: Die gesammten Materialien zu den Reichs-Justizgesetzen, Bd. 2 Materialien zur Civilprozeßordnung, Teil 1 und 2, 1880; Bd. 8 Materialien zum Gesetz betr. Änderungen der Civilprozeßordnung, Gerichtsverfassungsgesetz und Strafprozeßordnung, 1898; zitiert: Materialien.

Haueisen: Die Bedeutung der Rechtskraft verwaltungsgerichtlicher Urteile, NJW 1960, 313 ff.

Heibey: Lohnversprechen und (selbständige) Strafversprechen, Diss. Hamburg 1968

Henckel: Parteilehre und Streitgegenstand im Zivilprozeß, 1961
— Materiellrechtliche Folgen der unzulässigen Prozeßaufrechnung, ZZP 74 (1961), 165 ff.

Henkel: Einführung in die Rechtsphilosophie, 1964

Hellwig: Anspruch und Klagrecht, 1900
— Wesen und subjektive Begrenzung der Rechtskraft, 1901
— Lehrbuch des Deutschen Civilprozeßrechts, Bd. 1, 1903
— System des deutschen Zivilprozeßrechts. Erster Teil 1912, Zweiter Teil 1912/1919, vollendet von P. Oertmann; zitiert: System I und II

Herschel-Steinmann: Kommentar zum Kündigungsschutzgesetz, 5. Aufl. 1961

Hinz: Zeitliche Grenzen der Klagrücknahme, JZ 1968, 11 ff.

Hoegen: Rechtskraftwirkung und Präklusionswirkung, (maschinenschriftliche) Dissertation, Heidelberg 1952

Hueck, Alfred: Kündigungsschutzgesetz, 6. Aufl. 1968

Hueck-Nipperdey: Lehrbuch des Arbeitsrechts, Bd. 2, 1. Halbband, 7. Aufl. 1967

Hueck-Nipperdey-Stahlhacke: Tarifvertragsgesetz, 4. Aufl. 1964

Hussla: Die Bindungswirkung eines zurückverweisenden Revisionsurteils in der Rechtsprechung des Bundesgerichtshofs, DRiZ 1964, 33 ff.

Jauernig: Verhandlungsmaxime, Inquisitionsmaxime und Streitgegenstand, 1967; zitiert: Verhandlungsmaxime

Johannsen: Anmerkung zum Urteil des BGH vom 6. 4. 1966 — IV ZR 28/65 —, LM Nr. 56 zu § 322 ZPO

Kaser: Das römische Zivilprozeßrecht, 1966

Keller: Ueber Litis Contestation und Urtheil nach classischem Römischen Recht, 1827

Kelsen: Reine Rechtslehre, 2. Aufl. 1960, unverändert. Nachdruck 1967

Klein, Franz: Die schuldhafte Parteihandlung, 1885.

Klein, Franz: Der Zivilprozeß Österreichs mit Ergänzungen von Friedrich Engel, 1927

Kloeppel: Der Entwurf eines bürgerlichen Gesetzbuchs für das deutsche Reich, Gruchot 32 (1888), 611 ff.

Knecht: Die Abänderungsklagen, 1954

Kohler: Prozeßrechtliche Forschungen, 1889

— Das materielle Recht im Urteil, in: Festschrift für Franz Klein, S. 1 ff., 1914

Lancelle: Richtermacht oder Parteifreiheit, NJW 1968, 1959 ff.

Langheineken: Der Urteilsanspruch, 1899

Larenz: Allgemeiner Teil des deutschen bürgerlichen Rechts, 1967

— Lehrbuch des Schuldrechts. Allgemeiner Teil, 9. Aufl. 1968; zitiert: Schuldrecht I

— Methodenlehre der Rechtswissenschaft, 2. Aufl. 1969

Lent: Ausübung von Gestaltungsrechten nach einem Prozeß, DR 1942, 868 ff.

— Zur Unterscheidung von Lasten und Pflichten der Parteien im Zivilprozeß, ZZP 67 (1954), 344 ff.

— Erhöhung von Unterhaltsrenten, NJW 1955, 1865

Lent-Habscheid: Freiwillige Gerichtsbarkeit, 4. Aufl. 1962

Lent-Jauernig: Zivilprozeßrecht, 14. Aufl. 1969

— Zwangsvollstreckungs- und Konkursrecht, 11. Aufl. 1969

Lerche: Ordentlicher Rechtsweg und Verwaltungsrechtsweg, 1953

— Zum Stand der Lehre vom Streitgegenstand im Verwaltungsprozeß, BayVerwBl. 1956, 295 ff.

Lindacher: Individualisierte und nichtindividualisierte Teilklagen, ZZP 76 (1963), 451 ff.

— Anmerkung zum Urteil des BGH vom 22. 2. 1967 — VIII ZR 255/64 —, ZZP 81 (1968), 286 ff., 288 f.

Lüke: Anmerkung zum Beschluß des OLG Frankfurt vom 8. 10. 1965 — 5 W 33/65 —, NJW 1966, 838 ff.

Mann, Frederic Alexander: Die deutsche Justizreform im Lichte englischer Erfahrung, DRiZ 1965, 75 ff.

Materialien ...: Materialien zu den neuen österreichischen Civilprozeßgesetzen, hrsg. vom k. k. Justizministerium, Bd. 1, 1897

Moser v. Filseck: Anmerkung zum Urteil des BGH vom 20. 9. 1960 — I ZR 45/59 —, GRUR 1961, 79 ff., 81 f.

Müffelmann: Die objektiven Grenzen der Rechtskraft steuergerichtlicher Urteile, Diss. Hamburg 1965

Müller-Freienfels: Ehe und Recht, 1962

Mugdan: Die gesammten Materialien zum Bürgerlichen Gesetzbuch für das Deutsche Reich, Bd. 1, 1899; zitiert: Materialien

Nikisch: Der Streitgegenstand im Zivilprozeß, 1935

— Zivilprozeßrecht, 2. Aufl. 1952

— Zur Lehre vom Streitgegenstand im Zivilprozeß, AcP 154 (1955), 269 ff.

Nikisch: Die Aufrechnung im Prozeß, in: Festschrift für Heinrich Lehmann, II, S. 765 ff., 1956

— Besprechung von: Habscheid, Der Streitgegenstand im Zivilprozeß und im Streitverfahren der freiwilligen Gerichtsbarkeit, AcP 156 (1957), 71 ff.

— Arbeitsrecht I, 3. Aufl. 1961

Oertmann: Zur Lehre von der Abänderungsklage (ZPO § 323), AcP 109 (1912), 265 ff.

Oppermann: Änderungsklage (§ 323 ZPO), ZZP 38 (1909), 445 ff.

Ostler: Anwaltspflichten und Anwaltshaftpflicht im Prozeß. I. Teil: Die Rechtsprechung der oberen Bundesgerichte, NJW 1965, 1785 ff. II. Teil: Erforderliche Änderungen in Rechtsprechung und Gesetzgebung, NJW 1965, 2081 ff.

Pagenstecher: Zur Lehre von der materiellen Rechtskraft, 1905

— Die praktische Bedeutung des Streites über das Wesen der Rechtskraft, ZZP 37 (1908), 1 ff.

— Nochmals: Die praktische Bedeutung des Streites über die Rechtskraft, Rheinische Zeitschrift 6 (1914), 489 ff.

— Die Einrede der Rechtskraft im Aufwertungsprozeß, 1925

— Rechtskraftwirkung gegen den siegreichen Kläger?, JW 1925, 712 ff.

— Prozeßprobleme, 1930

— Die Rechtskraftwirkung gegenüber dem Kläger als gesetzgeberisches Problem, HansRGZ 1931 A 561 ff.

Palandt: Bürgerliches Gesetzbuch, 28. Aufl. 1969

Pawlowski: Die Problematik des unbezifferten Klagantrages, NJW 1961, 341 ff.

— Angabe des Gegenstandes und des Grundes bei Teilklagen, ZZP 78 (1965), 307 ff.

Peters-Sautter-Wolff: Kommentar zur Sozialgerichtsbarkeit, 4. Aufl. 1966

Pikart-Henn: Lehrbuch der Freiwilligen Gerichtsbarkeit, 1963

Pinzger: Die verfahrensrechtliche Wirkung des Verbots weiterer Patentverletzungshandlungen aus anderen Patenten (§ 54 PatG), JW 1937, 1851 ff.

Planck: Die Lehre vom Beweisurtheil, 1848

— Lehrbuch des Deutschen Civilprozeßrechts, II, 1896

Planck-Siber: Recht der Schuldverhältnisse (Allgemeiner Teil), 4. Aufl 1914

Pohle: Zur Lehre vom Rechtsschutzbedürfnis, in: Festschrift für Friedrich Lent, S. 195 ff., 1957

— Gedanken über das Wesen der Rechtskraft, Sonderdruck aus: Scritti giuridici in memoria di Piero Calamandrei, 1957

— Anmerkung zum Urteil des BAG vom 27. 9. 1957 — 1 AZR 53/56 —, AP Nr. 1 zu § 313 ZPO

— Anmerkung zum Urteil des BGH vom 20. 12. 1960 — VI ZR 38/60 —, JZ 1961, 546 ff., 548

— Erstreckung der Rechtskraft auf nicht vorbehaltene Nachforderungen des siegreichen Klägers?, ZZP 77 (1964), 98 ff.

Pohle: Anmerkung zum Urteil des BAG vom 14. 6. 1966 — 1 AZR 267/65 —, AP Nr. 10 zu § 322 ZPO

Protocolle ...: Protocolle der Commission zur Berathung einer allgemeinen Civilprozeßordnung für die deutschen Bundesstaaten, 1862 ff.; zitiert: Hannoversche Protokolle

Protokolle ...: Protokolle der Kommission zur Ausarbeitung des Entwurfs einer Civilprozeßordnung für die Staaten des Norddeutschen Bundes, 1868 ff.; zitiert: Protokolle zum Norddeutschen Entwurf

Redeker-von Oertzen: Verwaltungsgerichtsordnung, 2. Aufl. 1965

Rehfeldt: Mündlichkeit, Unmittelbarkeit und Vorbereitung in der Praxis des schwedischen Zivilprozesses, ZZP 82 (1969), 173 ff.

Reimer: Patentgesetz und Gebrauchsmustergesetz, 3. Aufl. 1968

Rimmelspacher: Zur Prüfung von Amts wegen im Zivilprozeß, 1966

Ristow: Das Verbot der Stufenklage (§ 54 PatG), Mitteilungen der deutschen Patentanwälte 1937, 102 ff.

Rosenberg: Anmerkung zum Urteil des RG vom 22. 12. 1934 — V 226/34 —, ZZP 59, 226 ff., 229 f.

— Die Präklusionswirkung von Urteilen, SJZ 1950, 313 ff.

— Lehrbuch des deutschen Zivilprozeßrechts, 9. Aufl. 1961

Sarstedt: Anmerkung zum Urteil des KG vom 15. 8. 1957 — (2) 1 Ss 185/57 (141/57) —, JR 1958, 268 ff., 270

Satter: Die Beschränkung neuen Vorbringens in der Berufungsinstanz nach dem Entwurf einer Zivilprozeßordnung, ZZP 58 (1934), 1 ff.

Schlechtriem: Anmerkung zum Urteil des BGH vom 2. 5. 1966 — II ZR 179/65 —, NJW 1967, 107 ff.

Schlosser: Gestaltungsklagen und Gestaltungsurteile, 1966

— Anmerkung zum Urteil des BGH vom 6. 4. 1966 — IV ZR 28/65 —, ZZP 80 (1967), 132 ff., 137 ff.

— Einverständliches Parteihandeln im Zivilprozeß, 1968

Schmidhäuser: Zur Frage nach dem Ziel des Strafprozesses, in: Festschrift für Eberhard Schmidt zum 70. Geburtstag, S. 511 ff., 1961

Schmidt, Eberhard: Lehrkommentar zur Strafprozeßordnung und zum Gerichtsverfassungsgesetz, Teil I, 2. Aufl. 1964; Teil II, 1. Aufl. 1957

— Materielle Rechtskraft — materielle Gerechtigkeit, JZ 1968, 681 ff.

Schmidt, Reimer: Die Obliegenheiten, 1953

Schmidt, Richard: Lehrbuch des deutschen Zivilprozeßrechts, 2. Aufl. 1906

Schmitt, Helmut: Anmerkung zum Urteil des BVerwG vom 11. 7. 1958 — VII C 189.57 —, JZ 1959, 220 ff., 222 f.

Schneider: Anmerkung zum Urteil des BGH vom 1. 2. 1966 — VI ZR 193/64 —, LM Nr. 20 zu § 511 ZPO

Schönke-Baur: Zwangsvollstreckungs- Konkurs- und Vergleichsrecht, 8. Aufl. 1969

Schröder: Die Bindung an aufhebende Entscheidungen im Zivil- und Strafprozeß, in: Festschrift für Arthur Nikisch, S. 205 ff., 1958

Schuler: Anfechtung, Aufrechnung und Vollstreckungsgegenklage, NJW 1956, 1497 ff.

Schultz, Rudolf: Anmerkung zum Urteil des KG vom 15. 12. 1920 — 12 U 1931/20 —, JW 1921, 755 f.

Schunck-de Clerck: Verwaltungsgerichtsordnung, 2. Aufl. 1967

Schwab: Der Streitgegenstand im Eheprozeß, AcP 152 (1952/53), 101 ff.

— Der Streitgegenstand im Zivilprozeß, 1954; zitiert: Streitgegenstand

— Anmerkung zum Urteil des BGH vom 16. 2. 1961 — VII ZR 191/59 —, ZZP 74 (1961), 298 ff., 301 f.

— Anmerkung zum Urteil des BGH vom 12. 7. 1961 — VIII ZR 34/61 —, ZZP 74 (1961), 374 ff., 377 ff.

— Anmerkung zum Urteil des BGH vom 2. 5. 1966 — II ZR 178/65 —, ZZP 79 (1966), 460 ff., 463 f.

— Zur Wiederbelebung des Rechtsschutzanspruchs, ZZP 81 (1968), 412 ff.

Schwartz: Absolute Rechtskraft und heutiges Deutsches Recht, in: Festgabe für Heinrich Dernburg zum fünfzigjährigen Doktorjubiläum am 4. April 1900, S. 309 ff., 1900

— Das Billigkeitsurteil des § 829 BGB, 1904; zitiert: Billigkeitsurteil

Schwarz-Kleinknecht: Strafprozeßordnung, 28. Aufl. 1969

Senft: Neues Vorbringen in der Berufungsinstanz, Diss. Würzburg 1968

Seuffert-Walsmann: Kommentar zur Zivilprozeßordnung, 12. Aufl. 1932

Siepermann: Streitgegenstand und Präklusionswirkung der Rechtskraft im Kündigungsschutzprozeß, Diss. Köln 1962

Simshäuser: Zur Entwicklung des Verhältnisses von materiellem Recht und Prozeßrecht seit Savigny, 1965

Soergel-Siebert: Bürgerliches Gesetzbuch, Familienrecht, 9. Aufl. 1963

v. Staudinger: Kommentar zum Bürgerlichen Gesetzbuch. II. Recht der Schuldverhältnisse Teil 1 b § 242, bearbeitet von Weber, 11. Aufl. 1961; III. Sachenrecht, Teil 1, bearbeitet von Berg, Ring und Seufert, 11. Aufl. 1956; IV. Familienrecht, bearbeitet von Engelmann, 9. Aufl. 1926

Stein-Jonas: Kommentar zur Zivilprozeßordnung, bearbeitet seit 1953 von Pohle, 19. Aufl. 1964 ff.; zitiert: Stein-Jonas-Bearbeiter

Stein-Jonas-Schönke-Pohle: Kommentar zur Zivilprozeßordnung, 18. Aufl. 1953 ff.

Tetzner: Kommentar zum Patentgesetz, 2. Aufl. 1951

Thomas-Putzo: Zivilprozeßordnung, 3. Aufl. 1968

Ule: Verwaltungsgerichtsbarkeit, 2. Aufl. 1962

— Verwaltungsprozeßrecht, 4. Aufl. 1966

Vogel: Berichtigung von Steuerbescheiden nach Erlaß eines rechtskräftigen steuergerichtlichen Urteils, DStR 1966, 387 ff.

Vollkommer: Die lange Dauer der Zivilprozesse und ihre Ursachen, ZZP 81 (1968), 102 ff.

Weinkauff: Zwang zur Ehe?, JZ 1968, 15 f.

Weimar: Verjährung und Verwirkung bei der Abänderungsklage (§ 323 ZPO), JR 1965, 220 f.

Wetzell: System des ordentlichen Civilprocesses, 3. Aufl. 1878

Wieczorek: Zivilprozeßordnung, 1957

— Anmerkung zum Urteil des BAG vom 16. 2. 1961 — 2 AZR 231/59 —, AP Nr. 1 zu § 565 ZPO

Wieser: Die Interventionswirkung nach § 68 ZPO, ZZP 79 (1966), 246 ff.

v. Wilmowski-Levy: Civilprozeßordnung, 6. Aufl. 1892

Windscheid: Lehrbuch des Pandektenrechts, 7. Aufl. 1891

Wolf, Ernst: Zwang zur Ehe, JZ 1967, 659 ff.

Zeiss: Die arglistige Prozeßpartei, 1967

— Rechtskrafterstreckung bei Teilklagen, NJW 1968, 1305 ff.

Zeuner: Die objektiven Grenzen der Rechtskraft im Rahmen rechtlicher Sinnzusammenhänge, 1959

— Anmerkung zum Urteil des BGH vom 30. 5. 1960 — II ZR 207/58 —, ZZP 74 (1961), 187 ff., 190 ff.

— Anmerkung zum Urteil des OLG Celle vom 7. 7. 1960 — 5 U 1/60 —, JZ 1961, 384 f., 385 f.

— Gedanken über Bedeutung und Stellung des Verschuldens im Zivilrecht, JZ 1966, 1 ff.

— Zur Rechtskraftwirkung des Unterlassungsurteils für den nachfolgenden Schadensersatzprozeß — BGHZ 42, 340 —, JuS 1966, 147 ff.

Ziemer-Birkholz: Finanzgerichtsordnung, 1966

Zitelmann: Rechtskraft bei Theilforderungen, ZZP 8 (1885), 254 ff.

— Das Recht des Bürgerlichen Gesetzbuches: Allgemeiner Teil, 1900

Zöller: Zivilprozeßordnung, 10. Aufl. 1968

Printed by Libri Plureos GmbH
in Hamburg, Germany